中国企业海外投融资风险及控制研究

熊学华　著

北京工业大学出版社

图书在版编目（CIP）数据

中国企业海外投融资风险及控制研究 / 熊学华著 . —
北京 ：北京工业大学出版社，2020.4（2021.8 重印）
　　ISBN 978-7-5639-7370-5

　　Ⅰ . ①中… Ⅱ . ①熊… Ⅲ . ①对外投资－涉外经济法－
研究－中国②融资－涉外经济法－研究－中国 Ⅳ .
① D922.295.4

中国版本图书馆 CIP 数据核字（2020）第 076609 号

中国企业海外投融资风险及控制研究
ZHONGGUO QIYE HAIWAI TOURONGZI FENGXIAN JI KONGZHI YANJIU

著　　者：	熊学华
责任编辑：	刘连景
封面设计：	点墨轩阁
出版发行：	北京工业大学出版社
	（北京市朝阳区平乐园 100 号　邮编：100124）
	010-67391722（传真）　bgdcbs@sina.com
经销单位：	全国各地新华书店
承印单位：	三河市明华印务有限公司
开　　本：	710 毫米 ×1000 毫米　1/16
印　　张：	13.75
字　　数：	275 千字
版　　次：	2020 年 4 月第 1 版
印　　次：	2021 年 8 月第 2 次印刷
标准书号：	ISBN 978-7-5639-7370-5
定　　价：	52.00 元

前　言

　　海外投资是一国经济谋取全球发展和整体进步的必由之路，也是国际资本扩展进程中极为重要的发展模式。随着国际金融资本的持续增加和世界经济一体化的高速发展，生产资本和金融资本的结合越来越紧密，海外投资需要关注的风险已经不单纯局限在资金方面，而是政治、文化、技术等层面都要兼顾。

　　近年来，一方面，中国的海外投资覆盖了全球大部分地区，既包括发达国家，也包括发展中国家；既有资源项目，也有基础设施建设。随着亚洲基础设施投资银行的建立和"一带一路"建设的铺开以及国内产业的升级与转移，中国海外投资将继续快速增长。而另一方面，中国海外投资失败率相对较高，中国企业在矿产能源、基础设施领域的海外投资失败率相对更高。一边是高投资，一边是高失败率，如果不对海外投资项目面临的风险进行分析并采取有效的风险规避措施，那么按照当前的现状，海外投资项目越多，失败就越多，相应地，国家的经济损失就越大。

　　本书针对中国企业海外投资风险进行分析，并分析了中国企业海外投资风险防范的机制、中国企业海外投资风险防范机制的应用以及"一带一路"沿线国家投资风险等，旨在帮助进行海外投资的中国企业。

　　另外，作者在撰写过程中借鉴了一些相关资料，引用了一些学者的观点，在此谨对他们表示最诚挚的感谢。由于作者水平有限，书中疏漏与不足之处恐在所难免，诚恳期待读者予以批评指正。

目 录

第一章　企业经营战略风险

企业经营战略面对的主要风险分为两大类：外部风险和内部风险。外部风险主要包括政治风险、法律风险、社会文化风险、技术风险、自然环境风险、市场风险、产业风险、信用风险等。内部风险主要包括战略风险、操作风险、运营风险、财务风险等。以下将分别予以介绍。

第一节　企业经营战略的外部风险

一、政治风险

（一）政治风险的定义

政治风险也称为国家风险，主要是指东道国政治、法律及各种社会不确定因素给跨国公司经营活动带来的风险。政府的不作为或直接干预也可能对企业产生政治风险。政府的不作为是指政府未能发出企业要求的许可证，或者政府未能实施当地法律。直接干预包括：不履行合同、货币不可兑换、不利的税法、关税壁垒、没收资产或限制将利润带回母国。政治风险也指企业因一国政府或人民的举动而遭受损失的风险。企业目标与东道国的国民愿望之间如存在冲突，则会产生政治风险。显然，政治风险是全球性企业面临的一个特殊问题，因为它们在全球各地都有经营业务，所以要同时面对来自不同国家的政治风险。政府既对发展和增长持鼓励态度，同时又不想受跨国企业的剥削。极端的情况是，发生战争或企业被没收时，企业可能会损失它们的资产。最可能出现的问题是，从东道国将现金汇向本国的相关规定出现变化。在国家风险中，政治因素所引起的风险处于关键地位。

通常，政治风险主要具有以下特点。

①使该国经营环境急剧变化，具有不连续性；

②难以预测经营环境的变化，具有很大的不确定性；

③整个社会中的各种政治力量的权利与权威关系极为复杂；

④由于上述原因，使跨国公司的利润或其他目标的实现受到显著影响。

（二）政治风险的种类

政治风险的种类主要包括以下几种。

1. 征收风险

征收风险是东道国政府对外资企业实行征用、没收或国有化的风险。东道国中央、地方政府不公开宣布直接征用企业的有形财产，而是以种种措施阻碍外国投资者有效控制、使用和处置本企业的财产，使得外国投资者的股东权利受到限制等而构成事实上的征用行为。

2. 汇兑限制风险

汇兑限制风险，也称转移风险，指在跨国经济往来中所获得的收益，由于东道国政府的外汇管制或歧视性行为而无法汇回投资国从而给外国投资者造成损失的风险。

3. 战争和内乱风险

战争和内乱风险，指东道国发生革命、战争和内乱，致使外商及其财产蒙受重大损失，直至无法继续经营的风险。

4. 政府违约风险

政府违约风险是指东道国政府非法解除与投资项目相关的协议，或者非法违反或不履行与投资者签订的合同项目的义务的风险。

5. 延迟支付风险

延迟支付风险是指由于东道国政府停止支付或延期支付，致使外商无法按时、足额收回到期债券本息和投资利润带来的风险。

政治风险也可分为宏观政治风险和微观政治风险两大类。

宏观政治风险对一国之内的所有企业都有潜在影响。恐怖活动、内战或军事等剧烈变化的事件都可能对企业产生威胁。例如，某国近年来发生的街头抗议暴动事件对其观光与进出口相关产业等造成重大的经济损失。政府强占企业资产而不予赔偿也会产生宏观政治风险。但是，就某一国来说，更为常见的宏观政治风险是不利的经济环境产生的潜在威胁，它使企业无法确定其未来投资计划或已启动的项目是否安全，令企业担心经营业绩。不利的经济威胁包括经济出现衰退、对多类产品的总需求下降。类似地，通货膨胀率或税率的提高，除了会导致犯罪、劳资冲突或突如其来的国家衰退外，还可能对所有企业产生不利影响。

微观政治风险仅对特定企业、行业或投资类型产生影响。此类风险可能包括设立新的监管机构或对本国内的特殊企业征税。另外，当地业务合作伙伴如果被政府发现有不当行为，也会对本企业产生不利的影响。

（三）政治风险的来源

政治风险的来源包括：政府推行有关外汇管制、进口配额和关税、当地投资人的最低持股比例和组织结构等的规定。还包括歧视性措施，比如对外国企业征收额外税收、在当地银行借款受到限制及没收资产等。

1. 外汇管制的规定

通常欠发达国家制定的外汇管制规定更为严格。例如，外币供应实行定量配给，从而限制东道国的企业从外国购买商品和禁止其向外国股东支付股利，这些企业继而可能会陷入资金被冻结的局面。

2. 进口配额和关税

规定进口配额可以限制在东道国内的子公司从其控股公司购买以投放到国内市场上销售的商品数量。子公司可以从控股公司进口商品，但是价格比国内生产的产品要高得多。有时候东道国会要求征收额外税收，即对外国企业按高于本地企业的税率征税，目的是为本地企业提供优越条件。甚至有可能故意征收超高税率，使得外国企业难以赢利。例如，某国近年来不断提高石油和木材的出口关税，导致木材及加工业的外国投资企业遭受重大的损失。

3. 组织结构及要求最低持股比例

凭借要求所有投资必须采取与东道国的公司联营的方式，东道国政府可决定组织结构。最低持股比例是指外资公司的部分股权必须由当地投资人持有。

4. 限制向东道国的银行借款

限制甚至禁止外资企业向东道国的银行和发展基金按最低利率借款。某些国家仅向本国的企业提供获取外币的渠道，以迫使外资企业将外币带入本国。

5.没收资产

出于国家利益的考虑，东道国可能会没收外国财产。国际法认为，这是主权国的权利，但主权国要按照公平的市场价格迅速地以可自由兑换的货币进行赔偿。问题常常出现在"迅速"和"公平"这两个词所代表的准确含义、货币的选择，以及如果对主权国提出的赔偿不满，企业可以采取哪些措施等方面。

二、法律风险

（一）法律风险定义

法律风险是指在法律实施过程中，由于行为人做出的具体法律行为不规范而导致的，与企业所期望达到的目标相违背的法律不利后果发生的可能性。

（二）法律风险的特征

学者们认为法律风险的特征应当包括发生领域广泛性、发生原因法定性、后果不利性、可预见性（可防可控），这四个方面是共识。但是还有学者主张，法律风险具有相对的确定性，即法律风险的发生和给企业带来的经济损失是相对确定的，还有学者认为法律风险具有可预见性但不具有不可保险性。

（三）法律风险的产生原因

学者们一般认为，法律风险的产生来自外因、内因两个方面。在外因方面，有法律环境变化，国家法律调整变化，国家立法不完备和行政机关执法不严、不公正，个别企业和个人恶意合同违约、合同欺诈等问题；在内因方面，有企业自身法律意识淡薄，防范法律风险的意识不强，对社会法律大环境认知不足，在经营决策中不考虑法律因素，管理疏漏和控制不力等问题。

三、社会文化风险

在探讨文化对企业经营活动的影响时，人们多运用"文化冲突"这一概念。文化风险就是指文化这一不确定性因素的影响结合企业经营活动带来损失的可能。马克·赫斯切认为文化风险产生于那些追求全球投资战略的公司（但这一风险的概念同样适用于在一国市场经营的企业），因不同的社会习惯而存在的产品市场差异，使人们难以预测哪种产品会在外国市场上受欢迎。赫斯切举例说在美国、加拿大和英国，早餐麦片极受欢迎，是盈利较多的行业之一。但是，在法国、德国、意大利以及其他很多国家，早餐麦片就不怎么受欢迎，利润也不高。文化风险存在并作用于企业经营的更深领域，主要表现为以下几方面。

（一）跨国经营活动引发的文化风险

跨国经营使企业面临东道国文化与母国文化的差异，这种文化的差异直接影响着管理的实践，构成经营中的文化风险。将一种特定文化环境中行之有效的管理方法，应用到另一种文化环境中，也许会产生截然相反的结果。随着经济全球化进程的加快，各国公司、企业跨文化的经济活动日益频繁，大量跨国公司的出现使一个公司内部的跨文化经营管理活动大量增加。由于文化不同，跨国经营管理中产生了许多误会和不必要的摩擦，影响了公司工作的有效运行。文化因素是各国企业特别是跨国经营企业走向经济全球化时面临的巨大挑战，企业必须具备识别和处理文化风险的能力，才能立于不败之地。

（二）企业并购活动引发的文化风险

并购活动导致企业双方文化的直接碰撞与交流。在并购活动中许多企业往往把注意力集中在金融财务和法律方面，很少关注组织文化可能带来的问题。而许多并购案例证明，文化整合恰恰是并购过程中最困难的任务。尤其对于跨国并购而言，面临组织文化与民族文化的双重风险。因为一个组织的文化是其所有成员共同遵循的行为模式，是保证其成员的行为能够确定地指向组织目标的某种思想体系，如果一个组织之中存在两种或两种以上的组织文化，对于任何一个成员来说，识别组织的目标都将是困难的；同样，在为达成组织目标而努力时，判断应当针对不同情境做出何种行为也会是困难的。因为在这种情况下，组织的价值观直至其行为惯例都会是模糊不清的。所以企业并购活动中，如何正确评估所面临的文化差异的基本特征及风险，探寻科学有效的管理策略，是企业并购必须面对和解决的一个重要现实问题。

（三）组织内部因素引发的文化因素

组织文化的变革、组织员工队伍的多元文化背景会导致个人层面的文化风险。越来越多的组织从不同的国家和地区招募员工，广泛开展跨国跨地区的经济合作与往来，从而使组织内部的价值观念、经营思想与决策方式不断面临冲击、更新与交替，进而在组织内部引发多种文化的碰撞与交流。即使没有并购和跨国经营，企业也会面临组织文化与地区文化、外来文化的交流问题以及组织文化的更新问题。所以，由于员工队伍多元化、组织文化变革等内部因素引发的文化风险虽然不如并购和跨国经营中的风险显著，但由于其具有潜伏性和持续性，也会给企业的经营活动造成十分重要的影响。

四、技术风险

技术风险是指所研制的项目在规定时间内，在一定经费的条件下，无法达到其技术指标的要求的一种可能性。或者研制过程中某个部分发生意料之外的结果，从而对整个系统的效能产生不利影响的后果及概率，即因技术条件的不确定性而可能引起的损失。

技术风险是在技术被应用过程中发现的，它主要来源于技术的社会选择和应用、科学认识的局限性等，具有以下特点：突变性与渐变性、潜在性与显在性、可控性与不可控性等。它主要取决于技术复杂程度、科研储备能力、研制人员的素质以及科技管理水平等。常见的技术风险主要是产品技术风险和产品研发过程技术风险。产品技术风险是指产品结构配置不合理，产品设计存在缺陷，主要功能、参数指标未达到生产要求，或产品的产能、安全指标达不到标准，产生废品或次品。产品研发过程技术风险是指由于产品研发过程规划与设计不合理而导致的研发周期延长、成本增加或产品质量下降。产品研发过程技术风险中以高新技术产品的研发过程最具代表性。高新技术从构思到形成产品的过程中会遇到材料、工艺设备、技术设计、安全标准等各方面要求，但是由于这些高新技术难度较大或者不够成熟，还处于不断地探索和改进中，往往也很不稳定，因此在研究开发、试制过程中很可能遇到较大困难，并且由于不能确定研制周期，所以也很难抓住市场需求的最佳时机。另外，就技术本身而言，也存在很多不确定因素，比如高科技产品的技术质量是否过关、消费者对高科技产品的偏好程度、需求程度、产品的设计是否安全实用以及新产品的更新速度等，所有以上的因素都可能导致高科技产品拥有较低的成功率以及较大的不确定风险。

五、自然环境风险

自然环境风险指因为客观存在的恶劣自然条件，行为人可能遇到的恶劣气候以及自然环境，恶劣的现场条件，恢复生态的环保约束及一些诸如地震、爆炸、台风、海啸等不可抗力引起特殊风险造成的损失。自然环境风险在近几年来逐渐赢得了广泛关注，这主要源于"绿色行动"的环保者提高了公众的环保意识，并使其更加关心人类行为有意或无意造成的自然环境破坏。

自然环境风险的构成主要有以下三个方面：恶劣的自然条件、突发性不可抗力风险、环保制约风险。

六、市场风险

在全球性金融危机爆发开始，金融市场波动剧烈，从豪赌原有期货而亏损5.5亿美元的中国航油，到法国兴业银行股指期货巨亏71亿美元，又到雷曼兄弟因次贷资产巨亏而破产，再到我国蓝筹公司中信泰富外汇合约的巨亏，从国外到国内，从金融到实体，企业市场风险愈演愈烈，不断加强对市场风险的管理成为各国监管部门和公司亟待解决的课题。市场风险是指未来利率、汇率、商品价格和股票价格等市场价格的不确定性对企业实现其既定目标的不利影响。市场风险可分为利率风险、汇率风险、股票价格风险和商品价格风险，这些市场因素可能直接对企业产生影响，也可能是通过对其竞争者、供应商或者消费者间接对企业产生影响。限于篇幅，本书仅对利率风险及汇率风险进行简单介绍。

（一）利率风险

利率风险是整个金融市场中最重要的风险。由于利率是资金的机会成本，汇率、股票和商品的价格皆离不开利率；同时由于信贷关系是银行与其客户之间最重要的关系，因此利率风险是银行经营活动中面临的最主要风险。在我国，由于经济转型尚未完成，市场化程度仍有待提高，利率市场化进程也刚刚起步，利率风险问题方才显露。虽然以存贷利率为标志的利率市场化进程已经推进，但是目前我国基准利率市场化还没有开始，影响利率的市场因素仍不明朗，而且市场仍然没有有效的收益率曲线，利率风险将逐步成为我国金融业最主要的市场风险。

1. 利率和利率的种类

（1）利率

利率或利息率，是借款人需向其所借金钱所支付的代价，也是放款人延迟消费，借给借款人所获得的回报。利率通常以一年期利息与本金的百分比计算。利率是调节货币政策的重要工具，也是用以控制如投资、通货膨胀及失业率等，继而影响经济增长的工具。

就表现形式来说，利率是指一定时期内利息额同接待资本总额的比率。利率是单位货币在单位时间内的利息水平，表明利息的多少。利率通常由国家的中央银行控制，在美国由联邦储备委员会管理。现在，所有国家都把利率作为宏观经济调控的重要工具之一。当经济过热、通货膨胀上升时，便提高利率、收紧信贷；当过热的经济和通货膨胀得到控制时，便会把利率适当地调低。因此，利率是重要的基本经济因素之一。利率是经济学中一个重要的金融变量，几乎所有的金融现象、金融资产均与利率有着或多或少的联系。当前，世界各国频繁运用利率杠杆实施宏观调控，利率政策已成为各国中央银行调控货币供求，进而调控经济的主要手段，利率政策在中央银行货币政策中的地位越来越重要。合理的利率，对发挥社会信用和利率的经济杠杆作用有着重要的意义，而合理利率的计算方法正是我们关心的问题。

影响利率的因素，主要有资本的边际生产力或资本的供求关系，还有承诺交付货币的时间长度以及所承担风险的程度。利息率政策是西方宏观货币政策的主要措施，政府为了干预经济，可通过变动利息率的办法来间接调节通货。在萧条时期，降低利息率，扩大货币供应，刺激经济发展；在膨胀时期，提高利息率，减少货币供应，抑制经济的恶性发展。

（2）利率的种类

根据计算方法的不同，利率分为单利和复利。单利是指在借贷期限内，只在原来本金上计算利息，对本金所产生利息不再另外计算利息。复利是指在借贷期限内，除了在原来本金上计算利息外，还要把本金所产生的利息重新计入本金、重复计算利息，俗称"利滚利"。

根据与通货膨胀的关系，利率分为名义利率和实际利率。名义利率是指没有剔除通货膨胀因素的利率，也就是借款合同或单据上标明的利率。实际利率是指已经剔除通货膨胀因素后的利率。

根据确定方式不同，利率分为法定利率和市场利率。法定利率是指由政府金融管理部门或者中央银行确定的利率。市场利率是指根据市场资金借贷关系紧张程度所确定的利率。

根据国家政策意向不同，利率分为一般利率和优惠利率。一般利率是指在不享受任何优惠条件下的利率。优惠利率是指对某些部门、行业、个人所制定的利率优惠政策。

根据银行业务要求不同，利率分为存款利率、贷款利率。存款利率是指在金融机构存款所获得的利息与本金的比率。贷款利率是指从金融机构贷款所支付的利息与本金的比率。

根据利率之间的变动关系，利率分为基准利率和套算利率。基准利率是在多重利率并存的条件下起决定作用的利率，在我国基准利率是中国人民银行对商业银行贷款的利率。套算利率是指在基准利率确定后，各金融机构根据基准利率和借贷款项的特点而算出的利率。

（3）同业拆借利率

同业拆借利率是指金融机构同业之间的短期资金借贷利率。同业拆借利率是拆借市场的资金价格，是货币市场的核心利率，也是整个金融市场上具有代表性的利率，它能够及时、灵敏、准确地反映货币市场乃至整个金融市场短期资金供求关系。当同业拆借利率持续上升时，反映资金需求大于供给，预示市场流动性可能下降，当同业拆借利率下降时，情况相反。目前，国际货币市场上较有代表性的同业拆借利率有以下四种：美国联邦基金利率、伦敦同业拆借利率、新加坡同业拆借利率和中国香港银行同业拆借利率。此外，还有上海银行间同业拆借利率、欧元银行同业拆借利率、纽约同业拆借利率等。

①美国联邦基金利率。美国联邦基金利率是美国同业拆借市场的利率，其最重要的隔夜拆借利率。这种利率的变动能够敏感地反映银行之间资金的余缺，美联储瞄准并调节同业拆借利率就能直接影响商业银行的资金成本，并且将同业拆借市场的资金余缺传递给工商企业，进而影响消费、投资和国民经济。联邦基金利率是反映货币市场银根松紧最为敏感的指示器。作为同业拆借市场的最大参与者，美联储并不是一开始就具有调节同业拆借利率能力的，因为它能够调节的只是自己的拆借利率，所以能够决定整个市场的联邦基金利率。其作用机制应该是这样的，美联储降低其拆借利率，商业银行之间的拆借就会转向商业银行与美联储之间，因为向美联储拆借的成本低，整个市场的拆借利率就将随之下降。如果美联储提高拆借利率，在市场资金比较短缺的情况下，联邦基金利率本身就承受上升的压力，所以它必然随着美联储的拆借利率一起上升。在市场资金比较宽松的情况下，美联储提高拆借利率，向美联储拆借的商业银行就会转向其他商业银行，听任美联储的拆借利率孤零零地"高处不胜寒"。但是，美联储可以在公开市场上抛出国债，吸纳商业银行过剩的超额准备，造成同业拆借市场的资金紧张，迫使联邦基金利率与美联储的拆借利率同步上升。因为，美联储有这样干预市场利率的能力，其反复多次的操作，就会形成合理的市场预期，只要美联储提高自己的拆借利率，整个市场就会闻风而动，进而美联储能够直接宣布联邦基金利率的变动，至于美联储是否要辅之以其他操作手段也就变得不那么重要了。

②伦敦同业拆借利率。伦敦同业拆借利率（London Inter Bank Offered Rate，LIBOR），即伦敦银行同业拆放利率。按照《路透金融词典》的解释，LIBOR 指伦敦银行业市场拆借短期资金（隔夜至一年）的利率，代表国际货币市场的拆借利率，可作为贷款或浮动利率票据的利率基准。20 世纪 70 年代，路透社全球知名咨询供应商通过向伦敦各家银行咨询有关利率报价，进行计算

后公开发布，这便是 LIBOR 的雏形。后来，英国银行协会公布了 LIBOR 的生成机制，包括计算公式、公布时间等。其过程依然由供应商每天通过向有资格的人选金融机构咨询有关报价，然后按照各银行的报价进行排序，选取中间 50% 数据处理，最后在每天伦敦当地时间中午 11 点 30 分进行公布。

③新加坡银行同业拆借利率。新加坡银行同业拆借利率（Singapore Inter Bank Offered Rate，SIBOR），指新加坡货币市场上，银行与银行之间的一年期以下的短期资金借贷利率，它是从 LIBOR 变化出来的。SIBOR 的单位通常为基点，一个基点相当于 0.01%，比如 SIBOR 当天的短期利率为 3.4%，上浮 20 个基点，则利率为 3.6%。SIBOR 与房市有着千丝万缕的关系，SIBOR 的变动会影响到房市的变动。如本地房贷自 2007 年其皆采取与 SIBOR 或 SOR 挂钩的浮动利率制。因此，若 SIBOR 突然上升并停留在高点，不少人将发现每个月需偿还房贷的金额将突然增加，占收入绝大比例。

④中国香港银行同业拆借利率。中国香港银行同业拆借利率（Hong Kong Inter Bank Offered Rate，HIBOR）是中国香港货币市场上，银行与银行之间的一年期以下的短期资金借贷利率，也是从 HIBOR 变化出来的。

（4）固定利率和浮动利率

根据市场利率的供求关系，利率分为固定利率和浮动利率。一家公司可以按照固定利率或浮动利率借人债务或用盈余资金做投资。利率固定（如每年 5%）的债务或投资将产生固定的利息支出或带来固定的利息收入，而浮动利率的债务利息支出或投资利息收入在借款或投资的期限内是变化的。浮动利率通常是以商定的参考利率加一定百分比的形式表示，并定期予以重新设定，通常是每隔 3 个月调整一次。例如，浮动利率可能设定为 SIBOR+2%。

对于利率浮动的债务或投资来说，短期利率的变化会对债务利息支出或投资利息收入产生重大影响。利率上升使借款成本增加，利率下降使投资收益减少。因此，尽管利率浮动的债务或投资具有一定的灵活性，但是一旦利率上升，公司可能因债务而发生亏损，或者一旦利率下降，公司可能因投资产生亏损。

固定利率将产生已知的、固定的利息支出或带来已知的、固定的利息收入，而与利率的未来变动无关。不过，利率固定的债务或投资也存在一些风险。如果利率固定的短期债务（投资）需要定期重新磋商，其与利率浮动的债务或投资所面临的风险可能是一样的。对于长期债务或投资而言，如果利率在未来下降（上升），锁定在高（低）利率的做法可能使公司面临风险。

2. 利率风险的种类

利率风险是指因利率提高或降低而产生预期之外损失的风险。巴塞尔委员会在 1997 年发布的《利率风险管理原则》中将利率风险定义为：利率变化使商业银行的实际收益与预期收益或实际成本与预期成本发生背离，使其实际收益低于预期收益，或实际成本高于预期成本，从而使商业银行遭受损失的可能性。原本投资于固定利率的金融工具，当市场利率上升时，可能导致其价格下跌的风险。利率波动对不同公司产生的影响可能不同，但是几乎每家公司都会受到利率波动的影响。

利率风险按照来源的不同，可以分为重新定价风险、收益率曲线风险、基准风险和期权性风险。

（1）重新定价风险

重新定价风险，也称为期限错配风险，是最主要和最常见的利率风险形式，源于银行资产、负债和表外业务到期期限（就固定利率而言）或重新定价期限（就浮动利率而言）之间所存在的差异。这种重新定价的不对称性使银行的收益或内在经济价值会随着利率的变动而发生变化。

（2）收益率曲线风险

不对称性也会使收益率曲线的斜率、形态发生变化，即收益率曲线的非平行移动，对银行的收益或内在经济价值产生不利的影响，从而形成收益率曲线风险，也称为利率期限结构变化风险。

（3）基准风险

基准风险，也称为利率定价基础风险，也是一种重要的利率风险。在利息收入和利息支出所依据的基准利率变动不一致的情况下，虽然资产、负债和表外业务的重新定价特征相似，但是因其现金流和收益的利差发生了变化，也会对银行的收益或内在经济价值产生不利的影响。

（4）期权性风险

期权性风险，是一种越来越重要的利率风险，源于银行资产、负债和表外业务中所隐含的期权。

（二）汇率风险

汇率风险是市场风险的重要组成部分。随着我国经济持续增长，越来越多的国内企业将走出国门投资海外，汇率风险也随之增加。随着人民币汇率形成机制的进一步完善，市场因素在汇率形成机制中的作用会进一步加大，我国银行业的汇率风险也将进一步提升，加强汇率风险管理和监管变得越来越重要。

汇率波动对于有着大量国际交易活动、不可避免地频繁发生资本流动的跨国公司来说有着重要的影响，使跨国公司未来的经营成果和现金流量面临很大的不确定性，这种不确定性就被称为外汇风险。

汇率风险又称外汇风险，是指经济主体在持有或运用外汇时，因汇率变动而蒙受经济损失的可能性，是预期以外的汇率变动对企业价值的影响。汇率风险通过交易、外币折现和经济风险而产生。它也可能由以商品为基础的商品价格或由外币决定的交易而产生。

1. 交易风险

交易风险也称交易结算风险，是指运用外币进行计价收付的交易中，经济主体因外汇汇率变动而蒙受损失的可能性。它是一种流量风险。

交易风险主要表现为：在商品、劳务的进出口交易中，从合同的签订到货款结算的这一期间，外汇汇率变化所产生的风险；在以外币计价的国际信贷中，债权债务未清偿之前存在的风险；外汇银行在外汇买卖中持有外汇头寸的多头或空头，也会因汇率变动而遭受风险。

大多数企业的业务都会直接或间接地受到交易风险的影响。例如，某公司于 12 月 1 日购入一种澳大利亚生产的设备，开具的发票面值为 70 000 澳元，付款期限为下一年 1 月底。由于 12 月 1 日的即期汇率是 1 澳元兑 7 元人民币，这批产品以人民币 490 000 元入账。但是，如果人民币相对于澳元走弱，在 1 月底汇率变成 1 澳元兑 7.2 元人民币，那么公司将要花费人民币 504 000 元才能兑换足以结清发票的澳元，这就意味着多支出了人民币 14 000 元。

2. 折算风险

折算风险是指对财务报表，尤其是资产负债表的资产和负债进行会计折算时产生的波动。折算风险主要有三类表现方式：存量折算风险、固定资产折算风险和长期债务折算风险。当资产、负债或利润由交易货币折算成报告货币（如母公司的报告货币）时，就会出现外币折算风险。从另一角度看，折算风险会通过影响资产负债表项目价值来影响企业，如应付账款和应收账款、外币现金和存款以及外币债务。与国外业务相关的长期资产和负债很可能会受到特别的影响。外币债务也可视为折算风险的一个来源。如果一个企业用外币借款，但没有抵消货币资产或现金流量，外币升值则意味着外币负债的折算市场价值增加。

例如，一家英国公司在 1 英镑兑 10 克朗（丹麦货币单位）时借入 10 000 万克朗。当时如果将这笔借款计入资产负债表，则应按 100 万英镑入账。不过第二年，英镑下跌至 1 英镑兑 8 克朗，这笔借款现在折合 125 万英镑。很明显，公司年末账簿上将显示亏损 25 万英镑。但是，如果不予偿还，这笔借款在下一年或几年后可能"扭亏为盈"，亏损也可能减少或者增加。

3. 经济风险

经济风险又称经营风险，是指意料之外的汇率波动引起公司或企业未来一定期间的收益或现金流量变化的一种潜在风险。可能导致经济风险的事件包括：①企业从外国购入资源。比如 A 公司在意大利购买设备，目的是为中国市场提供产品或服务。在这种情况下，该公司的成本是以欧元计价，而预期收入是以人民币计价。一旦人民币相对于欧元走弱，那么，从运营成本来看，这并不划算。②企业坚持仅以本国货币进行交易，以避免折算风险，但是这样可能导致供货商和客户更愿意与竞争对手交易的风险。③企业为在某国（比如英国）启动一项营销活动投入资金，目的是提供产品或服务，并在随后的几个月中与当地的生产商竞争。一旦人民币相对于英镑走强，那么，适当的英镑价格折合成人民币后，可能无法收回投资。

七、产业风险

产业风险是指在特定产业中与经营相关的风险，这一风险与企业选择在哪个行业中经营直接相关。在考虑企业可能面对的产业风险时，以下几个因素是非常关键的。

①每个产业都有其自身的发展周期，具体会经历导入期、成长期、成熟期以及衰退期。在不同的生命周期会面临着不同的产业风险。在导入期，产业风险非常高，由于没有太多的企业涉足这一相关领域，只得自身去探索，极易碰到各种未曾遇到的问题，产业也极有可能被外部环境影响扼杀在萌芽之中。在成长期，由于产业的增长可以弥补相应的产业风险，在这一时期，企业可以采取一些积极的措施冒险发展。在成熟期，企业将会面临周期性的品牌问题，企业需要应对产品市场饱和，技术和服务质量改变缓慢的问题。在衰退期，企业需要决定什么时候退出市场。

②产业是否有波动性。波动性产业会涉及较大的不确定性，使企业在计划和决策方面出现一定的困境。

③新产品的冲击。

八、信用风险

（一）信用风险的概念

信用风险的概念有广义和狭义之分。广义的信用风险既包括银行信贷风险，也包括除信贷以外的其他金融风险，以及所有的商业性风险。狭义的信用风险是指银行信用风险，即信贷风险，也就是由于借款人主观违约或客观上还款出现困难，而导致借款本息不能按时偿还，而给放款银行带来损失的风险。

传统的观点认为，信用风险是指债务人未能如期偿还其债务造成违约而给经济主体经营带来的风险。随着现代风险环境的变化和风险管理技术的发展，传统的定义已经不能反映现代信用风险及其管理的本质。

现代意义上的信用风险是指由于借款人或市场交易对手违约而导致的损失的可能性；更为一般地讲，信用风险还包括由于借款人的信用评级的变动和履约能力的变化，导致其债务的市场价值变动而引起的损失可能性。

（二）信用风险的特征

1. 风险概率分布的可偏性

企业违约的小概率事件以及贷款收益和损失的不对称，造成了信用风险概率分布的偏离。市场价格的波动是以其期望值为中性的，主要集中于相近的两侧，通常市场风险的收益分布相对来说是对称的，大致可以用正态分布曲线来描述。相比之下，信用风险的分布是不对称的，而是有偏的，收益分布曲线的一端向左下倾斜，并在左侧出现肥尾现象。这种特点是由贷款信用违约风险造成的，即银行在贷款合约期限有较大的可能性收回贷款并获得事先约定的利润，但贷款一旦违约，则会使银行面临相对较大规模的损失，这种损失要比利息收益大很多。换句话说，贷款的收益是固定和有上限的，它的损失则是变化的和没有下限的。另外，银行不能从企业经营业绩中获得对等的收益，贷款的预期收益不会随企业经营业绩的改善而增加，相反随着企业经营业绩的恶化，贷款的预期损失却会增加。

2. 信用风险数据的获取困难

由于信用资产的流动性较差，贷款等信用交易存在明显的信息不对称性以及贷款持有期长、违约时间频率少等原因，信用风险不像市场风险那样具有数据的可得性，这也导致了信用风险定价模型有效性检验的困难。正是由于信用风险具有这些特点，因此信用风险的衡量比市场风险的衡量困难得多，也成为造成信用风险的定价研究滞后与市场风险量化研究的原因，同时缺少连续、周期长的历史数据用于量化分析。这一方面由于信用事件并不是天天发生；另一方面由于当事机构对于信用风险事件均不愿披露，因为它们担心这些信息会对自己的信用评级或正在进行中的信用业务产生负面影响。

3. 信用风险往往还具有正反馈放大机制

在信用事件的影响下，信用风险的承受者本身的资信状况会受到其他相关业务往来机构的质疑或下调，接受更严格的信用审查机制，从而处于雪上加霜的处境，这将加重信用风险的破坏作用。

（三）信用风险的影响因素

信用风险是外部因素和内部因素共同作用的结果。外部因素是指由外界决定、商业银行无法控制的因素，如国家经济状况的改变、社会政治因素的变动以及自然灾害等不可抗拒因素。内部因素是指商业银行对待信贷风险的态度，它直接决定了其信贷资产质量的高低和信贷风险的大小，这种因素渗透到商业银行的贷款政策、信用分析和贷款监督等信贷管理的各个方面。

第二节　企业经营战略的内部风险

一、战略选择风险

战略选择风险是指决策人员选择某一战略而放弃其他战略产生的可能性。具体是指行为人选择某战略前，在对自身条件和困难缺乏充分的分析、对自身的优势和劣势缺乏正确认识、对战略选择后面临的机会和威胁缺乏全面的了解的情况下，出现的高估优势低估劣势、高估机会低估威胁、低估优势高估劣势、低估机会高估威胁等情况。如果出现前两种情况，行为人就会采取激进的战略；如果出现后两种情况，企业会采取保守的态度，可能会错失良机。

二、运营风险

运营风险是指企业在运营过程中，由外部环境的复杂性和变动性以及主体对环境的认知能力和适应能力的有限性，而导致的运营失败或使运营活动达不到预期的目标的可能性及其损失。运营风险并不是指某一种具体特定的风险，而是包含一系列具体的风险。

运营风险通过一个包含各种政策、流程与程序的框架加以管理，同时各业务单元通过该框架来确定、评估、监督与控制减轻其运营风险。这些运营风险管理流程与程序包括：运营风险自我评估、运营风险行动计划、关键性运营风险指标、运营风险事件与损失分析。运营风险自我评估涉及确认与评估内在风险以及评估控制手段对减轻已确认风险的有效性。应对问题的行动计划被加以记录并根据运营风险行动计划予以监督。关键性运营风险指标是业务单元与业务支持单元持续收集与监督的统计数据，能够帮助早期发现潜在的运营控制薄弱环节。集团还展开趋势分析，以确认需要应对的系统性问题。

三、操作风险

尽管操作风险一直被视为"其他风险"中的一部分，在信用风险和市场风险领域之外，然而它已迅速占领金融领域的最前沿。新《巴塞尔协议》将操作风险列为与信用风险、市场风险并列的三大风险之一。操作风险存在于商业银行的各个领域，近几年银行业案件呈高发态势，其中由于操作风险造成损失的事件也连续不断。

（一）操作风险的含义

操作风险是银行与生俱来的古老风险，近年来操作风险的管理逐渐受到各国商业银行的重视，新《巴塞尔协议》也把其纳入风险资本管理的范畴。然而，对于操作风险的定义在业内并没有达成共识。目前，关于操作风险的界定可以归纳为以下四种观点。

1. 广义的操作风险指除市场风险和信用风险以外的所有风险

我国银监会（现为银保监会）2004 年《商业银行操作风险管理指引》将操作风险定义为：除市场风险和信用风险以外的所有风险。这种广义的操作风险特点如下。

①主要来源于金融机构的日常营运，人为因素是主要原因。

②事件发生频率很低，但是一旦发生就会造成极大的损失，甚至危及银行的生存。

③单个的操作风险因素与操作性损失之间不存在清晰的、可以定量界定的数量关系。这种定义过于笼统，无法计量。

2. 狭义的操作风险是指只与金融机构中运营部门相关的风险

狭义的操作风险，即由于控制、系统及运营过程中的错误或疏忽而可能导致潜在损失的风险。最狭义的定义是将操作风险定义为与操作部门相关的风险，或称为操作性风险。

3.新《巴塞尔协议》（2004）沿用了英国银行家协会的操作风险定义

新《巴塞尔协议》（2004）将操作风险定义为：不完善或有问题的内部程序、人员及系统或外部事件所造成损失的风险。这一定义沿用了英国银行家协会（BBA）的操作风险定义，包括法律风险，但不包括策略风险和声誉风险。这是因为，法律风险是由于银行在经营活动中对所涉及的法律问题处理不当或由于外部法律环境的变化而导致英航遭受损失的风险。银行的法律活动是银行为完成经营任务而采取的手段之一，基本上是操作性质的活动。而策略风险和声誉风险则是由于银行董事会对银行的重大发展方向和目标的决策失误而导致银行损失的风险，这是决策性质的风险而不是操作风险。而且，从为风险配置资本的角度讲，对策略风险和声誉风险进行测定并配置资本几乎是不可能做到的。新《巴塞尔协议》的定义是介于广义和狭义之间的操作风险的定义，这种定义以狭义的操作风险界定为基础并对其所涵盖的风险内容进行扩展，寻求内涵的完备性与计量管理之间的平衡。

4.从非金融机构的一般企业角度，将操作风险定义为企业在进行基本的操作时经受的风险

操作风险是指因不充分的或失灵的内部程序、人员和系统或者外部事件而发生损失的风险。例如，由人员、程序、技术引起的损失的可能。因此，企业需要对操作风险进行定义，包括终端产品、资源及用于生产该产品的程序。操作风险是大多数企业面临的最大风险领域之一。然而，传统的管理方法对于这个领域并未采用有组织的方式。许多公司早已设立了信贷部门，但是直到现在，设置操作风险部门的公司还很少。操作风险与企业的运作有着紧密关联。例如：一名售货员将女衬衫的价签弄错了，因此向买了这件商品的顾客少收了钱；飞行员对飞机距离地面过低的警报置之不理，导致飞机撞上山腰，机上人员无一生还；在记录客户的电话号码时，业务员一不小心将两个数字的位置颠倒了，所以联系不到客户，没有办法电话跟进。操作风险与其他类型的风险不同，它出现的原因在于它不是管理未知事项，而是处理已确立的程序。由于操作风险不是应付重大的未知事项，因此在企业面临的所有风险类型中，操作风险是最便于管理的，它并不涉及任何对于未来事项的推测。就操作风险而言，企业面临的主要风险是在执行已明确的工作时，采取错误的步骤。

（二）操作风险的类型

按照发生的频率和损失大小，巴塞尔委员会将操作风险分为七类。

①内部欺诈：故意欺骗；盗用财产或违反规则、法律、公司政策的行为；

②外部欺诈：第三方故意欺骗、盗用财产或违反法律的行为；

③雇用合同以及工作状况带来的风险事件：由个人伤害赔偿金支付或差别及歧视事件引起的违反雇员健康或安全相关法律或协议的行为；

④客户、产品以及商业行为引起的风险事件：无意或由于疏忽没能履行对特定客户的专业职责，或者由于产品的性质或设计产生类似结果；

⑤有形资产的损失：自然灾害或其他事件造成的实物损失或损坏；

⑥经营中断和系统出错：业务的意外中断或系统出现错误；

⑦执行、交割以及交易过程管理的风险事件：由于与交易对方的关系而产生的交易过程错误或过程管理不善。

（三）企业操作风险的来源

在业务操作过程中，实施某个程序时可能出错的地方有很多。以下是一些较为常见的操作风险来源。

1.缺乏规定程序

对小型企业来说，随机应变的操作可能是不错的选择，原因在于它的交易量很少，不必设置复杂的程序。但是，随着业务量的增加，业务越来越复杂，设立正规的程序变得日益重要。当程序滞后于其日益复杂的操作时，缺乏程序和效率会对企业发展产生遏制作用。

2.雇员缺乏培训

缺乏培训的雇员，可能犯致命错误。错误的一步可能使本已糟糕的情况演变成"噩梦"。尽管有时候公司已意识到培训的重要性，但是管理者不为员工提供培训，原因有以下几点。

①培训被视为一项昂贵的管理费用，而且常常不能立即帮助企业提高获利能力；

②雇员接受培训时，将无法工作，因此，培训通常会使雇员的手头工作中断；

③接受培训与应用新技能之间往往存在时间上的滞后；

④培训的效力往往并非易见的，当然，对雇员进行如何正确使用设备的培训，能够产生明显的效果，但是软技能的培训（比如有效沟通的课程）的效果常常并不明显；

⑤人员流动频繁，如果员工很可能在几个月内离开公司，那么为员工提供培训看起来似乎很不值得。

3. 疏忽

操作风险的一大成因被称为"疏忽"，这是指某人在执行任务时并未将注意力放在这项工作上。由于注意力不集中，就会犯错误。疏忽的根源一般是疲劳、分心和厌烦。

4. 设备及软件维护不足或已报废

设备和软件的维护是指为了保持设备和软件的正常运转而对其开展一系列活动。预防性维修就是其中一种维护类型。例如，在管理公司的车队时，为已行驶 3 000 英里（1 英里 ≈ 1.61 千米）的汽车发动机更换机油，这就是一种预防性维修。另一种维修类型是在事故发生时，对设备进行修理。

5. 缺乏职业道道和存在舞弊意识

如果管理层对业务程序的控制松散，那么就给一些员工创造了利用公司资产，甚至从事任何非法或舞弊活动的机会。可能导致舞弊的一种典型的情况是企业内不存在职责划分。例如，如果负责现金收取的收银员还要负责在分类账上记录交易，这就为该收银员擅自拿走现金而不记录相关交易创造了机会。此外，工作人员可能为了达到不现实的利润指标而造假或进行高风险的交易。一个人或更多人出错及欺诈的风险都属于这一领域。由于资产以及金融交易的规模和数量都较大，大型的错误或欺诈行为的潜在危害是巨大的。

6. 不妥善的外包安排

妥善的外包安排将无法为企业带来所需的专长，或者帮助其实现商业目标。服务外包造成的问题主要是产品规格不明，这使承包商可能无法交付企业期望的产品，或者企业严重依赖承包商而未对其产品和服务进行检查。

四、财务风险

（一）财务风险的含义

财务风险是指企业在各项财务活动中由于各种难以预料和无法控制的因素，使企业在一定时期、一定范围内所获取的最终财务成果与预期的经营目标发生偏差，从而形成的使企业蒙受经济损失或获得更大收益的可能性。企业的财务活动贯穿于生产经营的整个过程中，筹措资金、长短期投资、分配利润等都可能产生风险。

（二）财务风险的基本类型

根据风险的来源可以将财务风险划分为筹资风险、投资风险、经营风险、存货管理风险和流动性风险。

1. 筹资风险

筹资风险指的是由于资金供需市场、宏观经济环境的变化，企业筹集资金给财务成果带来的不确定性。筹资风险主要包括利率风险、再融资风险、财务杠杆效应、汇率风险和购买力风险。利率风险是指由于金融市场金融资产的波动，导致筹资成本的变动；再融资风险是指由于金融市场上金融工具品种、融资方式的变动，导致企业再次融资产生不确定性，或企业本身筹资结构的不合理导致再融资产生困难；财务杠杆效应是指由于企业使用杠杆融资给利益相关者的利益带来不确定性；汇率风险是指由于汇率变动引起的企业外汇业务成果的不确定性；购买力风险是指由于币值的变动给筹资带来的影响。

2. 投资风险

投资风险指企业投入一定资金后，因市场需求变化而影响最终收益与预期收益偏离的风险。企业对外投资主要有直接投资和证券投资两种形式。在我国，根据《公司法》的规定，股东拥有企业股权的 25% 以上应该视为直接投资。证券投资主要有股票投资和债券投资两种形式。股票投资是风险共担、利益共享的投资形式；债券投资与被投资企业的财务活动没有直接关系，只是定期收取固定的利息，所面临的是被投资者无力偿还债务的风险。投资风险主要包括利率风险、再投资风险、汇率风险、通货膨胀风险、金融衍生工具风险、道德风险、违约风险等。

3. 经营风险

经营风险又称营业风险，是指在企业的生产经营过程中，供、产、销各个环节不确定性因素的影响所导致企业资金运动的迟滞，产生企业价值的变动。经营风险主要包括采购风险、生产风险、存货变现风险、应收账款变现风险等。采购风险是指由于原材料市场供应商的变动而产生的供应不足的可能，以及由于信用条件与付款方式的变动而导致实际付款期限与平均付款期的偏离。生产风险是指由于信息、能源、技术及人员的变动而导致生产工艺流程的变化，以及由于库存不足所导致的停工待料或销售迟滞的可能。存货变现风险是指由于产品市场变动而导致产品销售受阻的可能。应收账款变现风险是指由于赊销业务过多导致应收账款管理成本增大的可能性，以及由于赊销政策的改变导致实际回收期与预期回收的偏离等。

4. 存货管理风险

企业保持一定量的存货对于其进行正常生产来说是至关重要的，但如何确定最优库存量是一个比较棘手的问题。存货太多会导致产品积压，占用企业资金，风险较高；存货太少又可能导致原料供应不及时，影响企业的正常生产，严重时可能造成对客户的违约，影响企业的信誉。

5. 流动性风险

流动性风险是指企业资产不能正常和确定性地转移现金或企业债务和付现责任不能正常履行的可能性。从这个意义上说，可以把企业的流动性风险从企业的变现力和偿付能力两方面进行分析与评价。由于企业支付能力和偿债能力发生的问题，称为现金不足及现金不能清偿风险。由于企业资产不能确定性地转移为现金而发生的问题则称为变现力风险。

（三）企业财务风险的成因

企业的财务风险产生的原因很多，既有企业外部的原因，也有企业自身的原因，而且不同的财务风险形成的具体原因也不尽相同。企业产生财务风险既有外部原因，也有内部原因。

1. 外部原因

企业经营的外部环境是形成企业财务风险的外部原因，主要包括宏观经济环境和政策的影响、行业背景。

（1）企业财务管理宏观环境的复杂性

企业财务管理的宏观环境复杂多变，而企业管理系统不能适应复杂多变的宏观环境。财务管理的宏观环境包括经济环境、法律环境、市场环境、社会文化环境、资源环境等因素。如果宏观经济运行良好，企业总体盈利水平会提高，财务状况趋好，财务风险降低；如果宏观经济运行不容乐观，企业投资和经营会受到影响，盈利下降，可能面临财务风险。

（2）行业背景

行业背景是连接宏观经济分析和公司分析的桥梁，也是分析企业财务状况的重要环节。行业本身在国民经济中所处的地位，以及行业所处的生命周期的不同发展阶段，使得行业的投资价值不一样，投资风险也不一样。

2. 内部原因

（1）资本结构不合理

当企业资金中的自有资金和借入资金比例不恰当，就会造成企业资本结构不合理，从而引发财务风险。如果举债规模过大，会加重企业支付利息的负担，企业的偿债能力会受到影响，容易产生财务风险。如果企业不举债，或者举债比例很小，导致企业运营资金不足，则会影响企业的盈利能力。

（2）投资决策不合理

投资决策对企业未来的发展起至关重要的作用，正确的投资决策可以降低企业风险，增加企业盈利；错误的投资决策可能会给企业带来灾难性的损失。错误的投资决策往往没有充分认识到投资的风险，同时对企业自身承受风险的能力预估有误。

（3）财务管理制度不完善

企业的财务管理的内容涵盖了企业基本活动的各个方面，总的来说包括筹资、投资和营运资本管理。财务管理制度应该是对财务管理内容的进一步细化，包括制定财务决策、制定预算和标准、记录实际数据、对比标准与实际、评价与考核等各个环节。如果财务管理制度不能覆盖企业的所有部门。所有操作环节，很容易造成财务的漏洞，给企业带来财务风险。

（4）财务人员风险意识淡薄

实际工作中，企业财务人员缺乏风险意识，对财务风险的客观性认识不足，忽视了对企业财务风险的预测与预警，导致企业在突发事件发生时，应变能力不足，容易带来财务风险。

（5）收益分配政策不科学

股利分配政策对企业未来的发展有重大影响，分配方法的选择会影响企业的声誉，影响投资者对企业未来发展的判断，进而影响投资者的投资决策。如果对企业利润的分配脱离企业实际情况，缺乏合理的控制制度，必将影响企业的财务结构，从而可能形成财务风险。

第三节 企业经营战略风险的识别方法

风险识别是风险管理的首要步骤。我们生活中面临的风险是错综复杂的，需要对其进行准确的识别和分析。风险识别在整个风险管理中占有重要位置，只有全面、准确地发现和识别风险，才能度量风险和选择相应的风险管理技术。而风险识别又是风险度量的前提，是风险管理单位有针对性地处理风险的基础。准确地掌握和运用风险识别的方法，可以预防风险事故的发生，做到防患于未然。

风险识别又称风险辨识，是在风险事故发生之前，感知各种风险事故，分析风险事故的潜在原因，找到危险源，建立相应的风险数据库。其中，事故指个人或集体在实现某种意图而进行的活动过程中，突然发生的、违反人的意志的、迫使活动暂时或永久停止的事件。危险源指可能导致事故的潜在的不安全因素。风险识别的方法有很多，各有其优缺点和适用条件。世界上没有一种能适用于全部风险识别的最好方法。企业不同，识别风险的方法就不同；风险不同，识别的方法也不完全一样。实际上，特定的风险识别方法对一些企业比对另一些企业更有用，对一些风险识别比对另一些风险识别更有用。因此，试图用一种最好的方法识别企业所面临的全部风险的想法是不现实的。这也说明，识别企业的风险不能依靠单一的方法或工具。在实际工作中，即使识别同一种风险也可以同时使用几种方法。要根据企业经营活动的特点、内外环境变化和经营管理的需要，对风险识别方法做出适当的选择和组合。风险识别方法既要关注过去，也应着眼于将来。关注过去是为了从风险事故中总结经验，便于从惊人相似的风险事故原因中识别风险。着眼于未来是因为风险就是未来的不确定性，要预测未来发展趋势。不论采用什么方法，只要确实把风险识别出来就行。不能过分强调定量分析模型，简单的或许就是有用的。

风险的定性分析，往往带有较强的主观性，需要凭借分析者的经验和直觉，或者是以行业标准和惯例为风险各要素的大小或高低程度定性分级，要求分析者具备较高的经验和能力，否则会因操作者经验和直觉的偏差而使分析结果失准。定量分析是对构成风险的各个要素和潜在损失的水平赋予数值或货币金额，当度量风险的所有要素都被赋值，风险分析和评估过程与结果得以量化。定量分析比较客观，但对数据要求较高，同时还需借助数学工具和计算机程序，其操作难度较大。

一、战略风险的定性识别法

（一）专家调查法

专家调查法，也称专家咨询法、专家意见法、经验分析法，是基于专家的知识、经验和直觉，发现潜在风险的分析方法。采用专家调查法时，专家应有合理的规模，人数取决于项目的特点、规模、复杂程度和风险的性质，没有绝对规定，一般应在 10 ~ 20 位。专家调查法适用于风险分析的全过程，在进行风险识别时，主要包括头脑风暴法、德尔菲法、风险专家调查列举法、风险识别调查表、风险对照检查表。

1. 头脑风暴法

（1）头脑风暴法的含义

头脑风暴法是由美国创造学家 A.F. 奥斯本于 1939 年首次提出，于 1953 年正式发表的一种激发性思维的方法。此法经各国创造学研究者的实践和发展，现已形成了一个发明技法群，如奥斯本智力激励法、默写式智力激励法、卡片式智力激励法等。

在群体决策中，由于群体成员心理相互作用影响，易屈于权威或大多数人意见，形成所谓的"群体思维"。群体思维削弱了群体的批判精神和创造力，损害了决策的质量。为了保证群体决策的创造性，提高决策质量，管理上发展了一系列改善群体决策的方法，头脑风暴法是较为典型的一个。

头脑风暴法又可分为直接头脑风暴法（通常简称为头脑风暴法）和质疑头脑风暴法（也称为反头脑风暴法）。前者是在专家群体决策下尽可能激发创造性，产生尽可能多的设想的方法，后者则是对前者提出的设想、方案逐一质疑，分析其现实可行性的方法。

采用头脑风暴法组织群体决策时，要集中有关专家召开专题会议，主持者以明确的方式向所有参与者阐明问题，说明会议的规则，尽力创造融洽轻松的会议气氛。主持者一般不发表意见，以免影响会议的自由气氛，由专家们"自由"提出尽可能多的方案。

对头脑风暴法的评价实践经验表明，头脑风暴法可以排除折中方案，对所讨论问题通过客观、连续的分析，找到一组切实可行的方案，因而头脑风暴法在军事决策和民用决策中获得了较广泛的应用。例如，在美国国防部制定长远科技规划中，曾邀请 50 名专家采取头脑风暴法开了两周会议。参加者的任务是对事先提出的长远规划提出异议。通过讨论，得到一个使原规划文件协调一致的报告，在原规划文件中，只有25%～30%的意见得到保留，由此可以看到头脑风暴法的价值。

当然，头脑风暴法实施的成本（时间、费用等）是很高的。另外，头脑风暴法要求参与者有较好的素质。这些因素是否满足会影响头脑风暴法实施的效果。

（2）头脑风暴法的流程系统化处理程序

①对所有提出的设想编制名称一览表；

②用通用术语说明每一设想的要点；

③找出重复的和互为补充的设想，并在此基础上形成综合设想；

④提出对设想进行评价的准则；

⑤分组编制设想一览表。

2. 德尔菲法

德尔菲法是一种集中众人智慧进行科学预测的分析方法，由美国咨询机构兰德公司首先提出，它主要是借助于有关专家的知识、经验和判断来对企业的潜在风险加以估计和分析。德尔菲法依据系统的程序，采用匿名发表意见的方式，即专家之间不得互相讨论，不发生横向联系，只能与调查人员发生关系，通过多轮次调查专家对问卷所提问题的看法，经过反复征询、归纳、修改，最后汇总成专家基本一致的看法，作为预测的结果。这种方法具有广泛的代表性，较为可靠。

（1）德尔菲法的步骤

德尔菲法的具体实施步骤如下。

①组成专家组。按照课题所需要的知识范围，确定专家。专家人数的多少，可根据预测课题的大小和涉及面的宽窄而定，一般不超过20人。

②向所有专家提出所要预测的问题及有关要求，并附上有关这个问题的所有背景材料，同时请专家提出还需要什么材料。然后，由专家做书面答复。

③各个专家根据他们所收到的材料，提出自己的预测意见，并说明自己是怎样利用这些材料并提出预测值的。

④将各位专家第一次的判断意见汇总，列成图表，进行对比，再分发给各位专家，让专家比较自己同他人的不同意见，修改自己的意见和判断。也可以把各位专家的意见加以整理，或请身份更高的其他专家加以评论，然后把这些

意见再分送给各位专家，以便他们参考后修改自己的意见。

⑤将所有专家的修改意见收集起来，汇总，再次分发给各位专家，以便做第二次修改。逐轮收集意见并为专家反馈信息是德尔菲法的主要环节。收集意见和信息反馈一般要经过三四轮。在向专家进行反馈的时候，只给出各种意见，但并不说明发表各种意见的专家的具体姓名。这一过程重复进行，直到每一个专家不再改变自己的意见为止。

⑥对专家的意见进行综合处理。

（2）德尔菲法的优缺点

德尔菲法能发挥专家会议法的优点：①能充分发挥各位专家的作用，集思广益，准确性高；②能把各位专家意见的分歧点表达出来，取各家之长，避各家之短；③适用范围广，高效快捷，成本低，简单易行。同时，德尔菲法又能避免专家会议法的缺点：①权威人士的意见影响他人的意见；②有些专家碍于情面，不愿意发表与其他人不同的意见；③出于自尊心而不愿意修改自己原来不全面的意见。

德尔菲法的主要缺点：过程比较复杂，花费时间较长；专家意见是主观判断；有时意见难以统一；并非万能，要与其他方法结合。

（3）德尔菲法示例

某书刊经销商采用德尔菲法对某一专著销售量进行预测。该经销商首先选择若干书店经理、书评家、读者、编审、销售代表和海外公司经理组成专家小组。将该专著和一些相应的背景材料发给各位专家，要求大家给出该专著最低销售量、最可能销售量和最高销售量的三个数字，同时说明自己做出判断的主要理由。将专家们的意见收集起来，归纳整理后返回给各位专家，然后要求专家们参考他人的意见对自己的预测重新考虑。专家们完成第一次预测并得到第一次预测的汇总结果以后，除书店经理B外，其他专家在第二次预测中都做了不同程度的修正。重复进行，在第三次预测中，大多数专家又一次改了自己的看法。第四次预测时，所有专家都不再修改自己的意见。因此，专家意见收集过程在第四次以后停止。最终预测结果为最低销售量26万册，最高销售量60万册，最可能销售量46万册。

3. 风险专家调查列举法

由风险管理者对该企业、单位可能面临的风险逐一列出，并根据不同的标准进行分类。专家所涉及的面应尽可能广泛些，有一定的代表性。一般的分类标准为：直接或间接、财务或非财务、政治性或经济性等。

采用风险专家调查列举法进行风险识别可以利用两种形式。

①通过保险险种一览表，企业可以根据保险公司或者专门保险刊物的保险险种一览表，选择适合本企业需要的险种。这种方法仅仅对可保风险进行识别，对不可保风险则无能为力。

②委托保险人或者保险咨询服务机构对本企业的风险管理进行调查设计，找出各种财产和责任存在的风险。

4. 风险识别调查表

风险识别调查表主要采用定性的方法，描述风险的来源与类型、风险特征、对项目目标的影响等，如表 1–1 所示。

表 1–1　风险识别调查

项目名称	
风险类型	
风险描述	
风险对项目目标的影响	
风险的来源、特征	

5. 风险对照检查表

风险对照检查表是一种规范化的定性风险分析工具，具有系统、全面、简单、快捷、高效等优点，容易集中专家的智慧和意见，不容易遗漏主要风险；对风险分析人员有启发思路、拓展思路的作用。

适用范围：当有丰富的经验和充分的专业技能时，项目风险识别相对简单，并可以取得良好的效果。对照检查表的设计和确定是建立在众多类似项目经验基础上的，需要大量类似项目的数据。而对于新的项目或完全不同环境下的项目，则难以适应。需要针对项目的类型和特点，制定专门的风险对照检查表。

（二）流程图法

1. 流程图法的定义

流程图法是指企业风险管理部门将整个企业生产过程的一切环节系统化、顺序化，制成流程图，从而便于发现企业面临的风险。流程图法可以通过分析企业的生产制造或管理流程的不同层次，寻找识别关键的风险点。对关键风险点进行历史资料分析，评估风险事件发生的频率；结合投入产出分析技术对风险兑现时的损失幅度进行有效的评估。对一个涉及许多产品、原料在不同环节上流动的生产过程来说，流程图是一个合适的风险识别方法。在企业中存在着产品流程、服务流程、财务会计流程、市场营销流程、分配流程等。从企业的价值流程角度来看，企业的流程可分为外部流程和内部流程。外部流程是指原辅材料的采购、产品的销售以及材料与产品的运输、仓储等。内部流程是企业内部生产制造或服务提供的流程，是指在生产工艺中，从原料投入到成品产出，通过一定的设备按顺序连续地进行加工的过程。例如，某钢铁制造企业的铁矿粉造块与炼焦、高炉炼铁、转炉炼钢、钢水连铸、轧钢等。

流程图是揭示和掌握封闭系统运动状况的有效方式。作为诊断工具，它能够辅助决策制订，让管理者清楚地知道，问题可能出在什么地方，从而确定出可供选择的行动方案。也可以把事故发生过程、事故原因构成等用流程图的方法表示出来，使人们能一目了然。它根据事故发生的事件顺序，按事故发生前、事故发生过程中和事故发生后三个阶段，来分析事故构成要素（人员、物、设备、地点、环境、作业过程等）的变化情况。流程图法的缺点是：需要耗费大量的时间制作；过于笼统，不利于对细节的描述，造成风险遗漏；缺乏定量分析。

2. 流程图法的分析步骤

流程图法的分析步骤为：识别生产过程的各个阶段；设计流程图；解释流程图；综合流程图；预测可能的风险状况并制订计划。流程图的优点是能把一个问题分成若干个可以进行管理的部分，便于阅读分析。

3. 流程图法示例

为便于识别，绘制流程图的习惯做法是：事实描述用椭圆形标示，行动方案用矩形标示，问题用菱形标示，箭头代表流动方向，如图 1-1 所示。

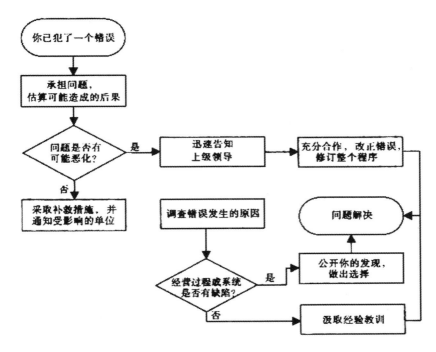

图 1-1　流程图法分析步骤

（三）工作-风险分解法

工作-风险分解法（Work Breakdown System-Risk Breakdown System，WBS-RBS）是将工作分解成 WBS 树，风险分解形成 RBS 树，然后以工作分解树和风险分解树交叉构成的 WBS-RBS 矩阵进行风险识别的方法。

1. 作用

通过工作-风险分解法，对风险识别进行定性分析。

2. 实施步骤

工作-风险分解法具体有三步工作：

①工作分解。

②风险分解。

③套用 WBS-RBS 矩阵判断风险是否存在。在工作分解形成工作分解树时，主要是风险主体与子部分，以及子部分之间的结构关系和工作流程进行工作分解。工作分解树如图 1-2 所示。

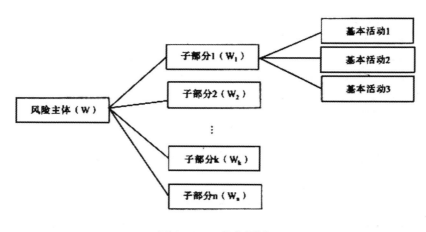

图 1-2　工作分解树

　　构造风险分解树，风险识别的主要任务是找到风险事件发生以来的风险因素，而风险事件与风险因素之间存在因果关系。风险分解树就是建立风险事件与风险因素之间的因果联系模型。风险分解的第一层次是把风险事件分为内外两类，内部风险产生于项目本身，外部风险源自项目的环境因素。第二层次的风险事件按照内外两类事件继续往下细分，每层风险都按照其影响因素构成进行分解，最终分解到最基本的风险事件，把各层风险组合形成风险分解树，如图 1-3 所示。

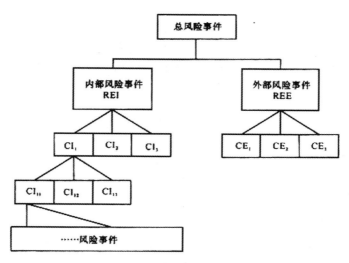

图 1-3　风险分解树

　　在工作分解与风险分解完成以后，将工作分解树与风险分解树交叉构成风险识别矩阵，如图1-4所示，WBS-RBS矩阵的行向量是工作分解到底层形成的基本工作包，矩阵的列向量是风险分解到底层形成的基本子因素。风险识别过程是按照矩阵元素逐一判断某一工作是否在该矩阵元素横向所对应的风险上。

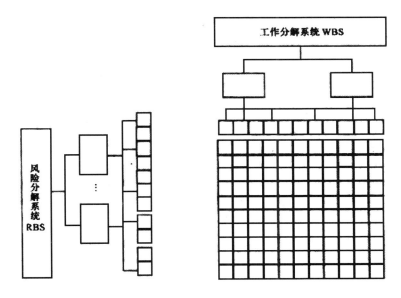

图1-4　WBS-RBS矩阵

3. 主要优点和局限性

WBS-RBS法是一种可定量分析的风险识别方法，其优点有以下几方面。

①可操作性强，能全面系统地识别项目整个生命周期内的风险，不容易遗漏风险因素，满足风险识别全面、系统、准确和深入的要求；

②工作分解在项目管理的前期准备工作中已经完成，因此省去了这部分的工作量；

③通过构建WBS-RBS矩阵识别风险并最终汇编成风险清单，过程简明清晰并具有明显的层次结构，方便后续的风险评价和控制研究。

局限性是对大型项目来说，WBS-RBS矩阵较为复杂，但这是所有大型项目风险识别共同面临的问题。

4. 工作–风险分解法示例

中央商务区（Central Business District，简称CBD）项目开发工作繁多，涉及风险因素识别的工作量也比较大，但是如果我们对CBD风险的预测就像对待盖房子那样简单处理，就可能铸就更大的风险问题。采用 WBS-RBS 法对 CBD 风险识别既符合 CBD 风险预测的要求，又符合 CBD 风险识别的系统性原则要求，该方法将工作进行层层分解，这样风险源就会逐级地呈现在作业分解树上，从而不容易漏掉某些风险因素。用 WBS-RBS 法的另外一个好处就是在进行预测中可以估计出各层次作业的相对权重，虽然只是初步权重，但是也为后期的评价工作打下了一定的数量基础。WBS-RBS 法对工作分解风险分解的细化，体现了 CBD 风险预测完整性的要求，在初始阶段细化工作与风险一定程度上规避了笼统凭借主观判断识别风险的弊端。定性分析风险的过程中体现定量的思路，使得风险识别变得相对简单，能够更容易全面地识别风险，是 CBD 这类复杂项目进行风险识别的首选方法。

用 WBS-RBS 法对 CBD 项目投资决策进行风险识别的过程如下。

第一步，构造 CBD 项目工作分解树。风险主体 CBD 项目开发，子部分工作包括项目审批、项目融资、设计招标、施工招标、企业引入等，各个子部分细分活动，形成工作分解树。

第二步，构造 CBD 项目投资决策风险分解树。CBD 投资决策风险构成总风险事件，内部风险事件细分为技术风险、管理风险等，外部风险事件细分为社会风险、经济风险、政治风险、自然风险等，进一步细分到具体造成风险的事件，形成风险分解树。

第三步，构造 WBS-RBS 矩阵。

第四步，判断每一个矩阵元素的风险状态和风险转化条件，常用形式是发放风险调查表和实地考察，实地考察中包括直接咨询相关人员和类似项目的历史资料分析。工作目的就是判断风险是否存在，所以相应的风险状态就是"有"和"无"两种。采用数字表示进行"有""无"判断，矩阵元素取值为"0"，就代表第 1 项作业的风险不存在，或是影响很小可以忽略；如果取值为"1"代表第 1 项工作的风险存在。最终形成以"0""1"表示的矩阵，如表 1-2 所示。

表 1-2　某项目的一级作业分解的风险识别矩阵

项目	R_{11}	R_{12}	R_{13}	R_{21}	R_{22}	R_{31}	R_{32}
W_1	1	1	1	1	1	0	1
W_2	0	0	1	1	0	1	0
W_3	1	1	0	1	0	0	0
W_4	1	1	1	1	0	1	1
W_5	0	1	1	0	1	1	1

针对 CBD 进行 WBS-RBS 风险识别，不考虑何种类型的 CBD 建设进行一般风险识别，向城市发展规划部门、商业地产开发涉足者、建筑承包商、市场建材供应商、银行等企业的专家发放问卷，问卷数量以越多越好进行发放，回收汇总最终得到一个可以进行后期风险管理的风险库。该风险库可包含 CBD 项目开发的一级风险因素（包括外部风险因素、内部风险因素和系统交错风险因素）和二级具体的子风险因素。CBD 项目开发风险库的建立为具体 CBD 项目开发风险预测提供借鉴和参考。

（四）因果图法

风险管理实务中，导致风险事故的因素很多，通过对这些因素进行全面系统的观察和分析，可以找出其中的因果关系。因果图法是日本东京大学教授石川馨于 1953 年首次提出的。石川馨教授和他的助手在研究活动中，用因果图法分析影响产品质量的因素，获得了很大的成功，并被世界许多国家的风险管理部门采纳。

1. 因果图的绘制

因果图法是一种用于分析风险事故与影响风险事故原因之间关系的比较有效的分析方法。在风险管理中，导致风险事故的原因可以归纳为类别和子原因，画成形似鱼刺的图。因此，因果图又称为鱼刺图。因果图是按照以下步骤绘制的。

①确定风险事故。因果图中的风险事故是根据具体的风险管理目标确定的，因果图分析有助于识别风险事故。

②将风险事故绘在图纸的右侧，从左至右画一个箭头，作为风险因素分析的主骨，接下来将影响结果的主要原因作为大骨，即风险识别的第一层次原因。

③列出影响大骨（主要原因）的原因作为中骨，作为风险分析的第二层次原因；用小骨列出影响中骨的原因，作为风险分析的第三层次原因，依此类推。

④根据影响风险事故各因素的重要程度，将对风险事故产生显著影响的重要因素标示出来，有助于识别导致风险事故的原因。在确定各风险因素对风险事故影响程度的过程中，常用的方法是实验法。实验法是指在可控条件下，对一个或多个风险因素进行操纵，以测定这些因素之间的关系。

⑤记录必要的相关信息。在因果图中，所有的因素与结果不一定有紧密的联系，将对结果有显著影响的风险因素做出标记，可以比较清楚地再现出风险因素和风险事故的内在关系。

2. 绘制因果图的注意事项

在绘制因果图时，应该注意以下几个方面的问题。

（1）重要原因不遗漏

在确定引发风险事故的原因时，需要充分调查引发风险事故的各种原因，尽可能找出影响结果的重要原因，以免遗漏。在引发风险事故的各种原因中，确定重要原因对结果造成的影响，是因果图分析的关键；确定为非重要的原因，可以不绘制在因果图上。

（2）确定原因应尽可能具体

如果确定的导致风险的原因很抽象，分析出来的原因只能是一个大概，尽管这种因果分析图不会出现太大的错误，但是，对于解决具体问题的作用不大。

（3）风险事故的因果图需要根据结果分别绘制

例如，同一批产品的长度和质量都存在问题，这需要绘制两张因果图来分析长度和质量波动的原因。若许多结果用同一张因果图来分析，势必使因果图庞大而复杂，管理的难度大，难以找到解决问题的对策。

（4）因果图的验证

如果分析导致风险事故的原因无法采取措施加以解决，说明问题还没有得到解决，需要进一步细分原因，直到能够采取相应的措施为止；绘制出来的图形如果不能采取具体的措施，不能称之为因果图。因果图在使用的过程中，需要不断地加以改进。例如，有些因素需要删减，有些因素需要修改，还有些因素需要增加，在反复改进因果图的过程中，可以得到对于识别风险有用的因果图。

3. 因果图法的局限性

在运用因果图法识别风险的过程，因果图分析具有以下几个方面的局限。

①对于导致风险事故原因调查的疏漏，会影响因果图分析的结论。从某种意义上说，风险因素调查是否充分，影响着因果图分析的结论。

②不同风险管理者对风险因素重要性的认识不同，会影响因果图分析的结论。由于风险管理者的风险意识、观念不同，风险管理者对于风险因素重要性的认识也不同。因此，风险管理者对于风险因素重要性的认识是否合乎逻辑，会影响因果图分析的结论，会影响到风险识别的结果。

③风险管理者的观念影响因果图识别风险的结论。风险管理者的主观想法或者印象，影响着风险管理的结论。因此，在运用因果图分析问题时，可以借助统计数据来分析风险因素的重要性。这种分析比较科学，又合乎逻辑。

二、战略风险的定量识别法

（一）事故树分析法

事故树法是识别风险的一种比较有效的技术，事故树分析常常能够提供防止事故发生的手段和方法。这种风险识别方法起源于 20 世纪 60 年代，是美国贝尔电话实验室在从事空间项目研究时发明的，后来这种方法被广泛采用，用来分析可能产生风险事故的事件。事故树法就是从某一事故出发，运用逻辑推理的方法，寻找引起事故的原因，即从结果推导出引发风险事故的原因。事故树法也是我国国家标准局规定的事故分析方法之一。

1. 事故树分析

事故树法的理论基础是，任何一个风险事故的发生，必定是一系列事故按照事件顺序相继出现的结果，前一事件的出现是随后发生事件的条件，在事件的发展过程中，每一事件有两种可能的状态，即成功或者失败。

（1）事故树的编制程序

第一步：确定顶上事件。

顶上事件就是所要分析的事故。选择顶上事件，一定要在详细占有系统情况、有关事故的发生情况和发生可能，以及事故的严重程度和事故发生概率等资料的情况下进行，而且事先要仔细寻找造成事故的直接原因和间接原因。然后，根据事故的严重程度和发生概率确定要分析的顶上事件，将其扼要地填写在矩形框内。

顶上事件也可以是在运输生产中已经发生过的事故。如车辆追尾、道口火车与汽车相撞等事故。通过编制事故树，找出事故原因，制定具体措施，防止事故再次发生。

第二步：调查或分析造成顶上事件的各种原因。

顶上事件确定之后，为了编制好事故树，必须将造成顶上事件的所有直接原因事件找出来，尽可能不漏掉。直接原因事件可以是机械故障、人为因素或环境原因等。要找出直接原因可采取对造成顶上事件的原因进行调查，召开有关人员座谈会；也可根据以往的一些经验进行分析，确定造成顶上事件的原因。

第三步：绘制事故树。

在找出造成顶上事件的各种原因之后，就可以用相应事件符号和适当的逻辑门把它们从上到下分层连接起来，层层向下，直到最基本的原因事件，这样就构成一个事故树。在用逻辑门连接上下层之间的事件原因时，最下层事件必须全部同时发生，上层事件才会发生时，就用"与门"连接。逻辑门的连接问题在事故树中是非常重要的，含糊不得，它涉及各种事件之间的逻辑关系，直接影响着以后的定性分析和定量分析。

第四步：认真审定事故树。事故树图是逻辑模型事件的表达。既然是逻辑模型，那么各个事件之间的逻辑关系就应该相当严密、合理，否则在计算过程中将会出现许多意想不到的问题。因此，对事故树图的绘制要十分慎重。在绘制过程中，一般要进行反复推敲、修改，除局部更改外，有的甚至要推倒重来，有时还要反复进行多次，直到符合实际情况，比较严密为止。

（2）事故树分析的程序

事故树分析虽然根据对象系统的性质与分析目的的不同，分析的程序也不同。但是，一般都有下面 10 个基本程序。有时，使用者还可根据实际需要和要求来确定分析程序。

①熟悉系统。要求要确实了解系统情况，包括工作程序、各种重要参数、作业情况。必要时画出工艺流程图和布置图。

②调查事故。要求在过去事故实例、有关事故统计的基础上，尽量广泛地调查所能预想到的事故，即包括已发生的事故和可能发生的事故。

③确定顶上事件。所谓顶上事件，就是需要分析的对象事件。分析系统发生事故的损失和频率大小，从中找出后果严重且较容易发生的事故，作为要分析的顶上事件。

④确定目标。根据以往的事故记录和同类系统的事故资料进行统计分析，求出事故发生的概率（或频率），然后根据这一事故的严重程度，确定我们要控制的事故发生概率的目标值。

⑤调查原因事件。调查与事故有关的所有原因事件和各种因素，包括设备故障、机械故障、操作者的失误、管理和指挥失误、环境因素等，尽量详细地查清原因和影响。

⑥画出事故树。根据上述资料，从顶上事件起进行演绎分析，一级一级地找出所有直接原因事件，指导所要分析的深度，按照其逻辑关系，画出事故树。

⑦定性分析。根据事故树结构进行化简，求出最小割集和最小径集，确定各基本事件的结构重要度排序。

⑧计算顶上事件发生概率。首先根据所调查的情况和资料，确定所有原因事件的发生概率，并标在事故树上。根据这些基本数据，求出顶上事件（事故）发生的概率。

⑨进行比较。根据可维修系统和不可维修系统分别考虑。对可维修系统，把求出的概率与通过统计分析得出的概率进行比较，如果二者不符，则必须重

新研究，看原因事件是否齐全，事故树逻辑关系是否清楚，基本原因事件的数值是否设定得过高或过低等。对不可维修系统，求出顶上事件发生的概率即可。

⑩定量分析。定量分析包括下列三个方面的内容。

a. 当事故发生概率超过预定的目标值时，要研究降低事故发生概率的所有可能途径，可从最小割集着手，从中选出最佳答案。

b. 利用最小径集，找出根除事故的可能性，从中选出最佳方案。

c. 求各基本事件的临界重要度系数，从而对需要治理的原因事件按临界重要度系数大小进行排队，或编出安全检查表，以求加强人为控制。

事故树分析方法原则上是这10个步骤。但在具体分析时，可以根据分析的目的、投入人力物力的多少、人的分析能力的高低以及对基础数据的掌握程度等，分别进行到不同的步骤。如果事故树规模很大，也可以借助电子计算机进行分析。

2. 事故树法识别风险的优点

①运用事故树法可以有效地识别风险。

②运用事故树法可以判断系统内部发生变化的灵敏度。

③运用事故树法可以确定消除风险事故的措施。

3. 事故树法识别风险的缺点

事故树法是以某一风险事件为出发点，按照逻辑推理，推导出各风险事件可能产生的结果，以及产生结果的途径。事故树分析法也存在着一些局限性，主要表现在以下几个方面。

（1）事故树的绘制需要专门的技术

在风险识别中，事故树的绘制需要专门的技术，这也是风险管理人员较少使用事故树法识别风险的重要原因。只有风险事故造成的损失较大或者存在很大的安全隐患、难以通过其他方法识别风险时，才需要采用事故树法对系统进行整体分析。

（2）采用事故树法识别风险的管理成本比较高

由于风险管理经费的限制和不断增加的风险管理工作，会使风险管理受到经费的限制。事故树分析风险事故的方法需要花费大量的时间，需要收集大量的资料，这会导致风险管理成本的增加。

（3）相关概率的准确程度直接影响着估测的结果

在事故树分析中，有关事件概率统计的准确程度，直接影响风险识别的结果。

（二）失效模式影响和危害度分析法

失效模式影响和危害度分析法（Failure Mode Effectsand Criticality Analysis）简称为 FMECA，是一种 bottom-up 分析方法，可用来分析、审查系统的潜在故障模式。FMECA 按规定的规则记录系统中所有可能存在的影响因素，分析每种因素对系统的工作及状态的影响，将每种影响因素按其影响的严重度及发生的概率排序，从而发现系统中潜在的薄弱环节，提出可能采取的预防改进措施，以消除或减少风险发生的可能性，保证系统的可靠性。根据其重要性和危害程度，FMECA 可对每种被识别的失效模式进行排序。FMECA 可协助挑选具有高可靠性的替代性设计方案；确保所有的失效模式及其对运行成功的影响得到分析；列出潜在的故障并识别其影响的严重性；为测试及维修工作的规划提供依据；为定量的可靠性及可用性分析提供依据。FMECA 可以为其他的风险方法（例如，定性及定量的故障树分析）提供数据支持。

1. FMECA 的基本概念

（1）失效模式

失效模式是指能被观察到的一种失效与损失现象。如高压输电线路、光缆断线、建筑物因吸烟引起火灾、工厂由于偷税而破产、轴承疲劳断裂等。彻底弄清所研究问题的可能潜在失效模式是至关重要的，因为 FMECA 本质上是建立在这个失效模式清单上的。

失效模式的两种分类方法如下。

①按时间过程分类。如项目开工前投资未到位导致的工程失败，建造过程中技术问题引起的工程失败，正式运转后原材料或市场因素使得工程失败等。

②按工作性质分类。如电线短路、人为操作、超过限度、机械磨损、经营不善等。

（2）失效效应

失效效应是指某种潜在的失效模式对有关局部或整个系统的功能、人员安全、环境条件、经营状况等造成的影响。根据影响是涉及局部还是涉及整个系统，可将失效效应分为局部效应和最终效应。

（3）失效机理

失效机理是指特定的失效模式为何会发生。一般来说，失效机理产生失效模式，而失效模式又造成失效效应。失效效应、失效模式和失效机理从系统与局部这两个不同的角度看，它们之间既有区别又有联系。

（4）危害度

失效效应的严重程度是一个相对的量，为了便于定量分析，一般将它划分为四个等级，即安全、临界、危害、灾难，根据这四个等级，引进不同的严重性系数予以定量化。危害度定义为某种失效模式发生的概率与严重性系数相乘的结果。

2. 故障分析

一般把系统地追查失效损失原因的工作，称为故障分析或故障识别。在进行故障分析和找出故障原因以及建立防范对策时，有必要把引起故障的"对象"与查找原因进行评价和建立防范对策的我们，也就是"对策方"分开来考虑。故障分析要素如图 1-5 所示。

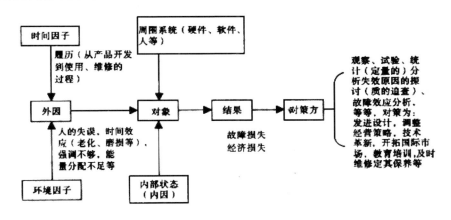

图 1-5　与故障分析有关的故障机理和主要因素

下面来研究与故障分析有关联的主要因素。

（1）失效机理

导致失效损失，除了内在的、潜在的固有缺陷和风险之外，在外部也存在着各种各样足以引发失效损失的因素。

失效机理变化过程大致如下：

$$\mathrm{I}\begin{cases}对象的状态\\内因、起因\end{cases}\quad\mathrm{II}\begin{cases}外因\\诱因\end{cases}\rightarrow\quad\mathrm{III}\begin{cases}作为结果的\\失效损失\end{cases}$$

与 I + II → III 密切相关的有以下几个方面。

功能关系：指发生失效损失的对象与包围它的周围事物（系统）的功能关系。例如比装置更复杂的上一级系统，或构成装置的下一级元件、零部件之间的功能关系，以及人和装置的相互关系等。我们要能理解对象的失效损失对这些相关事物会带来什么样的影响，影响是怎样波及的，会产生何种程度的损害以及如何才能阻止这种失效损失。

环境因子：分析对象所处的环境，如温度、尘埃、振动、应力、腐蚀环境等。

时间因子：指对象的状态随着时间的老化、变动和环境的迁移，以及产品在不同使用时期和阶段所产生的种种变化等。为了理解失效机理，必须对这一系列的原因、对象的状态及结果（现象、失效模式等）很好地进行观察和计量，以掌握其发生和发展的线索。此外，作为手段之一，还要通过状态检测或状态监视来预防异常情况的发生。

如图1-5所示，对象由于具有内在的缺陷（内因），加上外部原因（外因或诱因）而逐渐发展成为问题和故障。在这种情况下，环境因子和时间因子一般是引发故障的原因。例如，环境温度上升或长时间使用对老化起促进作用等。但是，这种环境和时间因子有时也起抑制作用。例如，降雨对火灾的抑制，装置在停止使用的修理期间避免了地震发生可能导致的致命伤害等。

此外，虽然企业在投资前已经进行了可行性论证，或者设备在设计时安全问题已经考虑得比较充分，但是随着时间的推移，环境因子发生了变化，如市场消费的热点出现了新趋势而使企业投资失败，或加大了设备的负载而造成破坏，诸如此类事情也不时发生。这显然是由于时间和环境的因素交错在一起而成为导致最终失效损失的原因。

（2）局部功能与全体功能的关系

随着研究对象所属的层次不同，失效机理也会有很大的变化。低级层次上的局部失效损失，并不一定都会导致系统级的最终失效损失，但在有些情况下，当低级层次的局部失效得不到有效控制，就会引起系统的整个失效损失。因此，有必要把研究对象的上级层次和下级层次的功能关系了解清楚。一般来说，层次越高的系统故障，其失效损失的危害越大。

（3）对策方的评价与分析

对策方必须要掌握故障或失效的状态、发生故障或失效的时间及过程情况，以便进行评价，并及时采取对策。对策方的分析通常由以下三个阶段构成。

①事前分析：事前的准备或设计阶段所做的方案论证、预测、试验、评价以及以此为基础的改进。

②过程分析：根据状态计量，掌握故障发生的过程，根据对状态的监视进行预防维修，及时采取避免故障的措施。

③事后分析：发生失效损失后进行事后分析，建立有关故障机理和原因的

假定，并加以求证，以便杜绝此类失效损失的重复发生。

事后分析固然重要，但经常性的事前预测分析和过程分析怎么强调也是不会过分的。此外，决策方还要从因果规律的角度出发考虑问题，设法追查出潜在的缺陷。

（4）故障分析方法

故障分析方法根据对象的不同，方法也不尽完全相同。但必须注意"猎人看不见森林"的寓言，切勿只看见树木（现象）而看不见森林（真正的原因），要从全局出发，综合分析各种信息（也包括统计分析），进而分别借用物理的、化学的、机械的、电气的、冶金的、金属学的、生理的、心理的、人机工程学等具体的方法深入地进行微观分析。总的来说，故障分析要从宏观统计和微观个别、质和量两个侧面结合起来进行分析。

3. 适用范围

FMECA 适用于对失效模式、影响及危害进行定性或定量分析，还可以为其他风险识别方法提供数据支持。

4. FMECA 的一般步骤

（1）步骤

①将系统分成组件或过程步骤，并确认各部分出现明显故障的方式，造成这些失效模式的具体机制，故障可能产生的影响，失败是无害的还是有破坏性的以及故障如何检测。

②根据故障结果的严重性，将每个识别出的失效模式进行分类并确定风险等级。通常情况下，风险等级可以通过故障模式后果与故障发生概率的组合来获得，并以定性的、半定量的或定量的方式表达。

③识别风险优先级，这是一种半定量的危害度测量方法，其通过故障后果、可能性和发现问题的能力（如果故障很难发现，则认为其优先级较高）进行等级赋值（通常在 1 ～ 10 之间）并相乘的方法来获得危险度。

④ FMECA 将获得一份故障模式、失效机制及其对系统各组件或者各过程步骤影响的清单，该清单将包含系统失效的可能性、失效模式导致的风险程度等结果。如果使用了合适的故障率资料和定量后果，FMECA 可以输出定量结果。

（2）表格

进行 FMECA 分析时，常采用失效模式和效应分析表。分析表的格式如表1-3 所示。

表 1-3　失效模式和效应分析

装置名称	功能	装置数量	失效模式	失败原因	失效效应		失效检测	可能预防措施	失效的严重性系数	失效模式发生概率	危害度及有关备注
					局部	最终					
		1									
		2									
		3									
		…									

5. 主要优点和局限性

主要优点如下。

①广泛适用于人力、设备和系统失效模式，以及硬件、软件和程序；

②识别组件失效模式及其原因和对系统的影响，同时用可读性较强的形式表现出来；

③能够在设计初期发现问题，从而避免了开支较大的设备改造；

④识别单点失效模式以及对冗余或安全系统的需要。

局限性如下。

①只能识别单个失效模式，无法同时识别多个失效模式；

②除非得到充分控制并集中充分精力，否则研究工作既耗时且开支较大。

（三）蒙特卡洛随机模拟法

蒙特卡洛随机模拟法的原理是当问题或对象本身具有概率特征时，可以用计算机模拟的方法产生抽样结果，根据抽样计算统计量或者参数的值；随着模拟次数的增多，可以通过对各次的统计量或参数的估计值求平均的方法得到稳定结论。

1. 适用范围

蒙特卡洛随机模拟法适用于较为复杂的大中型项目风险管理。

2. 实施步骤

①根据提出的问题构造一个简单、适用的概率模型或随机模型，使问题的解对应于该模型中随机变量的某些特征（如概率、均值和方差等），所构造的

模型在主要特征参量方面要与实际问题或系统相一致。

②根据模型中各个随机变量的分布，在计算机上产生随机数，实现一次模拟过程所需的足够数量的随机数。

③根据概率模型的特点和随机变量的分布特性，设计和选取合适的抽样方法，并对每个随机变量进行抽样（包括直接抽样、分层抽样、相关抽样、重要抽样等）。

④按照所建立的模型进行仿真试验、计算，求出问题的随机解。

⑤统计分析模拟试验结果，给出问题的概率解以及解的精度估计。

3. 主要优点和局限性

主要优点如下。

①该方法适用于任何类型分布的输入变量，包括产生于对相关系统观察的实证分布；

②模型便于开发，并可根据需要进行拓展，实际产生的任何影响或关系可以进行表示，包括微妙的影响；

③模型便于理解，因为输入数据与输出结果之间的关系是透明的；

④提供了一个结果准确性的衡量，软件便于获取且价格便宜。

局限性如下。

①解决方案的准确性取决于可执行的模拟次数（随着计算机运行速度的加快，这一限制越来越小）；

②依赖于能够代表参数不确定性的有效分布；

③该技术可能无法取得满意的结果和较低的可能性事项，因此无法让组织的风险偏好体现在分析中；

④此方法较注重对风险因素相关性的识别和评价，这给使用此方法带来了难度和困难，且通常费用也较高。

（四）情景分析法

情景分析可用来预计威胁和机遇可能发生的方式，以及如何将威胁和机遇用于各类长期及短期的风险。概括地说，情景分析的整个过程是通过对环境的研究，识别影响研究主体或主题发展的外部因素，模拟外部因素可能发生的多种交叉情景以分析和预测各种可能的情景。情景分析首先要进行情景设计，通常借助讨论，形成关于未来情况的各种可能的看法。

情景分析比较灵活，其应用涵盖了两种情况：第一，利用目前的环境进行直接的向外的趋势预测；第二，向目前环境中认为增加新的条件，对趋势进行观察。因此，研究人员更容易应用抽象思维处理复杂的社会、经济问题，尤其是一些包含过多不确定因素的问题。在实际应用中，情景分析逐步形成了四种基本模式，各种模式的研究主题如表1-4所示。

表1-4 情景分析的四种基本模式

情景分析模式	美国模式	法国模式	OECD 模式	欧洲共同体模式
模式使用条件	环境不确定	—	—	—
研究主题	单个组织（企业）的发展规划	多个组织共同发展的协调	多个利益冲突的组织发展战略	欧洲共同体发展战略

1. 适用范围

通过模拟不确定性情景，对企业面临的风险进行定性和定量分析。

2. 实施步骤

①在建立了团队和相关沟通渠道，同时确定了需要处理的问题和事件的背景之后，下一步就是确定可能出现变化的性质。

②对主要趋势、趋势变化的可能时机以及对未来的预见进行研究。

3. 主要优点和局限性

主要优点：对于未来变化不大的情况能够给出比较精确的模拟结果。

局限性如下。

①在存在较大不确定性的情况下，有些情景可能不够现实；

②在运用情景分析时，主要的难点涉及数据的有效性以及分析师和决策者开发现实情景的能力，这些难点对结果的分析具有修正作用；

③如果将情景分析作为一种决策工具，其危险在于所用情景可能缺乏充分的基础，数据可能具有随机性，同时可能无法发现那些不切实际的结果。

4. 与传统预测法的比较

情景分析法并不排斥传统趋势外推预测方法，而是有效地利用趋势外推预测法做稳定环境下系统的短期预测，并在此基础上对其长远预测的不可靠部分进行弥补和拓展，由此形成了新的思维。情景分析与传统的预测方法比较如表1-5所示。

表 1-5　情景分析法与传统预测方法比较

	情景分析	传统预测
输入	定性、定量的数据；定性的信息常用专家打分法、德尔菲法、交叉影响分析法等	在定量分析时，通常不包括准确的定性分析结果；在定性分析时，追求专家知识的一致性
输出	通常提供多重未来情景，在假设重大事件不一定但有可能发生的基础上，提供未来发展多重情景状态和路径情景	有集中于单项预测的倾向，缺少弹性，通常提及重大事件的影响，但无法对重大事件发生后的未来态势做出预测
预测成本	成本介于传统预测和系统分析之间	成本较低
用途	适用于处于环境变化中的系统长期战略决策和规则所需的预测，也适用于检验规划和战略对环境变化的灵敏度	适用于制订企业短期计划，并在缺少时间、资金和人力的情况下，做"粗略"估计之用

5. 情景分析法示例

下面举例说明一家企业在评估一项投资项目的风险时所进行的情景分析，如表 1-6 所示。

表 1-6　情景设计

影响因素		最佳情景	基准情景	最差情景
影响因素	市场需求	不断提升	不变	下降
影响因素	经济增长	增长 5% ~ 10%	增长 < 5%	负增长
发生概率		20%	45%	35%
结果		投资项目可在 5 年内达到收支平衡	投资项目可在 5 ~ 10 年达到收支平衡	不确定

（五）决策树法

决策树法是在已知各种情况发生概率的基础上，通过构成决策树来求取净现值的期望值大于等于零的概率，评价项目风险，判断其可行性的决策分析方法，是直观运用概率分析的一种图解法。由于这种决策分支画成图形很像一棵树的枝干，故称决策树。决策树是一种树形结构，其中每个内部节点表示一个属性上的测试，每个分支代表一个测试输出，每个叶节点代表一种类别。

1. 适用范围

决策树法适用于对不确定性投资方案期望收益的定量分析。

2. 实施步骤

①绘制决策树图。从左到右的顺序画决策树，此过程本身就是对决策问题的再分析过程。

②按从右到左的顺序计算各方案的期望值，并将结果写在相应方案节点的上方。

期望值的计算是从右到左沿着决策树的反方向进行计算的。

③对比各方案的期望值的大小，将期望值小的方案（即劣等方案）剪掉，所剩的最后方案为最佳方案。

3. 主要优点与局限性

主要优点如下。

①决策树易于理解和实现，人们在学习的过程中不需要使用者了解很多的背景知识，这同时也是它能够直接体现数据的特点，只要读过解释后都有能力去理解决策树所表达的意义；

②对于决策树，数据的准备往往是简单或者是不必要的，而且能够同时处理数据型和常规型属性的数据，在相对短的时间内能够对大型数据源做出可行且效果良好的判断；

③易于通过静态测试来对模型进行评测，可以测定模型可信度，如果给定一个观察的模型，那么根据所产生的决策树很容易推出相应的逻辑表达式。

局限性：

①对连续性的字段比较难预测；

②对有时间顺序的数据，需要做很多预处理的工作；

③当类别太多时，错误可能就会增加得比较快；

④一般的算法分类的时候，只是根据一个字段来分类。

（六）财务报表分析法

任何单位的财务状况都是识别企业可能存在的各种潜在损失的重要环节。财务报表法就是由此提出的一种系统方法，它用于确定一个特定企业会遭受上述潜在损失一览表中的哪些损失，以及在何种情况下会遭受这些损失。

众所周知，一个经济实体存在的许多问题均有可能从财务报表中反映出来，因此可以按照企业的资产负债表、财务目标、损益计算书等资料，对企业的固定资产和流动资产分布情况进行风险分析。通常企业的总账和成本科目的账目数据，不仅可以说明企业的业务类型、原材料供应单位和客户的相近情况，而且可以说明资金融通、资金流向和资金运作的信息。通过财务报表法可以分析各种原材料和产品的买卖情况，有利于发现企业对任何一个原材料供应单位或销货单位的依赖程度，从而识别与之有关的潜在损失。财务报表还是度量风险大小，控制与减少风险的一种有效方法。

财务报表分析是由 A.H. 克里德尔于 1962 年提出的一种风险识别方法。虽然，克里德尔发明这种方法的本意是用来分析私营企业的资产状况的，但是财务报表分析里的很多概念也能运用于公共部门的管理。克里德尔认为，分析资产负债表、营业报表和相关的支持性文件，风险管理人员可以识别风险管理单位的财产风险、责任风险和人力资本风险等。

1. 财务报表识别风险的方法

风险管理单位的经营活动最终会涉及货币或财产，货币或者财产的状况会反映在财务报表中。运用财务报表可以发现、识别风险管理单位面临的各种风险。财务报表分析识别风险的方法主要有以下三种。

（1）趋势分析法

趋势分析法是指根据风险管理单位两期或连续期的财务报表，将报表中的相同指标进行对比分析，确定指标增减变动的方向、数额和幅度，以反映风险管理单位的财务状况和经营成果的变动趋势，并对风险管理单位的发展前景做出判断。趋势分析法一般采用编制比较财务报表的方法，将两期或者两期以上的财务报表所提供的信息并行列示，相互比较，了解指标增减变动的情况，从而揭示风险管理单位的发展趋势。比较财务报表有横向比较和纵向比较两种。

①横向比较法。横向比较法是指在财务报表中用绝对额或者百分比的形式，将财务报表上的同一项目做横向比较，分析项目的变化趋势。

②纵向比较法。纵向比较法是指对财务报表上有关项目之间的关系进行对比分析。它是将财务报表中某一关键项目的金额作为 100%，然后分别计算其中各项目所占的比重，以分析项目结构上相对变化的情况的。

（2）比率分析法

比率分析法是指将财务报表中相关项目的金额进行对比，计算出相应的财务比率，并将该比率与上期比率、计划比率或者同行业平均比率进行比较，以说明风险管理单位的发展情况、计划完成情况或者与同行业平均水平的差距的。比率分析法可以为风险管理单位改善经营管理、提高竞争力和预防经营损失等方面指明方向。比率分析法运用得比较广泛，其主要分析指标主要有以下三种。

①构成比率法。构成比率法又称结构比率法，它以某项经济指标的各组成部分占总体比重为依据，分析部分与总体的关系，了解项目指标结构上的变化。

②相关比率法。相关比率法是指以某一指标同其他指标进行对比，求出二者的比率。该比率能够反映风险管理单位有关经济活动的相互关系，可以为深入了解风险管理单位的生产经营活动情况提供依据。例如，利润与销售收入的比率，就反映了每销售 1 元所创造的利润。

③效率比率法。效率比率法是指以某一项活动的所费同所得进行对比，求出二者的比率。该比率反映了投入与产出的相互关系，例如，销售成本与销售收入的比率、资金占用额与销售收入的比率等，可以反映风险管理单位获利能力的大小。

在采用比率分析法时，应该注意的问题有以下几方面。

①对比内容具有相关性。不具有相关性的指标，即使进行了比率对比，也不能说明问题。

②对比指标计算口径具有一致性。对比指标的计算口径不同，得出的结果也是不同的。因此，在进行比率分析时，应该注意对比指标计算口径的一致性。

③度量标准具有科学性。度量标准不同，得出的结论也不同。因此，在进行比率分析时，应该注意度量标准的科学性。

（3）因素分析法

因素分析法又称连锁替代法，是指在测定各因素对某一财务指标的影响程度时，必须对有关因素按顺序进行的分析。具体分析程序如下。

①确定影响某一财务指标的各个因素。

②确定各个因素同该财务指标的关系。

③按一定顺序用各个因素逐个替代，分析各个因素对该财务指标变动的影响程度。

运用因素分析法时，应注意以下问题。

①运用因素分析法时，必须假设当一个因素变动时，其他因素保持不变。

②因素替代的顺序应依次进行，不能随意颠倒。假定某项财务指标 A 的影响因素为 a、b、c，这三个因素与该财务指标的关系为乘积，其表达式为：

计划指标：$A_0 = a_0 \times b_0 \times c_0$

实际指标：$A_n=a_n \times b_n \times c_n$

a 因素变动的影响：$(a_n-a_0) \times b_0 \times c_0=A_1-A_0$

b 因素变动的影响：$a_n \times (b_n-b_0) \times c_0=A_2-A_1$

c 因素变动的影响：$a_n \times b_n \times (c_n-c_0)=A_3-A_2$

总影响：A_n-A_0

2. 财务报表分析的指标

风险管理单位在运用财务报表识别风险时，需要借助一些财务指标，这些财务指标是风险管理者识别风险的重要依据。下面将分别从短期偿债能力、长期偿债能力、营运能力和盈利能力四个方面介绍这些指标。

（1）短期偿债能力分析

短期偿债能力是指风险管理单位以流动资产偿还流动负债的能力，它反映风险管理单位偿还到期短期债务的能力。流动资产是指在一年内变现或者被耗用的资产，主要包括现金、银行存款、各种应收账款、预付赔款、物料用品、拆出资金、短期投资等。

①流动比率。流动比率是指流动资产总额与流动负债总额的比率，该比率表示每 1 元流动负债需要有多少流动资产作为偿还的保证，这一比例反映了风险管理单位资产的流动状况，即短期内资产能够转换为现金的容易程度。流动比例越高，反映风险管理单位短期偿债能力越强；该比例越高，反映风险管理单位拥有抵偿短期债务的运营资金就越多，而且也表明该风险管理单位可以变现的资产数据比较大，债权人的风险比较小。一般来说，该比率维持在 2 ∶ 1 是比较合理的。流动比率越高，说明风险管理单位的流动资产占用比较大。在流动资产结构中，如果存货、应收账款过多，则其偿还债务的能力也是没有保证的。因此，在分析流动比率时，还要注意分析流动资产的结构、流动资金的周转情况、流动负债的数量和结构等。

②速动比率。速动比率又称酸性测试比率，是指流动资产中速动资产与流动负债的比率。其计算公式为：

$$运动比率=\frac{速动资产}{流动负债}$$

$$速动资产=流动资产-存货$$

$$速动资产=流动资产-存货-预付账款-待摊费用$$

在计算速动资产时，通常要扣除存货，这是因为存货在流动资产中变现速度最慢，并且有些存货可能滞销，根本无法变现。至于预付账款和待摊费用根本不具有变现能力，只是减少了企业未来的现金流出量，所以从理论上也应该加以剔除。但是，在财务管理实务中，由于预付账款和待摊费用在流动资产中所占的比重较小，计算速动资产时，也可以不扣除。一般来说，速动比率维持在 1 ：1 是正常的，表明企业的每 1 元流动负债就有 1 元易于变现的流动资产来偿还，说明风险管理单位的短期偿债能力是有保证的。

③现金比率。现金比率是指现金资产与流动资产的比率，它是度量风险管理单位短期偿债能力的重要参考指标。其计算公式为：

$$现金比率=\frac{现金类资产}{流动负债}$$

$$现金类资产=流动资产-应收账款$$

现金类资产包括货币资金和有价证券，是速动资产扣除应收账款后的余额（因为应收账款存在着坏账及延期收回的可能性）。现金比率越高，表明风险管理单位直接偿付债务的能力越强。但是，在正常情况下，风险管理单位不可能也没有必要始终保持过多的现金类资产，否则会失去某些获利和投资的机会。

（2）长期偿债能力分析

长期偿债能力是指风险管理单位偿还长期负债的能力，是反映风险管理单位财务状况稳定程度与安全程度的重要指标。其主要分析指标有以下几种。

①资产负债率。资产负债率又称负债比率，是负债总额与资产总额的比率，它表示风险管理单位的资产总额中，债权人提供资金所占的比重，以及资产对债权人权益的保障程度。其计算公式为：

$$资产负债率=\frac{负债总额}{资产总额}\times100\%$$

一般来说，风险管理单位的资产负债率应控制在合理的水平，如果负债比率过高，说明总资产中仅有小部分资金是股东提供的，而大部分资金是由债权人提供的，债权人担当的风险比较高。并且，如果负债比率过高，表明风险管理单位的经营风险比较大，对债权人和所有者会产生不利的影响。

②负债与所有者权益比率。负债与所有者权益比率又称产权比率，是指负债总额与所有者权益总额的比例关系，是风险管理单位财务结构稳健与否的重要标志。其计算公式为：

$$负债与所有者权益比率=\frac{负债总额}{所有者权益总额}\times100\%$$

该比例反映了所有者权益对债权人权益的保障程度，即风险管理单位在被清算时债权人权益的保障程度。

③负债与有形净资产比率。负债与有形即资产比率是指负债总额与有形净资产的比率，表示风险管理单位有形净资产对债权人权益的保障程度。其计算公式为：

$$负债与有形净资产比率=\frac{负债总额}{有形净资产}\times100\%$$

$$有形净资产=所有者权益-无形资产-递延资产$$

一般来说，风险管理单位的无形资产、递延资产等难以作为偿债的保证，应从净资产中将其剔除。该比率可以更合理地度量企业清算时对债权人权益的保障程度，该比率越低，表明长期偿债能力越强。

④利息保障倍数。利息保障倍数又称已获利倍数，是息税前利润与利息费用的比率，是度量风险管理单位偿付负债利息能力的重要指标。其计算公式为：

$$利息保障倍数=\frac{利息前利润}{利息费用}$$

其中，利息费用是指本期发生的全部应付利息，包括流动负债的利息费用、长期负债中计入损益的利息费用，以及固定资产原价中的资本化利息。利息保障倍数越高，说明风险管理单位支付利息费用的能力越强。一般来说，该指标不低于1，如果该比率低于1，说明难以用经营所得来及时、足额支付负债利息。如果风险管理单位无法支付借债利息，也就无法偿还本金。

（3）营运能力分析

营运能力分析是指通过计算风险管理单位资金周转的有关指标，分析其资产利用的效率，是对风险管理单位管理水平和资金运用能力的分析。营运能力大小是影响风险管理单位偿债能力和盈利能力大小的重要因素之一。营运能力强，资金周转速度就快，风险管理单位就有足够的现金来偿付流动负债，则短期偿债能力就强。同时，风险管理单位就会取得更多的收入和利润，用足够的资金偿还本金和利息，其长期偿债能力也强。反映风险管理单位营运能力的指标主要有以下几种。

①总资产周转率。总资产周转率是指销售收入净额与资产平均占用额的比率，该指标反映了风险管理单位全部资产的适用效率。其计算公式为：

$$总资产周转率=\frac{销售收入净额}{资产平均占用额}$$

$$资产平均占用额=\frac{期初资产余额+期末资产余额}{2}$$

该周转率高，说明全部资产的经营效率高，取得的收入多；该周转率低，说明全部资产的经营效率低，取得的收入少，最终会影响风险管理单位的盈利能力。

②固定资产周转率。固定资产周转率是销售收入净额与固定资产平均净值的比率，是度量风险管理单位固定资产利用效率高低的指标。其计算公式为：

$$固定资产周准率=\frac{销售收入净值}{固定资产平均净值}$$

$$固定资产平均净值=\frac{期初固定资产净值+期末固定资产净值}{2}$$

固定资产周转率高，不仅表明风险管理单位充分利用了固定资产，同时也表明风险管理单位固定资产投资得当，固定资产结构合理，能够充分发挥其效率；固定资产周转率低，表明风险管理单位使用固定资产的效率孤高，营运能力欠佳。

在实际分析该指标时，应剔除下列影响因素：固定资产的净值随着折旧计提而逐渐减少；随着固定资产的更新，固定资产净值会突然增加；折旧方法不同，会计算出不同的固定资产净值，这些数据之间不具有可比性。

③应收款项周转率。应收款项周转率又称应收款项周转次数，是指一定时期内赊销收入净额与应收款项平均余额的比率，这里的应收款项仅指因销售而引起的应收账款和应收票据。应收款项周转率是反映风险管理单位应收款项周转速度的一项重要指标。其计算公式为：

$$应收款项周转率=\frac{赊销收入净额}{应收款项平均余额}$$

$$赊销收入净额=销售收入-现销收入-销售退回-销售折让-销售折扣$$

$$应收款项平均余额=\frac{期初应收款项+期末应收款项}{2}$$

这里应收款项净额是扣除坏账准备后的余额，应收票据如果已向银行办理了贴现手续，则不应该包括在应收款项余额内。一般来说，"赊销收入净额"在财务报表中很少表明，可以采用销售收入净额替代。

应收款项周转率越高，表明风险管理单位应收款项的回收速度越快，出现坏账的风险比较小，资产流动性较强，短期偿债能力较强。但是，在评价一个风险管理单位应收款项周转率是否合理时，应与同行业的平均水平相比较来确定。

④存货周转率。存货周转率也称存货周转次数，是指风险管理单位在一定时期内的销售成本与存货平均余额的比率，它是反映风险管理单位存货周转速度与销货能力的一项指标，也是度量风险管理单位的生产经营中存货营运效率的一项综合性指标。存货周转速度的快慢，不仅反映风险管理单位流动资产变现能力的大小，而且也反映风险管理单位经营管理的好坏和盈利能力的大小。存货周转率越高，存货占用水平越低，存货积压的风险就越小，变现能力及资金使用效率就越高。

（4）盈利能力分析

盈利能力反映风险管理单位赚取利润的能力。对于债权人来说，盈利能力在某种程度上比偿债能力更重要，因为风险管理单位正常经营生产的利润是偿还债务的前提条件。风险管理单位盈利能力越强，其偿还债务的能力就越强，债权人面临损失的风险就越小；反之，债权人面临损失的风险就越大。盈利能力也从某个侧面反映了风险管理单位资产保值增值的情况，如果盈利能力比较高，则其资产保值增值的能力就比较强。反映风险管理单位盈利能力的指标主要有以下几种。

①销售毛利率。销售毛利率是指销售毛利润与销售收入净额的比率，该指标反映风险管理单位产品或商品销售的初始获利能力。一般来说，销售毛利率越高，表明取得同样销售收入的销售成本就越低，销售利润就越高。

②销售利润率。销售利润率是指利润与销售收入净额的比率，该指标反映风险管理单位每1元销售收入净额带来的利润。该指标越高，说明风险管理单

位经营活动的盈利水平越高，其发展前景就比较好；相反，则其发展就面临着危机。

③总资产收益率。总资产收益率又称总资产报酬率，是息税前利润与资产平均余额的比率，该指标反映风险管理单位资产综合利用的效果。总资产收益率越高，表明风险管理单位资产利用的效率越高，盈利能力越强；反之，则风险管理单位资产利用的效率越低。

④净资产收益率。净资产收益率又称所有者权益收益率或股东权益收益率，是净利润与净资产平均余额的比率，该指标是从所有者的角度分析风险管理单位盈利能力的大小。该指标越高，表明所有者投资带来的收益越高，风险管理单位具有投资价值；反之，则不具有投资价值。

⑤资本保值增值率。资本保值增值率是指期末所有者权益总额与期初所有者权益总额的比率，该指标从所有者角度分析风险管理单位资产增值的能力。一般情况下，资本保值增值率大于1，表明所有者权益增加，风险管理单位增值能力比较强。但是，在运用该指标进行实际分析时，应考虑风险管理单位的利润情况及通货膨胀的影响等。

3. 财务报表法识别风险的优缺点

只要使用恰当，财务报表就可以成为风险识别有价值的信息渠道。资产负债表和损益表都是关于企业经营基本情况的信息来源。尽管财务报表仅仅是企业记录系统中的一个方面，但它们确实是风险识别所需数据的重要来源。例如，企业的资产负债表可以展示企业所拥有的各种资产，了解这些资产的情况可促使风险识别人员去寻找这样的资产所面临的风险。资产负债表也可以告诉别人企业有多少现金和其他资源，以度量企业自担损失的能力。资产负债表中的股东权益也是企业自担风险能力的一个指标。损益表中的收入和成本情况也揭示了风险经理本来不清楚的企业经营状况。损益表提供了间接损失风险的一种度量，例如营业中断损失等。损益表还揭示了企业以往的收入流量，这对评估企业消化损失的能力是很有用的。

尽管财务报表在风险识别中很有用处，但在判断其所揭示风险的重要性时，它们常常缺乏必要的详细信息。例如，虽然财务报表中反映出企业有大额的现金，但是这笔现金存在银行里与存放在公司不同地方的保险箱里，其风险是极其不同的。可惜的是，多数财务报表并没有说明现金是存款还是放在手头上。

利用财务报表的另一个基本困难是风险经理不仅仅要关注总的价值，还要注意价值的分散与集中，以及在资产和经营方面的变化。财务报表可能没有告诉风险经理企业的财产在各个经营场所是如何分布的。在各个经营场所的动产价值，可能是由企业托管的他人财产。

（1）财务报表法识别风险的优点

①财务报表法能够识别风险。财务报表法综合反映了一个单位的财务状况，风险管理单位存在的一些风险隐患，能够从财务报表中反映出来。例如，企业资本保值增值率小于1，说明企业面临着生存和发展的问题，企业亟待转变现有的经营状况。

②财务报表法识别风险具有真实性。财务报表是基于风险管理单位容易得到的资料编制的，这些资料用于风险识别，具有可靠性和客观性的特点。风险管理单位在运用财务报表分析时，应对每个会计科目进行深入的研究和分析，这样，可以识别风险管理单位隐藏的潜在风险，可以防患于未然。

③财务报表法可以为风险融资提供依据。风险管理单位的投资能力、水平会通过财务报表反映出来。例如，投资风险管理的资金、风险融资的数额等财务资料的积累，有助于风险管理单位预测风险管理投资后获得的安全保障水平，可以为风险投资决策和风险融资提供依据。

④财务报表法提供的分析方法，可以用来分析其他相关问题。

（2）财务报表法识别风险的缺点

①专业性强。如果风险管理人员缺乏财务管理的专业知识，就无法识别风险管理单位的风险。

②财务报表法识别风险的基础是财务信息具有真实性。如果财务报表不真实，风险管理人员就无法识别风险管理单位面临的潜在风险。

③财务报表法识别风险的基础是财务信息具有全面性。风险管理人员只有全面搜集、整理相关的财务信息，才能识别风险。

第二章　中国企业海外投资研究

第一节　企业海外投资理论

海外投资起源于发达国家，海外投资理论自然也主要以发达国家企业海外直接投资为研究对象，探讨它们的海外投资的动因、投资决策和投资方向。海外投资理论在 20 世纪 90 年代以前主要有国际生产折中理论、内部化理论、产品生命周期理论、垄断优势理论、边际产业扩张理论。海外投资理论在 20 世纪 90 年代以后主要有国际竞争理论、市场控制理论、动态比较优势理论。20 世纪 80 年代后期至 90 年代，随着发展中国家海外投资的兴起，对发展中国家海外投资的理论研究也蓬勃发展，先后出现了小规模技术理论、技术地方化理论、技术积累产业升级理论。这些理论的提出极大地丰富了海外投资的理论体系，对海外投资的实践起到了无可替代的指导作用，也为中国中小企业海外投资的健康发展有积极的指导意义。

一、发达国家的海外投资理论

（一）国际生产折中理论

1977 年，英国经济学家约翰·邓宁教授提出了国际生产折中理论。国际生产折中理论认为一个国家或地区的商品贸易、资源转让、国际直接投资的总和组成了国际经济活动。然而，20 世纪 50 年代以来的各种国际直接投资理论只是孤立地对国际直接投资做出部分的解释，没有形成一整套将国际贸易、资源转让和国际直接投资等对外经济关系有机结合在一起的一般理论。

1. 国际生产折中理论的基本内容

国际生产折中理论指出一个跨国企业具有的内部化优势、所有权优势和区位优势的不同搭配，能够决定其以何种方式从事国际经济活动。

（1）所有权优势

所有权优势指的是一国企业拥有或能够得到别国企业没有或难以得到的（自然资源、资金、技术、劳动力）生产要素禀赋、管理资源、发明创造能力、商标、专利、产品的生产工艺等。跨国企业所拥有的所有权优势主要包括通过出口贸易、资源转让和海外投资能给企带来收益的所有权优势，如产品、技术、商标、组织管理技能等。所有权势仅仅通过海外投资才能得以实现，无法通过出口贸易、技术转化的方式给企业带来收益。所有权优势仅在其内部使用，而后才能给企业带来收益：交易和运输成本的降低、产品和市场的多样化、产品生产加工的统配、对销售市场和原料来源的垄断等。跨国企业所拥有的所有权优势大小直接决定其对外直接投资的能力。

（2）内部化优势

内部化优势是企业把优势保持在企业内部，规避不完全市场带来的影响。内部化的起源，同样在于市场的不完全性。市场的不完全性包括两方面内容：①结构性的不完全性，这主要是由于对竞争的限制所引起的。在结构不完全时，企业的交易成本很高，那么经济活动相互依赖的共同利益就实现不了。②认识的不完全性，这主要是由于产品劳务的市场信息难以获得，或者要花很大代价才能获取这些信息。由于市场的不完全性，企业所拥有的各种优势有可能丧失殆尽，企业本身就存在对优势进行内部化的强大动力。只有通过内部化在一个共同所有的企业内部实现供给与需求的交换关系，用企业自己的程序来配置资源，才能使企业的垄断优势发挥最大的效应。

（3）区位优势

区位优势即跨国企业的选择优势。区位优势包括直接区位优势和间接区位优势。所谓直接区位优势，是指东道国的某些有利因素所形成的区位优势，如广阔的产品销售市场、政府的各种优惠投资政策等。因为投资国和东道国某些不利因素所形成的区位优势就是间接区位优势，如商品出口运输费用过高等。跨国企业是否进行海外投资和对投资地区的决策取决于区位优势的大小。

2. 国际生产折中理论关于国际生产方式选择的结论

国际生产折中理论的观点：区位优势是海外投资的充分条件，而所有优势和内部化优势只是企业海外投资的必要条件。因此，可根据企业对上述三类优势拥有程度的不同，来解释和区别绝大多数企业的跨国经营活动。

3. 国际生产折中理论的贡献

国际生产折中理论继承了以前海外投资各派理论的精华，扬弃了其片面性，充分使用各种变量分析方法来分析跨国企业海外直接投资应有的主观与客观的条件。所以，相对于其他传统的对外直接投资理论，它具有一定的实用性和适应性。

该理论为跨国公司运作提出企业要用整体的观点去联系的各要素，以及诸要素之间的相互作用，建议企业有全面的决策思路，从而掌控全局，减少决策失误。

（二）内部化理论

1. 内部化理论的由来及其含义

内部化理论指的是因为市场不完全，在利润最大化的趋势下，企业为了避免外部市场的某些失效、某些产品的特殊性质或垄断势力的存在致使企业市场交易成本的增加，从而借助海外投资，使原来在外部市场交易的业务转变为在公司所属企业之间进行，进而形成一个内部市场。换句话来说，企业借助海外投资和一体化经营，使用包括行政管理方式在内的一些方式将外部市场内部化。

2. 市场内部化理论的基本假设

当市场是不完全竞争市场的情况下，企业的经营目标依然是追求利润最大化；在中间产品市场也是不完全市场时，企业会进行海外投资建立企业间的内部市场，从而取代外部市场；当企业的内部化行为超越国家的界限时，那么跨国公司形成了。

3. 市场内部化的动因和实现条件

（1）市场内部化的动因

市场内部化动因主要有：防止技术优势的流失；特种产品交易的需要；对规模经济的追求；利用内部转移价格获取高额垄断利润、规避外汇管制、逃税等。

（2）市场内部化条件

从内部化的成本来看，市场内部化条件主要包括通信成本、管理成本、国际风险成本、规模经济损失成本。

4. 内部化理论的贡献与局限性

（1）内部化理论贡献

①内部化理论提出了一个比较合理的理论框架，从而能解释较大范围的跨国公司与海外投资行为。

②内部化理论分析具有动态性，更接近实际。

③内部化理论是企业海外投资的核心理论。内部化理论诠释了不同国家的企业相互投资的机理，分析了不同国家企业的跨国商业活动，为不同国家企业进行海外投资提供了理论依据。

（2）理论局限性

①内部化理论与垄断优势论分析问题的角度是一致的，都是从跨国业的主观方面来寻找其对外投资的动因和基础。内部化理论不考虑国际经济环境的影响因素，如竞争力量的影响、市场结构等。同时，内部化理论仍然没有解释企业的商业活动为什么不在国内进行而只会跨国界进行。

②在对跨国公司的对外扩展解释方面，也只能解释纵向一体化的跨越扩展，而对横向一体化、多样化的跨国扩展行为则解释不了，可见该内部化理论还存在很大的局限性。

（三）产品生命周期理论

1966 年，雷蒙德·弗农在美国哈佛大学从动态角度提出"产品生命周期"直接投资理论，其依据的是产品的生命周期过程。

1. 产品生命周期理论的内容

企业建立在长期性技术优势基础上的海外投资的过程有以下三个阶段。

（1）产品的创新阶段

雷蒙德·弗农指出在产品生命周期中具有影响的是高知识的研究与开发技能和潜在高收入的市场条件。

（2）产品的成熟阶段

产品生命周期理论认为追求产品的异质化仍然是投资者避免直接价格争的一个途径，这是因为市场对产品的需求量急剧增大，但产品尚没有实现标准化生产。

（3）产品的标准化阶段

雷蒙德·弗农指出当产品生命周期进入标准化阶段时，企业的专利保护期就期满了，企业要公开自己所拥有的技术。在标准化阶段的时候，竞争核心是成本问题，这是因为市场上充斥着类似的替代产品，竞争会加剧。

2. 产品生命周期理论的发展

美国学者约翰逊基于产品生命周期，深入研究了导致海外投资的各种因素，例如劳动成本、市场需求、贸易壁垒、政府政策，并指出它们是构成对外直接投资的充分条件。

3. 对产品生命周期理论的评价

雷蒙德·弗农的产品生命周期理论的一个不足之处在于出口的工业领域方面投资比例增加的问题，也无法解释今后趋势。产品生命周期理论的另一个不足之处在于不能说清楚双向投资现象。同时，雷蒙德·弗农的产品生命周期理论不能有力地说明已经建立国际生产和销售体系的跨国公司的海外投资。

（四）垄断优势理论

垄断优势理论的奠基人是美国经济学家海默。1960年，"垄断优势"最初由他在其博士论文《国内公司的国际经营：对外直接投资研究》中首先提出，以垄断优势来解释海外投资行为。垄断优势理论成为研究海外投资最早的、最有影响的独立理论。

1. 垄断优势理论的前提假设条件

垄断优势理论的假设条件是企业海外投资有利可图，同时企业应具备投资对象国的企业所没有的垄断优势；市场的不完全性决定企业的垄断优势。

①不完全竞争导致不完全市场，不完全市场导致国际直接投资。海默和金德尔伯格提出并发展了"结构性市场非完美性理论"，不完全竞争问题表现为四个方面：商品市场的不完全竞争、要素市场的不完全竞争、规模经济所造成的不完全竞争、经济制度与经济政策所造成的不完全竞争。

②企业海外投资的主要条件是垄断优势。

2. 垄断优势理论的优势要素分析

根据凯夫斯的分类，这些静态优势要素主要由两部分组成。

①知识资产优势。包括技术优势、资金优势、组织管理优势、原材料优势。

②规模经济优势。

3. 垄断优势理论的贡献与局限性

（1）理论贡献

①提出了研究对外直接投资的新思路；

②提出了直接投资与证券投资的区别；

③建议研究企业海外投资应从不完全竞争出发；

④提出研究资本国际流动应该是生产领域而不是流通领域。

（2）理论局限性

①缺乏动态分析；

②不能说明企业为什么不是通过出口或技术许可证的转让来获取利益，而是要进行海外投资；

③不能说明逐渐增多的发达国家的许多并无垄断优势的中小企业及发展中国家企业的海外投资活动；

④无法说明物质生产部门海外投资的地理布局问题。

（五）比较优势理论

20 世纪 70 年代中期，小岛清教授（日本一桥大学）发展了比较优势理论，其被称为边际产业扩张论。比较优势理论研究了海外投资产生的原因，并从国际分工、宏观经济等领域着手研究。

1. 比较优势理论的核心

比较优势理论的主要观点是海外投资应该从投资国的比较劣势产业部门或者边际产业部门开始。同时，比较劣势产业部门或者边际产业部门又是东道国具有明显或潜在比较优势的部门，假如没有外来的资金、技术和管理经验，那么东道国优势很难被利用。

（1）对外投资的产业

研究发现，日本的海外投资以比较成本为依据，以工业零部件、矿产资源开发、服装品等标准化的劳动密集型产业为主。美国对外投资则是逆比较成本的，以美国拥有比较优势的汽车、电子计算机、化学产品、医药产品等资本和技术密集型产业为主。同时，美国的海外投资致使美国经济产生空心化趋势，原因是把具有比较优势的产业过早地转移到国外。

（2）对外投资的主体

日本根据国际分工原则进行对外直接投资，决定了日本对外投资的承担者以中小企业为主；美国对外投资是贸易替代型的，那些从事对外直接投资的企业正是美国最具比较优势的产业，由于产品创新和直接投资周期仅限于寡占的工业部门，导致了美国对外直接投资基本由垄断性大跨国公司所控制。

（3）投资国与东道国在投资产业上的技术差距

研究发现，日本的海外投资是从与东道国技术差距最小的产业依次进行。与此不同的是，美国的海外投资企业拥有垄断优垫，因此产生投资国与东道国在投资产业技术上的巨大差距。

（4）对外直接投资的企业形式

日本对外直接投资一般采取合资经营的股权参与方式和在内的非股权参与方式；美国对外直接投资的股权参与方式是全资子公司的形式。因此，按照边际产业依次进行对外投资所带来的结果是：东道国乐于接受外来投资，因为由中小企业转移到国外东道国的技术更适合当地的生产要素结构，为东道国创造了大量就业机会，对东道国的劳动力进行了有效的培训，因而有利于东道国建立新的出口工业基地。与此同时，投资国可以集中发展那些它具有比较优势的产业，结果，直接投资的输出、输入国的产业结构均更趋合理，促进了国际贸易的发展。

2. 比较优势理论的推论

根据边际产业扩张理论，对外投资应能同时促进投资国和东道国的经济发展。因此，小岛清从宏观经济角度来考虑，把对外直接投资划分为以下几种类型：自然资源导向型、劳动力导向型、市场导向型、交叉投资型。

3. 比较优势理论的贡献与局限性

（1）理论贡献

①比较优势理论从投资国的角度来研究海外投资原因，避免了只注重微观而忽视宏观的缺陷，从而解释了海外投资的国家动机，具有开创性和独到之处。

②比较优势理论主要用比较成本原理从国际分工的角度来分析海外投资活动，从而对海外投资与对外贸易的关系做了将二者有机结合的统一的解释，避免垄断优势理论把二者割裂开来的局限性。

（2）理论的局限性

①比较优势理论分析以投资国而不是以企业为主体，假定所有海外投资的企业之间的动机是一致的，即都是投资国的动机。但是，这样的假定不够严谨，不能说明处于复杂国际环境之下的企业海外投资的行为。

②比较优势理论提出的海外投资和国际分工导向均是单向的，比较优势理论认为海外投资都是由发达国家向发展中国家的方向进行，而广大发展中国家

一般处于不利的被动地位，无法解释发展中国家对发达国家的逆贸易导向型海外投资。

（六）国际直接投资发展阶段理论

1. 邓宁的国际直接发展阶段理论

20 世纪 80 年代初，邓宁研究了以人均 GDP 为标志的经济发展阶段与一个国家的外国直接投资（外资流入）以及一个国家对外直接投资（资本流出）与一国净的对外直接投资之间的关系，并全面阐述了对外直接投资阶段的划分、各阶段国际直接投资的特征以及国际直接投资发展阶段顺序推移的内部机理。

第一阶段（人均 GDP 低于 500 美元或等于 500 美元）。这一阶段不会产生直接投资净流出的现象，原因是一个国家的企业还没有产生所有权优势。所以，这一阶段外资总的流入量不会太大，这种情况是因为东道国各种条件制约的结果。

第二阶段（人均 GDP 在 500 至 2 000 美元之间）。这一阶段外资流入量会增加。这一阶段可从事一些技术水平较低的生产性投资，发挥东道国劳动力成本、原材料成本低廉的优势。此时东道国的投资流出仍停留在很低的水平上并仅仅在邻近国家进行了一些海外投资活动。这一阶段海外投资主要是为了满足实施进口替代投资的经济发展战略的需要。

第三阶段（人均 GDP 在 2 000 至 4 000 美元之间）。这一阶段对外直接投资流出增加，原因是东道国企业所有权优势和内部化优势开始显现，同时人均净投资流入开始下降。这标志着一个国家的国际直接投资已经发生了质的变化，即标志着专业化国际直接投资过程的开始。

第四阶段（人均 GDP 在 4 000 至 6 000 美元之间）。这一时期是国际直接投资净流出的时期。随着该国经济发展水平的提高，这些国家的企业开始具有较强的所有权优势和内部化优势，并具备发现和利用外国区位优势的能力。从总体上看，一个国家的国际直接投资状况和该国人均 GDP 之间的关联性，是从该国企业相对于其他国家的企业三类优势变化而言的。

2. 国际直接投资发展阶段理论的发展

包括邓宁在内的经济学家对其上述理论做了一定的修改，此外还有波特的竞争阶段论，都对国际直接投资发展阶段理论的发展做出了一定贡献。其中最具代表性的是日本的小泽辉智。

小泽辉智提出的国际直接投资模式理论可以被称为新的综合的国际投资

阶段发展论。其理论核心是强调世界经济结构特点对经济运行特别是对投资的影响。

（1）世界经济结构特点

①每一个经济实体内部的供给方和需求方存在差异；

②企业是各种无形资产的创造者和交易者；

③各国经济发展水平和实力的科层结构明显；

④各国政策中有一种从内向型向外向型转变的趋势。

在以上这些内容中，小泽辉智认为③和④最重要。前者说明经济发展水平的差异决定了利用外资和对外投资的形式和速度；而后者则说明一个国家的产业结构升级是一个循序渐进的过程，这一过程是利用外资和对外投资经验的积累。

（2）波特的竞争发展理论

竞争发展理论提出了四个特点相当突出的国家竞争发展阶段：资源要素驱动阶段、投资驱动阶段、创新驱动阶段和财富驱动阶段。

（3）国际直接投资模式

小泽辉智在研究全球经济结构特点的基础上，结合波特的竞争阶段论，指出国际直接投资模式只应是一种与经济结构变动相应的资本有序流动。具体表现为以下几方面。

①一般在要素（资源与劳动）驱动阶段的国家，吸引的都是属于资源导向型或劳动力导向型的外国投资。

②当一个国家处于劳动驱动阶段向投资驱动阶段过渡时期时，其主要在资本品和中间产品产业中吸收外资；在这样的情况下，劳动密集的制造品产业会产生向低劳动成本国家的海外投资。

③在过渡时期，即从投资驱动阶段向创新驱动阶段过渡，会在技术密集产业中吸引国外直接投资；与此同时，在中间品产业中会发生海外投资。

（七）投资诱发要素组合理论

1. 理论要点

（1）直接诱发要素是海外投资产生的主要要素

它主要是指各类生产要素，包括劳动力、资本、技术、管理及信息等。

（2）间接诱发要素在当代海外投资中起着重要作用

它是指除直接诱发要素之外的其他非要素因素。间接诱发要素包括以下几方面。

①投资国政府诱发和影响海外投资的因素：鼓励性投资政策和法规；政治稳定性及政府与东道国的协议和合作关系。

②东道国诱发和影响海外投资的因素：投资硬环境状况（交通设施，通信条件，水、电、原料供应，市场规模及前景，劳动力成本等）；投资软环境状况（政治气候、贸易障碍、吸引外资政策、融资条件及外汇管制、法律和教育状况等）；东道国政府与投资国的协议和关系。

③全球性诱发要素和影响海外投资的因素：全球经济一体化、区域化、集团化的发展；国际金融市场利率及汇率波动；国际协议及法规；科技革命的发展及影响；战争、灾害及不可抗力的危害。

发展中国家的海外投资在很大程度上是间接诱发要素在起作用，而且这种作用在当代海外投资中越来越重要。

2. 理论贡献

①该理论一方面从投资国与东道国的双方需求、双方所具备的条件的综合这一新的角度阐述海外投资的决定因素，另一方面重视间接诱发要素在当代海外投资中所起的重要作用。

②投资诱发要素组合理论在阐述海外投资的决定因素时，不仅重视东道国的需求和条件所产生的诱发作用以及国际环境条件投资决定因素的作用，而且避免先前理论中只注重投资目的、动机和条件，忽略东道国和国际环境等因素对投资决策影响作用的片面性。

3. 理论局限性

因为该理论没有从动态上对海外投资的发展过程及发展规划进行分析，依旧是局限于在静态上对海外投资决定因素的分析，所以对投资活动实践解释力必然是有限的。

二、发展中国家海外投资理论

伴随着海外投资的迅速发展，广大发展中国家也争先恐后地加入海外投资当中。发展中国家的学者从 20 世纪 70 年代中期开始逐渐关注对发展中国家海外投资的理论分析，通过不懈研究，一些理论和观点颇有建树。

（一）小规模技术理论

众所周知，研究发展中国家跨国公司的奠基人是刘易斯·威尔斯（哈佛大学）。1983 年，刘易斯·威尔斯提出"小规模技术理论"。小规模技术理论指出：发展中国家跨国公司拥有的小规模制造技术，虽然无法与发达国家的先进技术相比，但这却正是其特有的优势。这些技术具有劳动密集型的特征，且灵活性较高，特别适合小批量生产，能够满足其他发展中国家相对较小的市场需要。发展低价产品营销战略使发展中国家企业能够通过海外投资来参与国际竞争，这对发展中国家企业特别是中国中小企业开展海外投资活动具有十分积极的意义。

（二）技术地方化理论

1983 年，英国学者拉奥提出了"技术地方化理论"。技术地方化理论认为：第三世界跨国公司的技术特征虽然表现为规模小、标准技术和劳动密集型，但是其中却包含着企业自身的创新活动，有自己的"特定优势"。该理论强调发展中国家对发达国家的技术引进不是被动的模仿和复制，而是对引进的技术加以消化、改进和创新。因为创新活动给引进的技术赋予了新的活力，并且给引进技术的企业带来新的竞争优势，所以使发展中国家企业在当地市场和邻国市场具有竞争优势。

（三）技术创新产业升级理论

1990 年，坎特威尔和托兰惕诺就 20 世纪 80 年代中期以后新兴工业国家和地区对发达国家的海外投资活动，提出了"技术创新产业升级理论"。技术创新产业升级理论指出，发展中国家在吸引外资的时候，对引进的技术加以吸收、消化和改造创新，进而为本国企业带来新的竞争优势。技术创新产业升级理论认为，技术能力的提高是一个长期积累的过程，而且与该国海外投资的增长直接相关。同时，依据技术创新产业升级理论可以预测：广大发展中国家海外投资的产业分布和地理分布会因为技术引进对本国产业转换和升级的推动作用而随着时间的推移逐渐变化。

（四）国家利益优先取得论

广大发展中国家尤其是新兴工业化国家的企业，其海外投资有其本身的特殊性。对外直接投资给国家带来的利益是综合性的，可大致概括为资源转移效果、产业结构调整效果、国际收支效果的获得、市场竞争效应几个方面。

第二节　中国企业海外投资发展现状

一、中国企业海外投资概况

近年来，随着中国经济的快速平稳发展以及中外合作的频繁开展，中国企业海外投资趋势明显加快，投资规模迅速扩大。中国商务部等发布的《2012年度中国对外直接投资统计公报》显示，2012年，中国对外直接投资净额（流量）创下878亿美元的历史新高，首次成为仅次于美国、日本的世界三大对外投资国之一。然而不可否认的是，海外投资是一个收益与风险并存的过程，加之中国海外投资起步晚，企业在国际化进程中存在诸多问题，因此，当国内资本广泛输往世界各地时，中国企业所面临的海外投资风险无疑将更为凸显且复杂多样。在这种形势之下，如何识别、监管海外投资风险，进而对其进行有效规避，已成为亟待政府部门、业界、学界共同思考和解决的问题，本节在借鉴现有研究成果的基础之上，综合分析了2003—2012年10年来中国企业海外投资发展现状及存在的问题。

二、中国企业收海外投资的阶段分析

中国对外直接投资最早可追溯至20世纪50年代中国政府在境外建立的一批贸易、金融和远洋运输企业，真正起步则始于20世纪70年代末80年代初。1979—2002年，中国对外直接投资的发展可以说依次经历了起步、初始发展、稳定增长三大阶段。自2003年起，随着中国经济的日渐发展以及"走出去"战略的贯彻落实，加之2001年11月顺利加入WTO，中国企业海外投资逐渐迈入快速发展阶段。

（一）投资规模迅速扩大，但总体水平仍然有限

2003—2012年，中国对外直接投资流量已实现连续10年增长，由28.5亿美元迅速提升至878亿美元的历史最高值，年均增长率高达46.4%。从历年增幅看，投资流量除了2009年、2011年分别出现1.11%、8.49%的微幅增长外，其余年份均呈两位数以上的增幅。可见，在经济全球化以及中国加入WTO的大背景下，经过10多年的发展，中国企业的海外投资发展迅速，中国已日渐成为对外投资大国；而2009年1.11%的最小增幅及此后的波动增长可以说与2008年全球金融危机对各国经济发展的冲击不无关系，也从侧面反映出中国对外投资受国际市场波动影响大的现实。

从对外直接投资存量看，2003—2012 年，中国存量规模迅速扩大，已由 332 亿美元迅速增至 5 319.4 亿美元，年均增长率高达 36.1%；所占全球当年存量比重日渐攀升，已由 0.48% 提升至 2.25%，年均增长率达 18.73%。然而从世界范围来看，中国由于对外投资发展起步晚，所占全球当年存量比重相当有限，规模远不及美国、英国等发达国家。据联合国贸易和发展会议发布的《2013 世界投资报告》显示，2012 年末全球外国直接投资存量 23.59 万亿美元。其中，美国存量 51 911 亿美元，以 22.01% 的占比居于全球首位，而中国存量占比仅为 2.25%，排名第 13 位，仅相当于同期美国存量的 10.25%。由此可知，中国对外投资的整体规模仍然偏小，而这既与中国引进外资的总体规模水平不对称，也使我国在国际分工中处于较低层次和不利地位。

（二）行业门类渐趋齐全，但整体分布仍不平衡

近年来，中国企业海外投资领域不断扩展，已开始逐渐覆盖国民经济各行业类别。如 2003 年，中国海外投资行业范围比较狭窄，仅包括信息传输、计算机服务和软件业、批发和零售业等；至 2012 年已广泛涉足金融业、科学研究和技术服务业以及文化、体育和娱乐业等新的领域，可以说已囊括了三大产业的各个领域。这可以说主要得益于中国在深化体制改革、推行"走出去"战略、加强国际合作等各方面所做的长期努力。

然而从行业分布情况看，中国对外投资仍相对集中，总体分布不均衡。据《2012 年度中国对外直接投资统计公报》显示，2012 年末中国存量超过 100 亿美元的行业由高到低依次为租赁和商务服务业、金融业、采矿业、批发和零售业、制造业、交通运输 / 仓储和邮政业、建筑业，其累积存量高达 4 913.7 亿美元，占中国对外直接投资存量总额的 92.4%。其中，排名前四的行业所占存量总额比重接近八成，而包括科学研究和技术服务业、信息传播、软件和信息服务业等行业在内的其他行业占比仅不到一成。可见，目前中国企业海外投资仍集中在商务服务业、批发零售业等技术含量和附加值偏低的行业。

（三）地域覆盖有所变化，但总体仍过于集中

近年来，随着全球化进程的加快以及"走出去"战略的全面实施，中国与世界各国的往来日益频繁，对外投资的地域分布总体朝着渐趋合理化、均衡化的方向发展。如 2012 年，中国对亚洲地区投资过度集中的整体态势有所缓解，存量占比已由 2003 年的 80% 下降至 68.5%；在拉丁美洲的投资存量微幅下滑，占比较 2003 年下降 1.2%；在欧洲、北美洲、非洲、大洋洲地区的投资存量均

有所提升，尤其是在欧洲地区的投资存量增幅最大，占比较 2003 年增长了 4%。

然而需要指出的是，目前亚洲仍是中国企业海外投资最为集中的地区。而这主要是因为与亚洲国家相比，中国企业普遍在技术、资源、管理等方面存在优势，加上地理位置近、文化差异相对较小等原因，与其存在长期的合作关系，所以进入成本、阻力和风险都更小。相比之下，中国与欧美等发达地区不仅在经济水平、制度背景、文化习俗、市场环境等方面差异巨大，而且还在技术、资源、管理等方面表现出明显劣势，存在较大的投资阻力与风险。

第三节　中国企业海外投资的区位选择

一、中国企业海外投资的区位分布

从中国企业海外投资的区位分布情况看，2012 年，中国境外投资企业分布在全球 149 个国家和地区，占全球国家（地区）的 71%。其中亚洲地区投资覆盖率最高，91% 的亚洲国家（地区）有中国直接投资企业，存量占中国对外投资存量的 70% 以上，中国香港地区是存量最集中的地区。

表 2-1　2008—2012 年中国海外投资流量情况表（单位：万美元）

地区	2008 年	2009 年	2010 年	2011 年	2012 年
亚洲	13 131 699	18 554 720	22 814 597	28 493 824	34 987 643
非洲	780 383	933 227	1 304 212	1 902 387	2 728 390
欧洲	513396	867 678	1 571 031	2 193 873	2 893 774
拉丁美洲	3 224 015	3 059 548	4 387 564	5 438 271	5 902 847
北美洲	365 978	518 470	782 926	983 273	1 029 387
大洋洲	381 600	641 895	860 729	980 862	1 109 263
合计	18 397 071	24 575 538	31 721 059	45 726 489	57 642 839

从表 2-1 数据分析得出中国企业海外投资过去以欧美发达国家及地区为主，当前已经逐步拓展到非洲、亚太及拉美等的 170 多个国家与地区。2012年中国对欧洲、非洲的直接投资分别达到 28 亿美元和 27 亿美元，同比增长

57.3%、58.9%。其中，对欧盟的投资 42.78 亿美元，同比增长 94.1%。

表 2-1 数据显示，中国海外投资的区位选择呈现相对集中的特征，发达国家和新兴工业化国家（地区）是中国海外投资的主战场，而许多发展中国家尚未顾及。中国海外投资主要以发达国家和地区为主，其中以美国、加拿大较为集中，但从数据上可看出近年来已逐步向广大的发展中国家扩展，投向非洲、拉丁美洲、东欧、俄罗斯及亚洲国家的比例不断增加。这种特征反映了中国企业在选择海外投资区位时具有一些共同的行为趋向：一是向周边国家和地区投资，将其作为中国跨国经营的重要基地，以便积累经验、降低风险。二是直接向美国、加拿大和澳大利亚等发达国家投资，以便学习其先进技术和管理经验，扩大国际市场份额。此外，一些拥有较多境外子公司的大型企业集团，为了便于管理和控制，也使本企业的海外投资项目有意识地相对集中。

二、影响中国企业海外投资区位选择的因素

（一）微观因素

根据国际直接投资区位理论，传统的国际直接投资区位选择的决定因素按时下流行的分类可分为非制度因素和制度因素。影响中国企业海外投资区位选择的因素有对外投资企业自身的竞争优势、企业海外投资的战略目标和东道国的投资环境。

1. 企业的市场垄断优势

一个企业或公司之所以进行海外投资，必须在企业组织与市场方面占有比当地企业更有利的垄断优势，这些垄断优势包括：①对某种专利技术的控制；②对某些原材料来源的垄断；③经济规模优势；④产品开发和更新能力等。中国企业在海外投资区位选择的过程中可以凭借这些垄断优势，有效地与当地企业竞争或与当地企业合作，共同赚取超额利润，以达到对外投资利润最大化。

2. 企业海外投资的战略目标

企业海外投资的区位选择要根据企业对外投资的目标来确定。虽然获取最大利润是企业海外投资的根本目标，但企业在进行海外投资区位选择时，还有其他直接动机：得到廉价劳动力，越过贸易壁垒和占领目标市场，强化核心技术能力等。企业的海外投资不会以成本最小化为原则，而可能更多地以满足直接的投资动机为依据。企业的对外投资战略目标不同，所选择的区位投资也不同。如果中国企业海外投资的战略目标是开辟国际市场，则应选择市场基础设

施良好、销售渠道顺畅、市场容量大具有潜力的区位；如果中国企业海外投资的目标是获取先进技术和管理经验，则应选择科技发展先进、管理水平领先的区位。由此可见，海外投资动机决定企业海外投资时首先选择能满足这些动机的区位进行投资。

3. 调整企业的运行模式和管理模式

中国企业在海外投资的过程中要充分结合国内外形势和生产需要，以打造高效率的生产促进企业良性循环的发展。中国企业海外投资逐渐从劳动密集型企业生产向技术密集型企业生产的转变，生产部门和人员的专业化和技术化，国内外市场的互通有无和有机结合，适时对企业内部管理机制进行改革，这些条件的成熟稳定才能更好地实现打造具有国际竞争力企业的终极目标。

（二）宏观因素

1. 国际比较优势

日、美、欧等西方工业化国家和地区经济发达，人民生活消费水平高，工资成本相对较高。因此跨国公司将劳动密集型的产品的生产、加工或装配转移到发展中国家。亚洲"四小龙"以及拉美等一些新兴工业化国家和地区工资成本上升，也将劳动含量大的生产方式转移到中国或东盟的一些国家。中国企业在海外投资过程中需要在国外建立一个低成本生产点，并应该注意全球经济发展动态，寻求低成本生产点，使公司维持正常利润或超额利润。比较优势的存在和发掘是许多企业进行海外投资的关键因素。

2. 国际产品生命周期

美国哈佛大学的教授雷蒙德·弗农在《产品周期中的国际贸易和国际投资》一文中提出了国际产品生命周期理论。弗农认为产品的生命周期可以分为创新、发展、成熟和衰老四个时期。产品创新期，企业会把生产集中在国内，通过出口进入国外市场；产品发展时，开始在国外市场扩大投资规模、增加生产、加强营销；产品成熟时，竞争加剧，企业常以相对成本优势原则，把生产转移到劳动力低廉的发展中国家和地区；产品的衰老期，企业把产品和核心技术转移到发展中国家，并在那里进行生产和销售，让其返老还童。中国企业在进行海外投资的过程中应该借鉴国际产品生命周期理论，根据企业自身优势制定适合企业产品长期稳定发展的策略及方案。

3. 市场内部化

企业海外投资是以国际市场的不完全性为前提的。市场不完全性主要是指产品市场的不完全性、要素市场的不完全性，包括劳动力、技术力量、知识产权、设备及资金等条件的差异。此外还有金融市场的不完全性及信息市场的不完全性。正因为诸多市场不完全性的存在使输出产品到国外产生特别成本。而海外投资增加的成本少于产品输出的特别成本，从而产生企业对外投资经营。中国企业海外投资在区位选择过程中，需参照国际市场的不完全性，对各个市场的不完全性进行分析，寻求市场最大化。

4. 东道国的投资环境

东道国的国外直接投资的现有规模是企业海外投资区位选择的因素之一。东道国的投资环境是其自然、政治、经济、法律、社会文化等方面的综合体。中国企业在确定投资区位及行业之前，需要考查东道国政治、经济、法律、社会文化等方面的条件，制定符合东道国生活发展水平的投资方案。

三、中国企业海外投资区位选择存在的风险问题

（一）中国政府海外投资区位选择管理体系不够完善

中国至今尚未出台较为完善的对外投资法律体系，管理中无法可依，无章可循，进一步导致跨国投资在一定程度上混乱无序。跨国投资对于中国企业来讲，就是在一个陌生的法律环境中进行生产经营活动，并且缺乏对当地法律体系的详细认知和解读。作为独立的经济体，在与其他企业进行竞争与合作的过程中，法律知识的缺乏极易导致自身的利益受损，甚至因此而导致企业被吞并或破产。例如首钢集团在秘鲁投资建立的首钢秘鲁铁矿股份有限公司，由于不熟悉当地的劳工法律，没有与当地工会组织建立起良好的合作关系，10年来遭遇了连续不断的罢工事件，严重影响了公司正常的生产经营，其中仅2004年6月的一次罢工事件就使公司遭受了高达351万美元的直接经济损失。诸如此类的事件在中国的海外投资中可谓屡见不鲜，也为过于盲目的投资者敲响了警钟。

（二）政府缺乏对企业境外投资的扶持和引导

良好的国际氛围，可以为企业在境外投资创造良好的投资环境，避免境外政府和有关机构为中国企业制造麻烦。就目前而言，中国的国际关系整体上是好的，但可以说既面临着黄金发展期，又面临着矛盾凸显期，中国经济的快速发展和产品国际竞争力的不断提高，可能引起一些国家的疑虑和不满。如某些

国家提出的"中国威胁论"就对中国政府与企业境外投资提出了严峻的挑战。

（三）中国企业海外投资区位选择目标不明确

国内企业的投资，往往会出现"跟风"现象，很多企业眼红自己的竞争对手在海外投资方面取得了巨大的利润，于是也单纯地认为在这样的国际形势下，入手国外资本是个只赚不赔的便宜买卖。我们可以客观地说，哪怕是在欧洲及美国市场低迷的状态下，对外投资的数额也足以使一个发展并未充分的大中型企业承受巨大的资金压力，使企业内部资金周转出现断裂甚至是停滞。而缺乏对国外市场的充分认知和考察，必然会出现由于对市场把握失真造成的决策失灵，赔了夫人又折兵。可以认识到，在欧债危机的大背景下，国外资本的出让都是会带有一定的风险性的，例如企业无力偿还的巨额债务，会在企业出让时一并转嫁给国内企业，增加企业的负担。一个正常运转的企业在并购或收购其他国外企业后，还需要一个时间的缓冲，以便于生产线的磨合及技术的融合和普及。企业发展的时滞性和债务的时限性必然促使企业缩短生产周期，增加资本运转，甚至是通过筹集更多的资金来进行生产规模的扩张。这在中国还未成熟的经济体制中是具有极高的风险性的。一旦企业的资金链条中断，企业必然面临国内外双重的债务负担，甚至被债务压垮。

（四）中国海外投资企业规模存在差距

优势企业是指企业规模较大、治理结构完善、管理科学、财务状况良好、市场占有率高、企业竞争力强的企业。目前，中国境外投资与发达国家差距很大，境外投资总额不足 GDP 的 2%，企业平均投资额为 150 万美元左右，而发达国家为 600 万美元，发展中国家为 450 万美元。从中国对外投资的项目规模看，大多是中小企业。德国的统计表明，德国中小企业进行跨国经营的约为 7%，而大型企业约为 36%，国际化经营中，大型企业的比例远远高于小型企业。中国企业应该尽快形成一批具有市场竞争力的强大企业集团，增强与外国企业竞争的能力。在中国政府举办的 21 世纪论坛上，英国剑桥大学经济学家休诺伦强调，中国应该组建一批能够挑战世界领先者的有实力的大型工业企业，因为，一个国家的经济实力集中体现在该国大型企业集团的经济实力和国际竞争力上。例如，美国就依靠福特、波音、杜邦及其他许多跨国公司，韩国则依靠现代、大宇等 10 家大型企业集团，实现了占领世界相关市场的目的。中国在未来国际经济秩序中的地位，取决于中国大型企业集团在世界经济中的地位。中国企业应该树立市场化和国际化的观念，在管理能力、科学技术水平、市场运作的观念与手段方面真正取得与跨国公司平等对话的实力。中方大企业的主要差距在于企业资产规模过小，效益规模不够。2012 年中国前 500 家企业（集团）的营业收入仅相当于世界前 500 家的 7.3%，其中中国前 500 家企业第一名的营业收入相当于世界 500 强第一名的 21.4%，中国第 500 家的营业收入相当于世界第 500 家的 6.6%。

（五）中国企业海外投资区位分布不平衡

2012 年，中国企业海外投资分布在全球的 192 个国家和地区，占全球国家（地区）的 71%。其中亚洲地区投资覆盖率最高，中国企业在亚洲国家直接投资占 91%，存量占中国企业对外投资存量的 70% 以上，而这些国家和地区处于发展中，市场规模远远小于发达国家和地区市场，不能收到规模经济效应，况且过度集中的区域投资结构造成一些企业设点交叉重复、自相竞争的不正常局面，影响了中国对外投资的进一步拓展。中国香港地区是存量最集中的地区。

调查显示中国海外投资主要集中在亚洲、拉丁美洲、非洲、欧洲、北美洲、大洋洲，今后企业在海外投资过程中需要向发达国家倾斜。

第四节　中国企业海外投资的绩效分析

一、中国企业海外投资绩效现状

当今时代，全球各个国家，不论中西方，企业经营绩效都是理论界和企业关注的焦点之一。中国不断深入改革市场经济体制，加大推进政府职能转变，但仍未及时建立一套适合市场经济体制的企业海外投资绩效考核评价方法体系，导致监管中不能科学规范地把握跨国企业投资者的真实业绩，企业投资评判标准不客观、不公正，企业经营行为不规范。经济全球化程度的不断加深，资本市场越发活跃，企业在海外投资发展过程中的融资增强，加上信息网络技术的普遍运用，使得跨国公司管理结构趋向多元化、网络化发展，越来越多地关注企业投资的绩效，但在实际经营中，企业海外投资绩效仍然存在评价失真的情况。

从中国改革开放以来，海外投资的流量逐年增加。并且随着中国经济国际竞争力的不断提高，中国已经成为一个新兴的备受瞩目的海外投资来源地。近几年来，伴随着我国经济发展阶段的推进以及"走出去"政策的倡导实施，我国在经济全球化以及更深层次、更大范围的国际分工中扮演着越来越重要的角色。

中国海外投资的发展速度在初始阶段是相对缓慢的。2006 年，中国政府大力鼓励和支持有比较优势的各种所有制企业的对外投资，积极推动外商投资便利化进程，持续改进和推广服务体系，中国企业积极参与国际竞争，显示出对外投资的快速发展的趋势，同比增长 43.8%。从那时起，中国的海外投资进入了一个快速发展阶段。

近几年来，我国的海外投资模式一定程度上受到了我国和东道国制度环境的影响，通过影响企业的生产力水平、组织成本，从而影响我国企业对于投资模式的选择。我国企业根据资产、制度、产业等多种因素的不同，选择不同的投资模式。比如：对于在资产专用性程度比较高并且与国内经济有着密切联系的产业，或者是在制度质量相比较低的国家，中国企业大多都选择绿地投资这一投资模式；然而在规模较大的能源和资源类产业中，或者是制度质量相对较高的国家中，中国企业更多的是选择跨国并购。

1980 年初，国内企业主要是通过绿地投资在国外设立的分支机构，支持国有制造的出口，吸收传播国外市场信息、管理理念、经验和技术知识。在 1980 年之后，在金融市场相对比较完整的发达国家中，企业也开始尝试利用跨国并购以及合资等形式进行国际投资。亚洲金融危机后，我国政府和许多发展中国家合作并开办了海外工业园区，支持中国企业通过海外绿地投资设立组装厂，鼓励中国企业的出口活动。

在现在的国际市场竞争中，中国企业大多数是依靠低成本优势，而不是品牌或者是其他先进技术的优势，因此在国际市场投资方面面临了很多的问题。为了获得企业创新的资源和能力，在资本和技术密集型产业中，中国企业以一系列激进的跨国投资手段，通过绿地投资，在发达经济体设立海外研发中心或研究子公司，在当地市场直接调查信息，获得人力资源、专有技术和生产设施，使开发的技术或产品由中国企业的母公司生产，然后产品销往世界各地。

近几年来，随着国家政策的鼓励与支持以及企业自身的发展需要，对外投资俨然已经在国内的投资市场中涌起热潮。投资主体也在不断扩展，海外投资主体已经由国有企业主导向着投资主体多元化的方向发展，有限责任公司、私营企业以及民营企业已经逐渐成了中国海外投资的新生力量。有国外研究学者称，中国企业海外投资的意愿仍然很强。

从目前的发展形势来看，我国民营企业已经成为中国海外投资的重要力量，三一重工、华为、吉利等有条件又有实力的国内民营企业集团已经成为我国海外投资的先锋企业。

中国实行对外开放政策和"走出去"战略的背景下，2007—2012 年，中国企业海外投资飞速发展，海外投资总额增长近 6 倍，从世界第 13 位上升到第 6 位，居发展中国家首位。2012 年中国对全球 123 个国家和地区的 1 621 家境外企业进行了海外投资。

2012 年中国境外股本投资和其他投资占投资总额 79%，而利润再投资却只占了 21%。尽管中国对外直接投资总体上发展迅速，但从中国目前的经济发展状况、综合国力、企业管理水平和运营绩效上综合分析，中国对外直接投资在整体上处于初级阶段，与发达国家相比水平低、规模小、绩效差。尤其是运营绩效不佳，成为制约中国对外直接投资发展的枷锁。

中国企业海外投资绩效仍处于较低水平，与海外投资大国的目标还有很长的距离。对中国企业海外投资绩效进行分析，对于提高对外直接投资的绩效水平、使中国企业海外投资健康发展和实施对外开放战略，是有重要意义的。从中分析中国企业海外投资绩效低的原因是很有必要的。

二、中国企业海外投资绩效的实证分析

在国务院发展研究中心提供的一项调查中表明，中国企业海外投资不赚钱甚至是亏本的，大概占了 67%。沿海地区有大多数的企业海外投资是不成功的，而真正成功的企业也仅仅占到 10% 左右。这些亏损的中国企业，不仅没有在对外直接投资中获得直接的收益，反而要从国内汇出外汇来弥补企业的境外损失，从而消耗了大量的外汇资金。本节就以三一重工的海外投资为例进行研究，用以分析其海外主营业务收入的直接影响因素，做实证分析研究。

（一）提出假设

从 2003 年起，三一重工在全球建立了近 170 家销售分公司，2006—2011 年，三一重工更是相继在印度、美国、德国、巴西和印度尼西亚投资建设海外产业基地。

中国企业海外投资不断加快进程，其中作为湖南本土企业的代表，三一重工自 2005 年开始在海外市场上展开了一系列的并购与投资，这在一定程度上为三一重工今天成为世界机械设备制造巨头奠定了坚实的基础。

在本章的实证研究部分，将以三一重工为案例进行研究，以分析其海外主营业务收入的直接影响因素。在模型建立前，要明确以下假设条件。

①忽略投资目的地文化差异对于海外投资效益的影响；

②作为国际型的大企业在管理制度上的差异对于海外投资效益的影响可以忽略；

③各国针对进出口以及投资贸易的税收条件在模型中不作为影响因素加以考虑。

（二）模型设计

对于三一重工海外投资绩效的研究，本书选择建立线性回归模型，用三一重工海外主营业务收入来体现海外投资的收益，同时对于自变量的选取则主要集中考察国内生产总值、世界国民总收入以及三一重工自身每年的海外投入。

为了方便模型建立与检验，本书采取的是指数模型的形式。经过多次的模型调整与分析，最终建立模型如下：

$$\ln y_t = \alpha_0 + \alpha_1 \ln i_t + \alpha_2 \ln(\text{WGNI}_t^2) + \alpha_3 \ln \text{GDP}_t + \mu_t$$

其中 y_t，为三一重工海外主营业务收入，i_t 为三一重工每年的海外投入，WGNI_t 则是全球国民经济总收入，GDP_t 即中国国内生产总值，μ_t 为误差项。

（三）代入数据

所选取的数据，主要来自三一重工的财务报表中的国际主营业务收入成本，国家统计局所公布的经济年鉴中的 GDP 的数据以及世界银行数据库中世界国民经济总收入数据，见表 2-2。

表 2-2　模型数据

年份	国际业务收入（千元）	国际业务投入（千元）	世界国民总收入（GNI）（亿美元）	中国国内生产总值（千万美元）
2005 年	183 724.852	123 400.541	470 025.839	434 844.200
2006 年	476 784.363	323 752.864	50 921.531	507 439.600
2007 年	1 658 194.683	1 074 433.410	573 801.593	621 975.100
2008 年	3 463 797.157	2 309 478.180	628 036.805	744 502.600
2009 年	1 359 029.278	916 888.141	595 421.582	801 589
2010 年	2 131 066.258	1 435 479.070	652 271.106	949 453.300
2011 年	—	3 425 041.178	2 400 410.514	720 056.686
2012 年	8 740 041	6 867 791	734 441.195	1 245 255.200
2013 年	10 874 438	8 525 392	754 500.019	1 369 088.100
2014 年	9 822 248	7 809 716	774 871.520	1 483 145.200

我国企业从 20 世纪 70 年代末开始海外投资以来，经过了 40 多年的发展，我国企业海外投资的水平有了明显的提高。可是，我国企业海外投资的经营绩效看起来并不乐观。通过实证分析发现，现阶段我国的经济增长与海外投资的因果关系其实并不明显。

三、中国企业海外投资绩效存在的风险问题

（一）投资主体不正确

中国对外直接投资的主体是大型国有集团和控股企业，中小企业或私人企业比例较小。从对外直接投资企业数目来看，近年来有所改观，国有企业数目所占比例在下降。但中央直管的企业在对外直接投资存量方面，占有绝对优势，占 90% 以上。国有企业作为对外直接投资的最主要主体，对中国对外直接投资的绩效影响较大。中国海外企业融资不易，很难获得后续的发展资金。这直接制约了中国海外企业的经营与发展，严重影响投资效益。

国有企业是中国对外直接投资的主要主体。中国对外直接投资的境内主体在发展初期，大多是国有企业。但随着改革的深入，投资主体已向多元化方向发展，但国有企业对外直接投资依然占较大比重。

（二）投资规模较小

投资的规模太小，交易所需要的成本相对较高，抵抗各种可能面对的风险能力也较弱。尤其是在跨国经营中，成功的企业一般都是大型企业。在世界范围来看，中国的企业总体规模太小。中国海外企业的平均投资额 2009 年仅为 230.20 亿美元，为最低值。2010 年平均投资额为 320.54 亿美元，为最高值。平均为 275.20 亿美元。在批准的海外投资项目中大多数为援外项目。以国内中外合资企业的规模标准去衡量，也多是属于小型海外投资企业，在此基础上，中国跨国企业难以形成规模优势，从其长远发展的角度看也是不利的，企业很难获得规模经济效益。

有些企业暂时还不具备国际化经营的能力，发达国家的跨国公司已经积累了超多的经验，有熟练规范化的经验管理能力。中国企业因自身规模及资本等方面的约束，很难进行有规模的海外投资，企业自有资金严重不足，想要获得进出口银行贷款是比较难的，加上国际市场的限制，业务的开展和扩大受到很大的影响。企业法律意识淡薄，在应付突发事件或重大事件时十分被动，普遍缺乏复合型人才也是制约的重要因素。

（三）投资结构不合理

跨国公司对外投资过程中，企业结构较差，境外贸易企业比重过大。跨国公司中生产企业和资源开发企业所占比例比较少，大部分是境外贸易形式，企业在技术方面缺乏实战，这使中国跨国公司缺乏境外扩张和在国际市场上竞争的实力，发展后劲不足，抵御风险能力较差。

（四）投资目的不明确

某些企业经营目的不明确，盲目进行跨国企业的经营，有些企业海外投资是因为优惠政策、国有资产；有些企业打肿脸充胖子，对外承诺过多却实现不了，造成严重的负面影响；有些企业投资的前期市场调研不仔细，目的性不强，对市场变化的风险估计存在误区和不足，造成盲目投资，海外投资项目重复建设的现象依然存在。

（五）投资环境不完善

中国经济速度保持快速增长，在国际上日益活跃并有一席之地，拥有话语权，中国企业在全球众多国家和地区都有投资。但是企业开展对外投资的外部环境尚不完善，有实力、有优势的企业想走出去的出不去，海外投资项目审批制度太严太过于繁杂，相关的投资中介机构的作用还需要进一步发挥出来。海外投资的风险防范机制有待加快建立。

第三章　中国对外直接投资的管理体制及其政策演变

第一节　中国境外投资的管理体制

经济改革中，中国的投资决策受到制度约束。依据现有的管理体制，我国对境外投资的宏观管理分为综合性归口管理、专业性管理、地方政府管理和中国驻外使馆管理，涉及境外投资管理的部门包括商务部、国家发展和改革委员会、国有资产监督管理委员会、财政部、国家税务总局、国家外汇管理局、地方商务管理部门等，详见表3–1。

表3–1　中国境外投资管理体系

管理类型	部门	职责
综合性归口管理	商务部	投资审核、日常监管、政策扶持、公共服务、综合协调
专业性管理	国家发展和改革委员会	制定整体战略、重大项目审核
	国有资产监督管理委员会	境外国有资产监管
	国家外汇管理局	境外投资资金监管
	财政部	财政补贴
	中国人民银行	境外人民币管理、贷款
	进出口银行	贷款
	人力资源和社会保障部	境外人员管理
地方政府管理	地方政府商务主管部门和地方发改委	项目审批、地方投资战略、地方投资管理细则
驻外使馆管理	驻外使馆商务参赞处	信息服务、维权、协调

在具体职责方面，商务部主要负责对企业境外投资进行综合性的归口管理，包括建立投资审核的规范，对项目进行核准，并建立起统计、年检等日常监督管理办法，与其他部门合作对境外投资进行政策扶持，并参与外交关系的协调，建立双边或多边协议。同时，商务部通过发布国别指导目录等报告或文件对企业进行引导，并提供风险预警、投资机会等信息服务。商务部还需要综合协调与其他相关政府部门的关系，在境外投资方面进行统筹管理。

各个具有相关专门职能的部门负责对境外投资的专业性管理。其中，国家发展和改革委员会（以下简称发改委）主要在宏观层面负责制定中国企业境外投资的整体战略规划，以及境外投资重大政策、境外投资管理体制转型的研究协调；国有资产监督管理委员会主要负责规范并监督管理国有企业，特别是中央企业在境外投资中的行为和风险，包括制定国有资产境外投资管理办法、监管境外国资保值增值、进行境外国有资产产权登记等；国家外汇管理局主要负责企业境外投资资金的监管，包括规定境外投资资金来源、对境外投资的外汇进行审查、办理外汇资金登记和汇出的相关手续等；财政部主要负责与企业境外投资有关的资金支持，包括对重点项目的直接和间接补贴，以及企业境外所得的税收抵免和其他优惠措施。

此外，中国人民银行、进出口银行、人力资源和社会保障部也参与到了境外投资的境外人民币管理、贷款管理和境外人员管理中。

地方政府商务主管部门和地方发改委对企业境外投资进行政策性的宏观管理和调控，负责规模较小的投资项目的审批核准。另外，地方政府还需要根据国家的统一规划和法律要求，在发挥自身优势的基础上确定本地区境外投资的战略和方向，并制定地方层面的投资管理细则。

驻外使馆商务参赞处对企业境外投资进行管理和引导主要是一些服务型和协调型的措施，包括帮助协调企业与当地政府关系、为企业提供相关投资信息、维护中国企业在境外的合法权益、在企业与当地政府或劳工发生矛盾冲突的时进行协调支持。

第二节　中国境外投资的政策演变

我国关于境外投资的政策规范使用的名称都不统一，常见的包括"对外投资""对外直接投资""境外投资""境外直接投资""海外投资"。[①] 通过在"北大法宝"数据库分别检索这五个关键词，同时在商务部、发改委、外汇管理局等主要管理部门的官方网站上进行检索以补充缺漏的法条，共收集新中国成立以来到 2013 年 3 月与境外投资相关的政策法规 133 条。下文的统计数据均来源于该数据库，主要从时间阶段、立法层级、政策主题和内容三个维度剖析"走出去"政策体系。

在时间维度上，以一些标志性的事件为时间点，将境外投资政策的演进划分为四个不同的时间段。在立法层级维度上，将这些政策法规的效力级别进行划分。根据《中华人民共和国立法法》的规定，我国在中央层面的法律法规和行政规章按法律效力级别可以分为以下几个层级：第一层是宪法；第二层是法律，由全国人民代表大会制定；第三层是行政法规，由国务院制定，其中包括行政法规、行政法规解释与国务院规范性文件；第四层是部门规章，由国务院各部委、中国人民银行和国务院直属机构负责制定，其中包括部门规章与部门规范性文件。以上几个层级的法律效力依次降低。在政策主题和政策内容维度，按照境外投资政策的具体政策内容，可以将其分为两种：一是全面部署境外投资整体规划的战略性文件，二是针对某项具体政策主题的详细规范。第二种又可分为管理与审批政策、鼓励与支持性政策和公共服务政策三大类。

中国促进境外投资的政策体系是在改革开放后随着海外投资的发展而逐步建立的，在 1979—2009 年经历了初期探索、初步发展、调整整顿、渐次提升和全面发展这五个时期，具体政策逐步完善，从重视管理向重视激励转变，是一个由限制到鼓励的演进过程。随着改革开放以后中国企业海外贸易和直接投资活动的增多，政府的境外投资政策框架也慢慢建立起来。2001 年实施"走出去"战略后的两三年，相关政策条文数量激增，到 2004 年达到高潮，境外投资政策体系初步建立。随着促进境外投资相关政策体系的逐步完善，2001 年后的政策重点开始从管制审查为主到转向鼓励与支持、公共服务等类型并重。

中国境外投资政策体系主要经历了封闭、限制、鼓励、完善四个阶段。

---

① 对外投资包括对外直接投资和对外间接投资，前者主要是指具有实物资产的投资方式，后者主要是指以债券等金融资产方式进行的投资。鉴于"走出去"政策主要是针对直接投资部分，因此本文中主要讨论"对外直接投资"和"境外直接投资"部分。

一、1949—1978 年：封闭阶段

改革开放以前，中国主要采用依靠自身的内源式发展路径，很少参与国际经济活动，仅与苏联等社会主义国家有一些对外经济交流。早期对外直接投资的制度安排多从国际关系的视角，政策目标是进行对外援助以突破外交困境，营造有利国际环境。这类援助让中国与这些国家建立了良好的关系和人际网络，有助于后来中国与之进行经贸往来，开拓市场。这一时期没有发布与境外直接投资相关的法律政策。

新中国成立初期，中国曾与苏联、捷克斯洛伐克、波兰等国家建立合资企业。但随着 1960 年苏联撕毁合同、中止经济技术合作项目，中国放弃开放而走向封闭。这个时期基本上没有再出现合资企业，仅有的一些对外直接投资项目都是基于外交关系的考虑，属于国际援助性质的。在本身经济基础仍非常薄弱的情况下，中国还是对亚非拉很多友好国家提供了力所能及的援助。援助分为两种形式，一是提供无息贷款，二是进行无偿援助，包括成套项目援助、物资援助、技术援助和资金援助等。据统计，从 1954 到 1978 年，中国先后"向近 70 个国家提供了成套项目援助，承担项目 1 307 项，建成 884 个大中小型项目，大部分属于工业和交通项目"。由于受援助国经济技术情况比较落后，援建项目一般采取"交钥匙"的方式，中国包揽全部建设工作，提供成套技术、工艺和设备，派出专家和工程技术人员组织施工，建设完成之后把"钥匙"交给受援国。

二、1978—1992 年：限制阶段

由于封闭式发展的局限，中国经济的进一步跨越面临着资金、技术的极大限制。1978 年，邓小平在十一届三中全会上明确指出要进行对外开放，在平等互利的条件下大力发展和世界其他国家的合作。但由于此时中国希望利用外资解决发展过程中的资金和技术等瓶颈，这种对外开放是以引进外资为主的。改革开放后，中国开始探索从计划经济向市场经济转变，对外经济政策的重点在于"引进来"，政策目标是引进外资，以市场换技术。因此此时的对外经济政策是出口导向的，鼓励企业从事境外贸易活动，对外投资没有受到应有的重视，而是对其进行了严格管控。

1979 年 8 月，国务院发布经济改革的相关措施，允许出国办企业，境外投资开始启动。中国开始大量组建对外工程承包和劳务合作公司，而这些公司多由原来政府对外经济技术援助机构改组发展而来。1982 年，外经贸部提出跨境

企业运营的四大原则：以贸易为主、以出口为主、以代理为主和以国际贸易为主。因此与对外贸易呈互补关系的海外投资即顺贸易型对外直接投资增加，但规模仍然很小。

随着对外经济的发展，非贸易型对外直接投资需求逐渐出现。为了应对现实需求，1985 年 7 月，外经贸部发布《关于在国外开设非贸易性合资经营企业的审批程序和管理办法》，规定有一定资金来源、技术水平和合作对象的经济实体均可跨境经营，这就明确了非贸易类企业进行对外投资的资格。同时还简化了审批手续，下放部分审批权限。此举大大促进了非贸易类对外直接投资的发展。1988 年后，国务院批准中国化工进出口总公司为试点单位，探索对外直接投资经营。越来越多国有大中型企业获得了跨境经营权，开始尝试对外投资。这一时期颁布了 6 部境外投资相关政策，均是审批核准、外汇管理和日常监督方面的。总体而言，这一时期的境外投资政策以限制为主，强调对企业境外投资的严格审批、监督和外汇管制。一方面，政府部门对境外投资有相当严格的审批条件，只允许少数拥有进出口经营权的国有企业和外经贸部所属企业参与跨境经营。另一方面，相配套的外汇管理规定十分严苛，审批程序也非常复杂冗长，这都给境外投资设下了重重门槛，企业海外拓展的兴趣大大降低。

1991 年 3 月 5 日，针对企业海外直接投资增多、一些项目由于经验不足且不熟悉国际市场和法律而出现亏损的情况，国家计划委员会颁布《关于加强海外投资项目管理的意见》，指出"中国尚不具备大规模到境外投资的条件"，应该"侧重于利用国外的技术、资源和市场以补充国内的不足，并在平等互利的基础上加强'南南'合作"。当年 8 月 17 日，计委又发布了《关于编制、审批境外投资项目的项目建议书和可行性研究报告的规定》，详细规定了企业海外拓展的审批办法。

三、1992—2000 年：鼓励阶段

1992 年，中共十四大进一步提出发展外向型经济，开拓国际市场的要求，旨在构建全方位、多层次的对外开放格局。十四大报告中直接表明要"积极扩大我国企业的对外投资和跨国经营""鼓励能够发挥我国比较优势的企业参与国际投资"。这意味着不仅仅国有企业能够走出去，民营企业也被纳入了对外直接投资的主体中，对外直接投资主体开始多元化。1997 年，中共十五大报告明确指出要积极利用"国内国外两个市场、两种资源"，为对外投资指明了战略方向，表示我国开始重视参与国际经济循环、利用国际市场的资源配置功能。2000 年 10 月召开的中共中央十五届五中全会通过了"十五"规划建议，强调

对外直接投资和引进外资并重,而且提出了一套支持企业境外投资的制度构想。

这段时期是从限制境外投资向鼓励境外投资转变的战略转型期,需要确立积极对外开放的思想基础。所以这一时期与境外投资相关的战略主要是以党中央在历次人大会议上的"定基调"为主,相关政策出台较少。长达8年的时间里只发布了9项政策,而且都是关于外汇管理和日常监管的。但从战略上来说,虽然仍以吸引外资为主旨,政府已经开始重视境外投资,在战略上鼓励企业"走出去",同时也在《关于编制、审批境外投资项目的项目建议书和可行性研究报告的规定》的基础上制定了一些外汇管理和项目管理的配套法规。

四、2001年至今:境外投资政策体系逐步形成

2001年3月全国人大九届四次会议召开,"走出去"战略被列入"十五"计划纲要,正式上升为一项重要国家战略。此时,"走出去"战略被提到与发展对外贸易和积极利用外资并重的高度,成为发展开放型经济的三个重要支点之一。同时"十五"计划纲要还明确指出支持对外承包工程和劳务合作、开展境外加工、采掘境外资源和设置境外研发机构这几种投资领域,着重在于利用境外市场、资源和技术。首次提及境外投资服务体系的建立健全,要求"在金融、保险、外汇、财税、人才、法律、信息服务、出入境管理等方面,为实施'走出去'战略创造条件。完善境外投资企业的法人治理结构和内部约束机制,规范对外投资的监管"。

2002年,中共十六大再次强调"走出去"的重要性,将其作为与"引进来"并重的对外开放举措。会上更是明确提出鼓励多种所有制企业积极参与跨境经营,尤其鼓励能够有效带动我国商品贸易和服务贸易出口的企业进行对外资本输出。

2006年公布的"十一五"规划纲要将境外资源开发和基础设施建设作为鼓励的重点,鼓励跨国并购,并强调跨国公司的培育。

2007年,中共十七大报告强调把"引进来"和"走出去"更好地结合,内外联动,提高开放质量,"创新对外投资和合作方式,支持企业在研发、生产、销售等方面开展国际化经营,加快培育我国的跨国公司和国际知名品牌,注重防范国际经济风险"。这意味着"走出去"战略正在朝更加纵深的方向发展。

2011年,"十二五"规划纲要在强调"引进来"和"走出去"统筹发展的基础上,提出了新的要求:一方面要加强海外投资环境研究与科学评估,另一方面要求境外投资的企业履行社会责任、造福当地人民。同时也要求政府自身提高综合统筹能力,完善跨部门协调机制,加强实施"走出去"战略的宏观指

导和服务。加快完善对外投资法律法规制度，积极商签投资保护、避免双重征税等多双边协定。健全境外投资促进体系，提高企业对外投资便利化程度，维护我国海外权益，防范各类风险。

由于"走出去"上升为国家战略，再加上2001年末中国正式加入WTO，也要求政府兑现推进贸易与投资自由化的承诺，在这种背景下，这一时期的政策导向从支持鼓励"引进来"转向"引进来"与"走出去"并重，鼓励企业海外投资。

一方面，政府进一步放松对境外投资的管制，企业纷纷跨出国门，国际化经营模式日趋多样化，投资规模迅速增长。另一方面，为推动"走出去"战略更好地落实，政府开始为企业进行境外直接投资创造有力的支持政策和制度环境。

这一时期颁布了118条境外投资相关政策法规，占法规总数的89%。从2001年开始，呈现直线上升的趋势。2004年前后是出台相关法律的一个小高峰。此前我国的企业境外投资一直没有完善的规范体系，在此之后，各项制度逐渐建立起来。而且从2002、2003年前后，鼓励支持境外投资和促进公共服务体系建设的政策开始发布。以前阶段的规定都以对投资的审批和监管措施为主。而在2002年之后，一方面，战略上的鼓励支持慢慢落实到政策上，促进境外投资和完善公共服务的相关规定逐渐完善。另一方面，对海外投资的监管与审批经历了从审批到核准、从限制到鼓励的转变。"走出去"正式上升为国家战略以来，对审批的要求不断简化和放开，更强调日常的监督管理。

2004年7月，国务院颁发《关于投资体制改革的决定》，确定了我国境外投资政策从严苛向逐渐放宽转型的大方向。随着境外投资管理从审批制转向核准备案制，政府不再过度介入市场和企业决策，扮演规制者的角色，而是慢慢退回到"守夜人"的身份，更加注重对企业的引导、支持和服务，营造利于经济发展的大环境。同时政府做出了一系列政策调整，包括对企业对外投资实施财税金融政策扶持、简化行政程序、放松对外投资资本和外汇管制、提供投资机会信息和指导服务、降低政治和投资风险等。

2009年，政府对2004年发布的《境外投资项目核准暂行管理办法》进行了调整，颁布《境外投资管理办法》，进一步下放核准权限，简化企业申报材料和审批程序。同时，这个阶段还发布了投资国别引导和产业指引等公共服务类政策，对外投资促进与服务体系逐渐完善。

第三节　现行境外投资政策框架和对企业激励机制的影响

对外投资政策是一个综合体系，是政府对境外投资进行规范和管理、支持企业对外直接投资、促进企业走出去的一系列政策的总称。通过不同层级法律法规的规范，保证了我国对外投资稳步有序发展。与此同时，我们也应该看到，我国现有的对外投资管理体系在降低企业风险、激励企业管理效率方面仍有局限之处。主要表现在以下方面。

一是对外直接投资的战略部署和顶层设计在宏观层面上保障了国家经济安全，但是某种程度上也减少了企业自身决策的余地。从立法层级来看，中国现行有效的规范和支持境外投资的政策以部门规范性文件为主，占了法规总数的97%。

二是对外投资和对外援助界定模糊，起到了相互带动作用，但也减少了企业自身盈利压力和考虑。"对外援助是否增加了对外直接投资"在理论上仍是模糊的，当对外援助用于投资互补投入时（如公共基础设施和人力资本投资）会提升资本的边际生产率，但如果单纯采用物资资本转移方式，则会对私人投资产生挤出效应。对外援助是中国对外工作的重要组成部分，中国的对外援助打破了发达国家的垄断地位，促进了对部分地区的贸易增长，改善了贸易结构，对于创造和平稳定的国际环境具有重要意义，同时，对发展中国家的对外工作也有利于走出去企业更好地利用境外资源，将自身的成熟技术和设备转移到发展中国家。然而，现有对外援助的内部经济实力，以及外部环境已经发生了较大的改变。原有政治、外交目标主导的对外援助方式，在管理效率、援助方向等方面已经不能适应已有的需求。

从对外援助的管理来看，中国对外援助与对外投资同属于商务部管理。在政策设计上模糊了援助与投资的目标。20 世纪 80 年代走出去的第一批对外投资企业基本由原先实施对外援助部门所辖企业改制而来，这也造成了后续对外投资中企业在本身经营方式上沿袭了对外援助的特点，同时，政企不分的特点也使得企业倾向于依赖政府作为抵抗风险的第一道屏障，直接将风险外化给政府。

从投资形式的视角来看，除了政治和国际义务等非经济性目标差异化，对外援助与对外投资的投资形式基本是一致的，涉及的产业领域相似。因此，这种政治目标与经济目标存在冲突的对外援助，在一定程度上挤占了对外投资的空间，甚至形成冲突。部分国有企业在承担对外援助任务的同时，也在相应的领域进行了对外投资。对外投资和对外援助之间界限的模糊，一方面使得承担对外援助任务的企业可以利用"搭便车"来弥补自身投资的风险，形成风险的"外部化"；另一方面也会扭曲目标国市场，对于只能将风险内部化的非援助任务企业造成不平等竞争。

三是过于严格的审批制虽然在一定程度上控制了企业走出去中所谓"盲目"投资的风险，但同时也把企业对风险的控制外化到了政府层面，对于多数对外直接投资来说，时间成本和机会成本的丧失往往会对企业的投资激励产生负面效应。从现有对政策整理的数据来看，虽然近年来对外投资的审批制度陆续进行了改革，但在整个政策体系中，管理与审批政策占主要地位，鼓励性政策文件较少，公共服务支持体系的建立仍显不足，其中管理与审批部分的政策以监管为主，体现了我国计划经济体制"遗留"下的特点。

审批备案是中国企业走出去的第一步，也是必要条件。目前，在海外投资审批管理的过程中，企业的投资项目需要在发改委立项，发改委根据投资类型和投资额的多少对企业境外投资进行审核，同时，在商务局对企业进行备案后再次根据投资额和投资类型进行审查，完成两次审核后，企业需要报外汇管理局备案，由外汇管理局控制资金如何流出。国家外汇管理局对境外投资资金的外汇收支和外汇登记进行监督管理，主要包括外汇登记、资金汇出、前期费用汇出和资金汇入及结汇的一些相关规定。

现有的监督管理政策主要是指针对境外投资项目日常管理、风险控制进行监督管理的规范文件，包括境外投资联合年检、对外投资综合绩效评估等。其中对国有资产及其财务管理有另外的规定，需要定期报送国有资产产权登记表，保证国有资产在境外投资过程中增值保值。但在风险控制方面，只有《关于印发〈对外投资合作境外安全风险预警和信息通报制度〉的通知》和《关于建立境外投资重点项目风险保障机制有关问题的通知》两个规定，以及境外安全风险报告制度。

四是对外投资的鼓励政策虽然在一定程度上帮助企业分担风险，为企业提供保障，但同时也减弱了企业自身控制风险的激励。2003年以来，政府陆续出台了各项鼓励企业境外投资的政策措施。其中综合性的鼓励措施占了很大比重，集中在对企业的融资支持方面，还有少数的税收优惠与投资保险措施。

国家对企业的资金支持主要有三个方面：一是设立多项专门的资金来支持不同重点行业和项目的海外拓展；二是为企业直接提供贷款支持；三是以产业投资基金的方式对企业进行支持。这些支持对装备制造、境外矿产资源勘查开发以及中小企业向新兴市场投资起到了基础性作用，但对于国有企业与民营企业的差异化资金支持政策，通过扶持国有企业的"政府的手"扭曲了看不见的"市场的手"。

税收优惠是我国走出去支持中的另外一个重要方面，我国与一些国家签订了避免双重征税的双边协定，企业在这些国家的经营税收可以抵免。[①] 另外，对于承担国家援助项目的企业以及在海外经营中由于不可抗拒的风险因素导致亏损的企业，政府也有税收减免的措施。这样的政策虽然增强了企业走出去的信心，但利用调节市场工具的税收作为部分企业降低风险的措施会造成不公平竞争。直接支撑中国企业走出去风险控制的是保险制度。中国出口信用保险公司是中国政府支持企业发展对外经济，帮助企业分担境外投资收汇风险的主要机构。它为企业提供政策性保险，避免对外经济过程中的政治风险等。国家财政为中信保提供一定的资金作为准备金。但目前中信保的业务仍以支持对外贸易为主，对境外直接投资的支持力度还不够。

五是现有公共服务主要是信息提供和法律服务，仍不能满足企业对国内外走出去相关风险的需求。目前，国家对"走出去"信息的提供主要是采用了信息引导的方式。中国政府保障境外投资的信息服务体系主要有两项报告制度和多个国别、地区或产业指导，其中"国别贸易投资环境报告"提供了分国别的市场需求、行业机会及经济与法律情况，"国别投资经营障碍报告"主要论述中国企业境外投资过程中在东道国遇到的各种风险问题和阻碍，涉及投资环境的方方面面。除此之外，商务部还发布了亚洲、非洲、拉美、中东欧等地的《境外加工贸易国别指导目录》，以及《对外投资国别产业导向目录》和《对外投资合作国别（地区）指南》，引导企业境外投资的流向。这些涉及风险管理的政策措施只是泛泛地提到应该建立风险预警机制和管理体系。

在法律服务方面，商务部通过《中国企业境外投诉服务暂行办法》，为企业提供政策信息服务、法律咨询和在遇到境外投资纠纷时的法律协助。同时还建立了"商务部中国企业境外商务投诉服务中心"，无偿为境外企业提供商务投诉服务。

除提供信息与法律咨询之外，政府还成立了境外中资企业商会，旨在加强企业间以及企业同当地业界的交流，维护它们的合法权益。在信息公开和公平的基础上，为企业提供信息的公共服务不会扭曲企业对风险的决策。

---

① 卢进勇. 走出去战略与中国跨国公司崛起［M］. 北京：首都经济贸易大学出版社，2012：49。

第四节　国有与民营企业风险管理规范

制度变革会通过影响管理者激励、交易成本和代理成本以及产业内外资源的选择性配置来影响企业绩效。企业"走出去"政策及相关优惠、目的国招商引资的优惠政策以及双边贸易或投资协议对企业海外投资决策来说都非常重要。国有企业和民营企业由于历史原因和现实基础的差异，在所有权归属、公司治理结构、发展目标定位、企业规模、社会责任等方面各有特点，决定了他们在对外直接投资中对政治风险不同的认知和管理结构。对于不同性质的企业，政府分别出台了一些针对性的法规来进行指导和规范，对国有企业与民营企业产生不同影响。

同时需要关注的是跨国公司在对外直接投资中的激励机制。发展中国家的国有企业作为一种特殊的资产组织形式，与宏观制度之间存在各种关系，同时由于受到制度约束，发展战略的选择范围也会更小。对于国有企业与民营企业的风险管理差异，也有观点认为前者集中体现在治理层面，后者主要体现在管理层面。同时，我国的民营企业多数属于中小企业，而这类企业对外投资的最大劣势就在于规模经济效益差，风险抵御能力弱。中国企业似乎不具备特属于企业的所有权优势。

一、政策目标的影响

在市场化过程中，中国曾经出现了多种所有制形式的企业，包括国有企业、民营企业、乡镇企业等，由于各自所有权和治理结构的差异，影响企业的投资决策。国有产权的基本功能主要表现在政治功能、经济功能和社会功能三方面。在"走出去"过程中，国有产权的政治功能，尤其是在国际社会中发挥的作用，是民营企业所不具备的。这也就决定了国有企业与政府之间关系的四大要素，即国有企业发展的技术核心、财务自给程度、政府监管结构以及与外部集团之间的政治博弈规则，在影响企业对外投资决策中的差异性。

从政策目标层面来看，现阶段的政策对国有对外投资及其风险管理具有更大的影响。这不仅表现在现有政策目标定位所产生的影响，而且由于对外投资和对外援助在国企层面目标的重叠性，也使得国有企业更容易受到政策影响。

目前，针对国企的境外投资政策多集中在管理与审批方面。对国有资产境外投资的审慎管理始于1993年，此后国家陆续颁布了10部专门针对国有企业境外投资管理的政策法规，包括《中央企业境外投资监督管理暂行办法》《中央企业境外国有产权管理暂行办法》《中央企业境外国有资产监督管理暂行办法》《关于加强中央企业境外国有产权管理有关工作的通知》《关于规范国有企业境外投资中个人代持股份有关问题的通知》《关于加强中央企业境外投资管理有关事项的通知》《关于进一步规范我国企业对外投资合作的通知》《关于印发〈关于用国有资产实物向境外投入开办企业的有关规定〉的通知》以及与其相配套的两份授权有关单位办理国有资产实物境外投资出口检验手续的通知。国务院国有资产监督管理委员会是监督和审查国企境外投资的主要机构。根据这些政策的规定，国企特别是中央企业要在以下两方面接受更严格的管控：首先是在审批方面条件更加严格，国有资产在投资前必须经过国资委的国有资产重大投资项目立项备案，办理境外投资标的资产评估及备案，还要在审批后及时办理境外投资产权登记程序，同时不得进行非主业投资；其次是在日常管理方面，境外投资管理制度和年度计划要报国资委备案，项目管理、出资管理都更加严格，境外企业重大事件要报国资委审批，同时要接受国资委的不定期抽查，保证国有资产在境外运营良好。

而针对民企的对外直接投资政策都是鼓励与引导方面的。从 2005 年开始，政府陆续颁布了 8 部专门鼓励支持民营资本投资境外的政策，包括《关于鼓励和引导水运行业民营企业境外投资和跨国经营的若干意见》《关于印发鼓励和引导民营企业积极开展境外投资的实施意见的通知》《关于鼓励和引导民间投资健康发展有关外汇管理问题的通知》《关于鼓励和引导民间投资健康发展重点工作分工的通知》《关于鼓励和引导民间投资健康发展的若干意见》《关于鼓励支持和引导非公有制企业对外投资合作的若干意见》《关于鼓励和支持民营企业"走出去"的若干意见》和《关于实行出口信用保险专项优惠措施支持个体私营等非公有制企业开拓国际市场的通知》。根据这些政策的规定，国家对民企境外投资实施多方面的鼓励：一是加强宏观指导和统筹协调；二是加大金融保险和财税支持；三是简化审批程序和外汇管理；四是提升对民企的信息和中介等各方面服务水平。但是这些政策多是方向性、原则性、指导性的，属于综合鼓励措施，缺乏更具体细致的操作条款。

对于不同行业的境外投资，政府也有不同的管理政策和支持力度。这样的政策支持对于国有企业更有激励。在管理审批方面，资源开发类项目由于其投资规模一般较大，所以审批的资金门槛较非资源类有所降低。资源类项目中方投资额超过 3 亿美元才需国家发改委审批，而非资源类大于 1 亿美元就需要国家发改委审批。基础电信运营、大规模土地开发等项目由于较为敏感、风险较大，所以受到更严格的审批限制，不论投资额大小都要经省级发改委初审后报国家发改委核准，或是国家发改委核准后报国务院审批。

同时，国家设定了一些重点优先行业给予经费、保险和信贷支持，所涉及的政策主要包括《关于对外经济技术合作专项资金支持政策有关问题的通知》《关于建立境外投资重点项目风险保障机制有关问题的通知》和《关于对国家鼓励的境外投资重点项目给予信贷支持政策的通知》。经费方面，财政部和商务部每年发布对外经济技术合作专项资金支持政策，对重点项目给予直接补助和贷款贴息，这些重点项目包括农林渔和矿业项目、装备制造、境外研发中心等。保险方面，境外投资的风险保障机制主要支持的是国内较缺乏资源的境外开掘、生产型和基础设施项目的建设、境外研发中心以及能够提高企业竞争力的并购项目。信贷方面，境外投资专项贷款也支持以上重点项目。可以看出，能源资源和基础设施领域的投资都是国家支持的重点。另外，在信息技术和高科技领域，政府还专门出台了《关于推进我国信息产业"走出去"的若干意见》《关于鼓励科技型企业"走出去"的若干意见》等专门政策，推动高技术境外投资。

从上述政策内容可以看到，国企和民企受到的政策激励存在一定的差异性。国企由于投资目的、资金属性等限制，往往会受到更多政治因素的制约但也正是因为和政府之间千丝万缕的关系，带来了在资金使用方面的优惠政策，而这类的监管政策往往使得国有企业存在将风险外生化的激励。相比于国企，民企则更多需要依靠自身的投资判断和资金积累，在政策上受到的约束较小，主要是投资方向等方面的引导，在可利用的信息方面也会处于相对的劣势。

二、行政监管的影响

政府对企业的行政监管更多体现在战略性资源或者说是资源类行业，而涉足这些行业较多的是国有企业。在审批管制方面，虽然发改委最近两年放开资源和非资源并购的审批限额，将一些境外投资项目核准权限下放给省级发展改革部门。但由于中国企业走出去进行海外投资的多数仍是大企业，中小型企业较少，尤其是进行海外资源并购的案例更少，所以目前只有国家层面的政策框架，地方层面上没有相应的政策体系。审批权限下放之后，省一级的发改委原先几乎没有做过这方面的工作，也没有相关细则说明进行规范。而在政策鼓励方面，政府对海外投资的鼓励仅仅是指导性的意见，没有相应的政策支持体系可以保证实施，对企业而言没有实质性的帮助，缺乏能够提升企业境外投资能力和投资预期的手段。

国企在能源资源和基础设施境外投资中占主力而民企海外拓展能力不足，这在一定程度上是由于历史上对民企重视和保障不足造成的。近年来，中央政府陆续出台了许多鼓励民营资本投资海外的政策与严格管控国有资本境外投资的措施。而且在目前，境外投资审批是方向性的，政府更鼓励从事实体经济的企业进行海外拓展，而不仅仅是操纵金融工具，主要是发挥协调作用，避免国内企业同时竞标一个项目而抬高价格，因此在审批过程中对国企与民企一般是一视同仁的。但这种政策转向还不能弥补民企与国企能力差异的鸿沟。而且这些专门鼓励民营资本"走出去"的政策也大多没有落实到操作层面，民企仍面临很多困境。

但民企在海外拓展过程中在政策方面也有其优势。政府对国企的审批和管制更加严格，民企由于审批环节更少，在投资的过程中反而更迅捷。反而是国企在走出去的过程中必须寻找方法来规避这种烦琐的程序。

对能源资源和基础设施项目的投资不足并不完全是由于缺乏支持政策。国家政策大力鼓励矿业和基础设施境外投资，侧重支持该类境外投资行为，给予了很多经费、保险和信贷方面的优惠政策。但从目前来看，企业进行境外矿业投资的意愿仍不强，数量也不多。同时也不排除另外一种可能，即由于能源资源和基础设施类海外项目通常投资额很大，往往需要中央政府审批。一些企业为了规避审批程序、缩短审批流程，压缩了此类海外投资的数量和额度。

三、治理结构的影响

国有企业和民营企业之间风险管理存在差异的部分原因在于治理结构的差异，这也是由各自不同的性质、目标和社会责任所决定的。中国企业在走出去的国际化过程中除了面临企业制度、生产经营行为以及宏观管理的国际化挑战外，还需要面对产品或服务市场。国有企业的社会责任是社会对国有企业行为的客观期望，具体体现为国有企业的非经济目标和经济目标。国家会干预战略边界问题、定价决策、资源获取以及流动问题，从而降低了国有企业的自主能力。就国有企业的治理结构而言，风险治理机制的外在性特征非常明显，如财务风险可以由国有银行负责，经营风险由国资委来监控，法律风险、政治风险可以由政府兜底，即国有企业没有实现风险管理的必要制度和机制基础。在国际竞争中，企业的所有权结构会影响企业进入的产品线、市场领域和客户基础。

作为跨国企业发展的重要外部环境，外部权威性的多元性以及价值分享的多元性影响企业进入海外市场的模式。国资委与国有企业管理者之间是典型的委托代理关系，因此在企业内部风险管理和国资委对权属企业风险管理之间，在管理性质、管理目标、实施主体、事项识别和风险评估客体、重大事项决策管控以及风险应对等多方面存在不同之处。从这一点来看，民营企业的风险管理不存在上一级的委托代理关系，从决策目标来看具有单一性。

另外，由于投资形式、产业选择、面对的风险特征以及风险形成原因等方面的差异，相对于国有企业，民营企业受到的政治压力较小。

第四章　中国企业海外投资风险防范的机制

第一节　企业海外投资风险防范的理论

一、企业海外投资风险防范的主要理论

（一）交易成本理论

交易成本理论的原理源于海默关于市场不完备性的论文。这一理论的核心论点为公司进行对外直接投资时选择相应组织结构的目的是将交易成本最小化并且将长期风险调节有效性最大化。不同的组织结构包含着不同程度的控制与资源承诺。而企业进行对外直接投资决策的制定过程则是一种对控制程度与资源承诺成本的权衡，并且这种权衡依赖于四种决定企业最优结构的因素，即可交易专属性资产、外部不确定性、内部不确定性与搭便车行为的可能性。但也有学者指出，除这四种因素外，企业还需要权衡子公司利润对于母公司利润的重要程度这一因素。同时，也有学者认为，在进行交易成本分析时，需要考虑更大范围的控制程度而不仅仅是包括整合与外包等特例。实证研究表明如果公司的对外直接投资中包含较多专属性资产，或者合作方有较高可能性采取机会主义行为，那么公司在对外直接投资中需要采取高度控制。

交易成本理论的核心理念，与市场不完备性以及对外直接投资的国际化理论一致。它有力地解释了传统对外直接投资的决定因素：发达国家跨国公司为了利用已有的特定所有权优势和寻找市场而对外投资。该理论的核心假设是跨国公司拥有公司特定资产，即跨国公司拥有特定所有权优势。当这些特定资产进行跨越组织边界的交易时，无论是在市场上还是在组织之间，都会产生交易

成本。当前一些中国企业也拥有某些特定的所有权优势。当这些企业进行对外直接投资时，更多的是利用它们母国所特有的优势，例如中国的生产成本优势。从交易成本理论的角度，对中国企业内部化国家特定优势的交易程度仍缺乏足够的讨论，因此需要进一步的研究。

（二）制度基础理论

制度基础理论认为，企业进行战略选择是基于制度与组织的动态相互作用。企业的行为不可避免地会受到制度环境的影响。由于制度环境的重要性以及学者对于新兴经济体不断提升的兴趣，在对外直接投资研究中，比较不同国家的制度差异以及制度差异对市场功能的影响程度已变得越来越重要。现有研究中，学者将制度环境分为三类：规制型（包括用于保证社会秩序与稳定的法律与规章制度）、道德型（包括社会价值观、文化以及社会规范）、认知型（包括社会中被认为理所当然的已建立的认知结构）。组织之所以选择三种特定的构成形式并付诸实施是因为这种形式能受到规制与道德的认可，能满足组织对环境中资源的依赖，或是因为人们理所当然地认为这种组织形式是合适的。运用制度基础理论来解释对外直接投资所有权的战略选择时，它强调获取制度合规的重要性：当其他理论流派将制度环境作为决策制定的背景或外生因素来处理时，制度基础理论则既强调制度因素对于国家环境的强制影响，也强调决策制定者在寻求新投资条件时的认知限制。实证研究指出，当进行对外直接投资的企业需要克服东道国的政治与文化障碍时，与当地合作伙伴建立合资企业这种投资方式更受青睐。这是因为合资企业能使得母公司更少受到东道国政府歧视性对待，并且这种方式能使得企业通过向当地合作伙伴学习来更好地适应当地文化。同时，实证研究还表明，一家企业的对外直接投资进入战略还会受到它以前在相同或相似制度环境下的成功进入经验的影响。

制度基础理论认为制度的合规性是企业对外直接投资决策的核心。该观点认为，当在东道国面对一个受限的规范制度时，投资方可能必须为了满足合规性而妥协其对外直接投资决策。此外，对外直接投资的决策也依赖于决策制定者的认知能力。决策制定者的认知会受到相同或相似制度环境下其之前行为的影响。对于中国企业来说，它们中的大部分只有有限的对外直接投资经验，也没有制度化。这意味着中国企业可能没有一个清晰的最佳方式可以参照，因而他们的对外直接投资决策不会被认知习惯所严重影响。于是，传统的制度基础理论在研究中国企业时将遇到挑战。此外，现有研究主要集中于母国的制度环境，却忽略了母国政府对企业对外直接投资行为的直接影响。当我们研究中国的对外直接投资时，应当考虑到政府对这些对外直接投资活动保持着重大的影响。通过对外直接投资激励或者政府管制下的对外直接投资方案批准体系，中国企业的对外直接投资决策可以直接地或间接地被不同阶层的政府所影响。因而，当现有的制度基础理论应用于中国企业的对外直接投资研究时，它们需要扩展，应当包括东道国与母国双方的制度环境以及东道国与母国政府对企业的影响。

（三）战略行为理论

战略行为理论认为，一家企业对外直接投资决策是为它的战略行为服务的，既要实现利润最大化，保持企业灵活性，也要帮助企业获取更好的市场地位，或是帮助企业实现全球协同效应与其他全球战略动机。有学者指出，为了实现企业的全球战略目标，企业各业务单元的紧密协作变得日益重要。这一理论提出的理念与中国企业进行对外直接投资行为的相关度较高，因为这些企业走出国门多是为了追求不同的战略目的。与发达国家跨国公司效率寻求型对外直接投资所不同的是，中国企业进行海外投资更多的是为了实现市场寻求与资产寻求的目的。对于市场寻求动机，中国企业可能通过对海外市场进行投资，尤其是对发展中国家市场进行投资来利用母国的低成本生产这一竞争优势，而关于这种类型的对外直接投资曾有学者指出：如何使企业的资源与环境相匹配、如何实现企业的战略适合将成为这类投资的关键问题。合适的对外投资决策能帮助企业实现与东道国行业环境的战略适合。对于资产寻求动机，中国企业常通过对外直接投资作为"跳板"来获取所需资产。此外，中国企业可能也会寻求全球导向下的特定战略动机，比如为进一步的全球扩张做准备或者改善现有海外业务的全球竞争地位。由于这些战略动机的实现可能需要单个海外子公司放弃部分短期利益来为整个集团的战略目标服务，因此如果母公司对海外投资维持有效的控制，则使得这些战略目标更好地实现。

战略行为理论假定，战略适合和战略目标都影响着对外直接投资的相关决策。但是战略适合和战略目标这两类因素可能对企业的对外直接投资决策有着不同的影响。正如上文所讨论的，战略适合对市场寻求型的对外直接投资很重要，而对以全球战略为导向的对外直接投资和寻找资产型的对外直接投资来说，战略目标是关键。因此，当运用战略行为理论研究中国的对外直接投资时，研究者们面对的挑战在于分析战略适合和战略目标的相对重要性，并关注其中对中国企业对外投资决策具有支配影响力的方面。

二、企业海外投资风险防范的其他理论

（一）议价能力理论

议价能力理论认为，现实中的对外直接投资决策是由投资方的偏好性以及投资方与东道国政府谈判的结果来共同决定的。基于投资方与东道国政府各自的议价能力，双方的议价过程将导致一个双方都接受的合规的结果。从某种意义上说，议价过程就是投资方实现在东道国的制度合规的过程，而这又与制度基础观点中的规制类型有较高的契合度。

（二）国家文化理论

国家文化理论则将企业对外直接投资决策与决策制定者的国家文化联系起来。管理者在管理与自身具有相似文化背景的企业时往往更为得心应手，因为他们对这类企业可进行更为有效的控制。国家文化理论假定：文化会由于国别差异而出现系统性差异，并且个人会受到他所处文化的影响。这一理论与制度基础理论中的认知型类别有较高契合度，因为两者都认为个人会受到社会中已建立的认知结构的影响。

（三）决策制订过程模型

决策制定过程模型是建立在对外直接投资决策须被认为是一种多阶段的决策制定过程这一核心假设上的。在决策制定中，需要考虑多种因素，比如：外国市场进入的目标、现有环境，以及相应的风险与成本、与决策制定者和决策任务的特征相关的因素。

第二节 中国企业海外投资面临的风险

一、中国企业海外投资风险影响因素

近年来中国企业海外投资虽然取得明显成效，但总体仍存在一些问题。为有效保障中国企业的海外投资收益，防范海外投资风险，有必要全面考察风险的主要来源与影响因素。本节基于美国经济学家米勒设计的多维度国际风险感知模型—— 一体化风险（PEU）模型的构建思路，结合中国企业海外投资的现实状况，分别从宏观环境、中观行业、微观企业三大层面深入剖析中国企业海外投资风险的影响因素。

（一）宏观环境因素

作为跨国投资经营主体，中国企业的海外投资主要受到复杂多变的宏观国际环境以及自身和东道国的政治、经济、文化、社会等环境因素的综合影响。

1. 政治因素

无论是中国政府还是东道国政府，作为宏观政治环境的营造主体，其政治局势、政策导向与制度安排、政治关系等都是对中国企业海外投资带来不确定性和风险的变量。

（1）政治局势

它是中国企业海外投资过程中最不稳定和不确定性的风险来源与影响因素。在开展海外投资经营时，东道国的政变、动乱、罢工、战争、恐怖主义等不安定因素都有可能使中国企业遭受难以估计的风险与损失。

（2）政策制度

开展海外投资时，东道国对待外来投资主体的态度与政策导向可能因自身经济发展形势的变化而有所调整，也可能出于保护本国企业发展的需要刻意对外来投资主体持不欢迎态度，改变原有优惠政策与制度环境，甚至限制或禁止外国独资企业经营。

（3）政治关系

稳固良好的政治关系是中国与东道国双边或多边经贸关系发展的根本前提，也是促成中国海外投资收益的重要保障。反之，将直接导致对方在经济上的敌视、管制与制裁，给企业带来巨大投资风险。

2. 经济因素

作为经济全球化的重要组成部分和经济增长的发动机，中国企业的海外投资必将最为直接地受到东道国经济体制、经济状况以及自身与其建立的经济关系等经济因素的综合影响。

（1）经济体制

东道国不同类型的经济体制将对中国海外投资企业在该国的生存发展内容、形式和渠道等提出不同的系统准则，影响中国企业海外投资经营活动及收益。

（2）经济发展水平

英国经济学家邓宁指出，母国对外直接投资量的大小与该国经济发展水平密切相关，两者在一定阶段内成正比。此外，东道国的国民生产总值、人均国民收入、经济增长速度等还将直接影响中国企业海外投资经营环境，也在很大程度上决定着东道国进口商品的种类以及中国企业海外投资的基本类型与总体方向。

（3）双边及多边贸易联系

一般而言，贸易与对外直接投资之间存在相互替代、相互补充的关系，也是母国企业实现国际化发展的一个连续过程。在这一过程中，母国企业首先通过双边及多边贸易联系积累对东道国市场的认识，并在此基础上开展投资经营。

（4）金融市场自由度与完善度

前者主要表现为金融市场的自由开放程度，即是否存在资本管制、汇率管制等；后者则表现为金融市场的广度、深度，即其规模与效率。东道国自由开放、稳定完善的金融市场能为母国企业提供最为确定的各类信息，有效降低其未来资本交易的成本与不确定性，避免因利率、汇率等的变动造成投资和利润回收风险。

3. 社会与文化因素

不同国家有着不同的人口规模、社会结构、文化传统、受教育程度等，而这些因素无疑都将对母国企业的投资模式及东道国政府的政策导向、消费者的购买决策等产生重大影响。

（1）人口状况

一个国家或地区的人口状况包括人口的规模数量、年龄结构、种族构成、地理分布、收入分配等，它们均对一国市场需求的总体水平产生关键影响，也直接决定了该国市场规模的大小及其市场结构的合理性。

（2）受教育程度

一国消费者的受教育程度直接决定其对国内外产品的鉴别接受能力、消费心理和需求偏好。一般而言，东道国国民的受教育程度越高，其对外来投资企业提供的产品的消费决策也就越谨慎，甚至可能引起某些产品需求的变化。

（3）文化差异

由于各国文化存在不可避免的差异性和趋同融合的渗透性，倘若企业在做出投资决策前未充分考虑与东道国在语言文字、宗教信仰、风俗习惯等方面存在的文化差异甚至是文化冲突，无疑会给自身造成巨大风险。

（二）中观行业因素

除了受宏观层面的政治、经济、社会与文化等因素的影响外，中国企业海外投资风险还主要来源于中观行业层面的行业环境。

1. 市场因素

市场要素是中国该行业内企业开展海外投资的特殊变量，将直接影响中国企业投资决策及其最终获利能力。

（1）行业经济特性

影响企业海外投资风险最直接的市场因素莫过于行业在市场供求形式、盈利水平、进入和退出的难易程度、消费者特征等方面有别于其他行业的经济特性。它们的总体状况与变化趋势决定着该行业的吸引力大小及其未来的利润前景。

（2）行业生命周期

它是指一个行业从出现直至完全退出社会经济活动所经历的时间，包括导入期、成长期、成熟期和衰退期四个阶段。它们分别对应四种不同的行业环境，其中任何一种环境的变化都将直接影响海外投资企业的行业选择及其具体投资经营决策。

（3）行业规模结构

它包括行业内产品或服务总量与社会需求之间的关系，产品结构与该产品发展趋势之间的关系，大、中、小型企业之间的比例关系等内容。它们均直接影响企业参与本行业竞争的能力及其在本行业中的海外投资收益。

2. 竞争因素

不同行业具有不同的竞争强度与竞争环境。它们直接决定着相应行业的竞争原则以及该行业内企业可能采取的战略，是对企业海外投资风险具有最直接影响的因素。

（1）行业竞争结构

美国哈佛商学院教授迈克尔·波特指出，某一行业的竞争结构受到五种力量的影响，即新加入者的威胁、替代品的威胁、供方的谈判能力、买方的谈判能力、与现有竞争者之间的竞争。它们的基本状况及其综合强度决定了企业间竞争的激烈程度及其长期盈利的能力，将给海外投资企业带来诸多不确定性。

（2）战略集团

它是指某一行业内强调相似战略维度并采用相似战略的一组企业。有效确定战略集团，有助于帮助海外投资企业明确自身最直接的竞争对手及其彼此存在竞争的原因，使之更好地把握行业竞争态势，预测市场变化，并适时把握海外投资机会。

3. 技术因素

在高科技不断涌现的知识经济时代，技术在行业发展过程中的作用日益凸显，已逐渐成为行业发展前景与行业发展能力的关键判断标准。

（1）行业技术密集度

它是指某一行业生产产品所使用的技术投入相对于劳动力、资本等其他投入的比例。中国海外投资企业能否全面了解其所在行业的整体技术特征与技术密集度，并在该行业中占据一定技术优势，将直接影响其竞争水平与承担风险的能力。

（2）行业技术变革

行业技术变化节奏的快慢与发展方向将从根本上影响一个行业未来的发展前景。其变革速度越快，发展水平越高，企业间原有的竞争秩序与环境越容易被打破，甚至其所处行业的原有市场边界也将有所变化。

（三）微观企业因素

中国企业海外投资既受制于宏观国家环境、中观行业环境等外部因素的不确定性，也在很大程度上受到自身的风险认知水平、跨国经营与管理能力等内部因素的决定性影响。

1. 认知因素

一般而言，企业海外投资扩张成功与否主要取决于其对所处宏观国家环境、中观行业环境以及自身内部环境判断的科学性、准确性。

（1）经验吸收与扩散

企业进行跨国投资决策时往往受到自身经验的影响，即能通过对组织内部知识的吸收与扩散实现自身海外投资认知系统的优化。反之，企业海外经营经验的匮乏及其内部知识吸收、共享机制的不成熟可能造成对海外投资的认知失真与偏差。

（2）外部模仿

美国学者格雷瓦尔等指出，企业开展海外投资决策时倾向于模仿具有相似特征的企业，以尽可能降低投资风险。也就是说，企业可在所处竞争格局中找到自身与其他企业的潜在联系，通过对相似企业成功投资经营模式的采纳与模仿，提高自身对海外投资的认知程度。

2. 经营因素

经营性风险影响因素是指海外投资企业因自身生产经营水平、东道国市场需求、行业技术状况等经营条件方面的变化而可能给企业造成损失的影响因素。

（1）市场预测

它是企业开展海外经营的基础性工作，包括海外市场需求预测、产品价格变动趋势预测、供求动态预测、技术发展前景预测等内容。及时开展市场预测，前瞻性地把握海外市场的动态变化，有助于帮助企业做出正确的投资经营决策。

（2）产品或服务价值

它是决定企业海外投资成败的重要因素。一般而言，企业所生产的产品或提供的服务价值越高，其差异性程度越大，竞争优势越强，可借助贸易进入方式及独资等高控制权的对外直接方式有效降低投资风险。

（3）资源基础及其投入

它是企业海外投资的首要制约因素与要素基础。不论是在海外设立分支机构还是收购海外股权，实现海外投资收益的关键在于是否在资金、技术、产品、人力、渠道等方面具有资源优势，且充分实现各资源的海外优化配置与高效利用。

3.管理因素

中国海外投资企业面临复杂多变的国际环境与行业环境，倘若没有灵活完善的内部管理机制、高效可行的运作效率以及高素质的国际化人才储备，极易导致各种风险的产生。

（1）管理机制

目前中国企业海外投资的整体规模之所以无法与西方跨国巨头抗衡，这在很大程度上是因为中国企业跨国经营管理机制不成熟。如企业内部激励约束机制匮乏、经营自主权不足、财务监管制度不健全等，无疑都将加大中国企业海外投资扩张的不确定性。

（2）治理结构

因海外投资企业所面临的是复杂多变的国际环境与海外市场，其在开展国际化经营时所承受的风险无疑远远大于国内经营风险。因此，构建合理的企业组织以及完善的内部治理、管理结构是海外投资企业有效应对各种风险的前提条件。

（3）国际化人才

具有国际视野、全球化知识结构且精通海外经营管理与市场运作的管理人才是企业成功实现海外投资收益的关键要素之一。他们往往具有较高的投资认知，善于在激烈的国际竞争中避开风险，切实从管理层面为企业的海外投资经营提供战略规划。

二、中国企业海外投资面临的主要风险

（一）中国企业海外投资面临的安全状况

企业通过"走出去"，到境外去发展业务，开拓市场，逐步建立跨国公司，这不仅是企业的一种追求，也是企业参与全球经济的一种必然选择。与此同时，近几年，在中国境外市场不断拓宽、境外工作人员不断增多的情况下，中国境外人员多次遭武装恐怖分子袭击并抢劫。中国企业人员的境外安全状况如何，成为国人十分关注的问题，引起了国家有关部门的高度重视。

中国企业进行海外投资的选择可分三类：一类是有资源的国家和地区，在那里办开发企业，如俄罗斯、印尼、中亚、北美和拉美；二类是建立分销渠道和研发基地，这大多是发达国家；三类是成本低的发展中国家，如非洲、南亚的一些国家，在那里投资设厂，生产当地市场需要的产品。

随着中国企业"走出去"的步伐加快，通过招投标等方式，目前越来越多的中国企业活跃在国际市场，足迹遍布全球五大洲180多个国家和地区，在石油钻探、开山筑坝、修路建桥、铺设通信设施或开设工厂、生产和装配当地市场需要的产品以及餐饮服务等领域都有中国人的身影。与此同时，有关国家和地区的反政府武装分子和恐怖分子制造的汽车炸弹、自杀式炸弹袭击事件频频发生，危害海外华人生命财产安全。

"走出去"哪里危险最大？据国家有关部门分析，可将世界地区安全风险程度划分为三类（级）。

第一类是高危地区。如：南亚的阿富汗和中东的巴以地区及伊拉克。尤其是南亚的阿富汗、巴基斯坦的恐怖袭击、绑架、谋杀时有发生，继巴勒斯坦、伊拉克后成为世界上最凶险的地区之一。专家提醒，对于上述区域，中国商人和游客当慎之又慎，如无特殊原因，不要前往。

第二类是危险地带。如非洲、南美洲和俄罗斯。非洲贫富差距大，情况复杂，各国国情千差万别，虽不像一类地区那样危险遍地，但部分区域治安状况不容乐观。在南美，委内瑞拉、哥伦比亚等传统治安混乱地区难以迅速改观，其境内治安状况堪忧。俄罗斯东部西伯利亚恶劣的工作环境仍然是最重要的安全威胁。

第三类是社会治安较稳定的国家。如欧、美、日、韩和大洋洲，其社会治安基本状况较为稳定，相对最为安全，但中国游人应当防范扒窃、偷盗和抢劫，

尽量少去城市特殊区域。

（二）中国企业海外投资面临的主要风险

中国企业海外投资经营风险类别繁多，本书将这些风险归类并形成合适的子母集，将中国企业海外投资按性质分为五大类，五大类别下分别包含该类别的子因子。风险类别有：政治性风险、经营性风险、法律法规风险、文化差异风险、特殊行业风险。各个类别下的风险描述如下。

1. 政治性风险

政治性风险是由于被投资国的政治制度不具有连贯性或由于政权不稳定以及其他和政权有关的因素，导致投资项目的收益减少或达不到投资目的的风险。政治性风险有利润收益转移风险、市场准入风险、战争和内乱风险、政治暴力风险、第三国干预风险。

资料显示，中国企业的海外投资主要集中在亚、非、拉地区。这些地区的政局变动较大，因此违约风险、战争风险、政策变动风险比较大。违约危险，即东道国政府违约，投资者无法或无法及时求助于司法或仲裁机关，或虽有裁决但无法申请执行。这类风险通常出现在一些法制不健全的发展中国家和一些转轨国家。战争风险指东道国发生革命、战争和内乱，致使外商及其财产蒙受重大损失，直至无法继续经营。目前，传统的战争和内乱风险正趋向降低，但国际化商业竞争中的失利者，如东道国厂商、工人和其他利益相关者，采取过激行为的风险却日趋上升。中国企业海外投资集中在机械制造、资源开发等行业，它需要大量的前期准备工作，政局稍有变动，投资经营就难以继续。因此，中国海外投资企业的管理者只有把各方面的问题考虑周到，慎重选择投资区域；盲目投资，只会带来更多的风险。

2. 经营性风险

经营性风险是因公司的管理人员和决策者在经营中出现失误，使公司的预期盈利下降，最终导致预期收益降低，或因汇率的变动使成本增加和未来收益降低。此类风险包含投资决策风险、政府监管及服务风险、国际市场风险、企业技术创新风险、国际企业管理风险、企业境外融资风险、汇率变动风险、人事管理风险。

国际市场的竞争是复杂多变的，无论是在企业投资前的论证、投资策略的选择中还是在企业投资进展阶段的控制中，风险无所不在。从一定意义上说，企业海外投资风险在很大程度上受限于资金使用风险，资本实力是企业规避和防范风险的核心因素。相比较西方大型跨国企业，中国企业的资本实力还很弱，支持其从事海外投资的绝大部分资金来源于银行贷款。同时存在商业信用危机，因为对外直接投资涉及进出口、中介、汇兑、保险等诸多环节，任何环节的失信行为都可能使交易失败，进而给中国海外投资企业带来巨大的风险。而一些中国企业往往急于求成，不注意考察合作伙伴的资本实力和商业信用，没有建立风险防范控制系统，就大幅度地开展海外投资，最终因为商业伙伴的失信甚至诈骗行为而蒙受巨额损失。

3. 法律法规风险

法律法规风险是中国企业在海外经营发生不合规情况遭受惩罚的风险。由于企业外部法律环境发生变化或由于企业自身有关各方没有按照当地的法律法规或合同约定行使权利、履行义务形成的风险。此类风险包含法律差异风险、东道国法律变动风险。

4. 文化差异风险

不同国家有不同的文化背景、文化习俗、宗教信仰及语言使用习惯等，若企业处理问题不因地制宜结合实际情况，会给来自不同文化的管理者和员工的经营合作带来多元文化冲突，给企业正常经营带来严重影响。此类风险划分为文化风险、风俗习惯风险。

5. 特殊行业风险

特殊行业风险指因企业对外投资的行业不同而产生的异于其他行业的风险，例如：投资国外自然资源开采类的企业，面临当地的地质风险、该行业的技术风险等；投资于咨询服务类的行业，涉及商业道德和社会责任等；由于不可抗力导致危害经济活动、生命安全和物质生产的自然灾害，涉及的对象往往很广，给企业造成的风险最大。在本书中特殊行业风险主要类别划分有不可抗力风险、社会责任风险、环境保护风险。

（三）中国企业海外投资风险的案例分析

1. 案例介绍：海外损失纠纷案

中国 A 公司在日本投资成立了分公司 B 公司。2009 年 9 月，中国 A 公司所属的日本分公司 B 公司经营的"M"轮在驶往日本途中，遇 9 级大风，主机发生故障，船舶无法保持航向，处境危急，请求救助，日本拖轮公司指派的拖轮将其拖往日本后，宣布海外共同海损。事故当时，"M"轮正在履行航次租约，租约约定共同海损按照 1995 年北京理算规则进行理算。轮上共装有 8 套提单项下的货物，保险公司就其中的 7 票货物以保险人身份签署了共同海损担保函，确认"兹保证分担下列由本公司承保的货物项下应予分担的共同海损损失及费用。上述损失及费用应予恰当理算并以有关运送契约为根据"。该轮涉及的救助费用业经仲裁，保险公司支付了救助报酬及相关费用。中国国际贸易促进委员会海损理算处进行了海外共同海损理算，《海损理算书》确认保险公司应分摊的共同海损金额为 453 520.95 美元，扣除其已支付救助报酬等费用321 913.82 美元，故最终分摊金额为 131 607.13 美元。

保险公司以船舶不适航为由，拒绝分摊海外共同海损金额。A、B 两公司遂因此起诉保险公司，要求其支付该分摊金额。法院审理后认为，"M"轮航行途中，因主机故障，船、货处于共同危险之中，A 公司和 B 公司为共同安全请求救助是必要的，符合共同海损的构成要件，中国国际贸易促进委员会海损理算处对该事故进行理算亦合法、有效。"M"轮装载的 7 票货物由保险公司承保，且保险范围包括共同海损分摊，共同海损发生后保险公司又签署了共同海损担保，故 A 公司和 B 公司要求保险公司履行分摊义务理由正当。在 A 公司和 B 公司有无免责过失尚未确定的情况下，其有权要求分摊共同海损金额，保险公司在确定分摊以后，才有可能就此项过失提出赔偿请求，且保险公司已向 A 公司和 B 公司起诉追偿救助费用，故保险公司理应先予支付共同海损金额。

2. 案例分析

（1）本案例的焦点问题

本案例的焦点问题是：签署海外共同海损担保函时的分摊义务，海外共同海损分摊与当事人过失的关系。

A、B 两公司都要求保险公司支付海外共同海损分摊金额。保险公司以船舶不适航为由，拒绝分摊共同海损金额。

（2）本案例的特点

第一，由于中日两国政治关系上的不确定，增加了这起海外损失纠纷案的复杂性。

第二，承运人未做好风险分析，海外共同海损分摊主体界定不清。

第三，海外共同海损分摊数量确定困难。

（3）相关知识提示

海外共同海损，是指载货的船舶在海运途中遭到自然灾害或意外事故，船长为解除船货的共同风险或为了使航行能够继续，有意地、合理地、人为地做出牺牲，或采取其他救助措施所带来的损失和额外的费用。

（4）海外共同海损必须具备四个构成要件

①船舶、货物和其他财产处于同一海上航程，面临共同的、实际存在的或不可避免的危险。

②船方所采取的措施必须是为了船舶、货物和其他财产的共同安全，是有意识的而且是合理的。

③所造成的牺牲具有特殊性，支付的费用是额外的，是为了解除危险，而不是由危险直接造成的。

④所采取的措施取得了一定的效果，达到了全部或部分保全船舶、货物和其他财产的目的。共同海损的牺牲和费用，依法应由受益方按最后获救的价值多寡，按比例进行分摊，这种分摊称为共同海损分摊。

（5）本案例分析的方法步骤

第一步，分析货物保险人签署海外共同海损担保函时的分摊义务。

第二步，在过失确定的情况下，承运人应做好风险防范，分析能不能要求分摊共同海损金额。

（6）案例分析详解

在中日两国政治关系不稳定的大环境下，本案例涉及的是海外共同海损分摊中的两个问题：签署共同海损担保函的货物保险人是否应对共同海损分摊金额承担直接赔付责任；在未确定承运人具有不可免责的过失的情况下，其是否享有要求分摊共同海损的权利。

①货物保险人签署海外共同海损担保函时的分摊义务。通常情况下，支付海外共同海损分摊金额的义务主体是收货人或货物所有人，也就是由于采取共同海损措施而受益的人。但是，如果货物已经投保，而且保险范围包括共同海损分摊，则货物的分摊金额实际上是由货物保险人支付的。因此，发生共同海损以后，货物在目的港交付之前，收货人为了及时提取货物，往往请求货物保险人向船舶所有人提供共同海损担保函。根据担保函，货物保险人向船舶所有人保证，一定支付经过恰当理算的有关共同海损的损失和费用的分摊额。保险公司的这一担保函是表示愿意自行分担共同海损损失及费用的承诺，而并无任何保证货主履行分摊共同海损义务的意思表示，是一种保险公司直接将自己作为义务主体的特殊保证。本案保险公司出具的共同海损担保函的内容"兹保证

分担下列由本公司承保的货物项下应予分担的共同海损损失及费用"即与此相似。因此，本案保险公司在上诉中关于"共同海损分摊方应是收货人，保险公司只是担保人，A 公司和 B 公司无权直接要求担保人履行义务"的说法事实上是推卸其作为直接义务主体的责任，不符合其在担保函中做出的意思表示，不能得到认同。事实上，中国在处理与此案类似的情况的实际做法也印证了这一点。在中国，凡是由中国人民保险公司出具担保函的，即意味着保险人对赔付共同海损分摊金额承担直接责任，海损理算处在制作理算书时均直接将货物保险人列为货物分摊方，只有在货物没有投保或者由于特殊情况未能获得保险人担保函的情况下，才将收货人列为分摊方。可见，本案中，作为共同海损担保函签署人的保险公司应当对共同海损分摊金额承担直接赔付责任，其作为救助担保人直接支付救助费用的行为也说明了这一点。

②在过失未确定的情况下，承运人是否有权要求分摊海外共同海损金额。海外共同海损的定义和构成要件中，并不考虑危险的来源，不论是自然的还是人为的，只要危险客观存在且威胁到船舶、货物和其他财产的共同安全，便满足了第一个要件。在由于当事人的过失产生危险的情况下，也并不考虑过失的性质，无论当事人对过失能否免责，均可以构成共同海损。但是，由于共同海损依法应由各受益方按照各自的分摊价值的比例进行分摊，在决定各方共同海损的分摊时，则要考虑共同海损与当事人过失的关系。以本案为例，保险公司提出拒赔的理由之一便是其认为该共同海损是由船舶不适航，即由承运人过失引起的，对由承运人过失引起的共同海损，保险公司不应负分摊责任，而在承运人是否有过失或过失是否可免责未确定之前，保险公司也不应"先分摊，后追偿"。本案保险公司所述理由能否成立，关键就要看法律对共同海损分摊与当事人过失之间的关系是如何规定的。

根据《中华人民共和国海商法》的有关规定及国际惯例，由各受益方分摊的共同海损必须是在海上货物运输中不涉及任何一方的过失，或者是依据法律规定或协议的约定可以免责的过失造成的。如果共同海损是由于航程中一方或几方不可免责的过失造成的，则依法应由过失方承担全部赔偿责任，不能要求无过失的受益方分摊。可见，非过失方和可以免责的过失方才能要求共同海损分摊，而不可免责的过失方则无此权利。

3. 案例启示

《中华人民共和国海商法》第一百九十七条规定：引起共同海损特殊牺牲、特殊费用的事故，可能是由航程中的一方过失造成的，不影响该方要求分摊共同海损的权利；但是，非过失方或者过失方可以就此项过失提出赔偿请求或者进行抗辩。这条规定源于《1974 年约克－安特卫普规则》，该规则中的规则 D 规定：即使引起牺牲或费用的事故可能是由于航程中的一方过失造成的，亦不影响在共同海损中进行分摊的权利；但这不应妨碍就此项过失向过失方可能提出的任何赔偿要求或该过失方可能具有的任何抗辩。《中华人民共和国海商法》第一百九十七条虽然文字上与规则 D 有所不同，但原意一致。这就是说，在共同海损事故的发生是否存在过失或过失能否免责没有确认前，各受损方，也包括过失方，有权进行共同海损理算和提出分摊请求，而在此之后，各非过失方有权就此过失向过失方提出赔偿请求。

本案例中，因为中日两国政治关系不稳，承运人应首先充分做好风险分析。承运人有权要求保险公司分摊海外共同海损金额，保险公司也理应先予支付海外共同海损分摊金额，而在分摊以后，如果承运人确有不可免责的过失，保险公司可以就此项过失向承运人提出赔偿要求，承运人亦有权进行抗辩。即使作为分摊方的保险公司在分摊前已经提出赔偿请求，只要承运人是否有过失或过失可否免责尚未确定，承运人仍有权要求分摊共同海损金额，分摊方亦必须先予分摊。此外，根据相关规则的规定，抗辩是指过失方对分摊方提出的赔偿请求的抗辩。因此，在本案未确定承运人有无过失的情况下，保险公司对承运人分摊海外共同海损金额的要求是不能进行抗辩的。

第三节　中国企业海外投资风险防范的机制

一、中国企业海外投资风险防范的目标与原则

（一）中国企业海外投资风险防范的内涵

风险防范是风险主体旨在避免和降低风险的一种识别风险、分析风险、风险预警、风险监控和风险处理的管理活动总称。

海外投资风险防范是中国海外投资企业管理活动的重要组成部分，为中国海外投资企业的海外投资活动提供指导，促进决策和规划的科学性，提高整个海外投资的免疫力和运营效率，促进内部资源的优化配置，保护其资产和形象，从而实现中国海外投资企业的经营目标。

中国企业海外投资风险防范的对象是已经识别出来并经评估需要予以管理的风险因素、风险事件和风险损失。

1.中国企业海外投资风险因素

所谓风险因素是指导致或增加某种损失的频率和损失的幅度的因素。中国企业海外投资风险因素就是形成某种障碍、对中国企业海外投资顺利进行构成威胁的风险状况或风险情况。它是发生海外投资风险的条件和原因。海外投资风险因素从形态上可以分为物的因素和人的因素。物的因素属于有形的情况或状态,如投资过程中遇到的不可抗力;人的因素指无形的道德、心理情况和状态,如欺诈、疏忽和违纪等。海外投资风险因素从性质上可分为自然因素和社会因素。自然因素,如地震、火灾等;社会因素,如社会制度、经济政策等。此外,海外投资风险因素是多方面的、综合性的,但在作用过程中有主次之分。有时以人的因素为主,有时以物的因素为主;有时以社会因素为主,有时则以自然因素为主,而且主要风险因素与次要风险因素的地位也是随着条件的变化而改变的。

2.中国企业海外投资风险事件

中国企业海外投资风险事件是海外投资风险因素综合作用的结果,是产生海外投资风险损失的原因,或者说是海外投资风险损失产生的媒介。风险事件与风险因素是不同的:比如,中国一家海外投资谈判代表由于收受对方贿赂,接受了不利于我方的货币作为计价货币,其中,这位海外投资谈判代表的道德品质问题属于海外投资风险因素,接受了不利于我方的货币作为计价货币是海外投资风险事件。之所以须严格区分海外投资风险事件与海外投资风险因素,是因为两者在风险损失形成过程中的作用不同,两者之间存在着先后的逻辑关系。

3.中国企业海外投资风险损失

中国企业海外投资风险损失是指由海外投资风险事件所导致的非故意的、非计划的和非预期的利益的减少。中国企业海外投资风险损失有两种形态:一是直接损失,包括财产损失、收入损失和费用损失等;二是间接损失,如商业信誉、企业形象、社会利益损失等,以及由直接损失而导致的间接损失。

海外投资风险因素、海外投资风险事件及海外投资风险损失之间有着有机的联系,它们三位一体构成风险。

(二)中国企业海外投资风险防范的目标

中国企业海外投资风险防范目标可分为总目标和具体目标两个层次。

1. 中国企业海外投资风险防范总目标

中国企业海外投资风险防范的总目标是以最小的风险防范成本获得最大的安全保障，从而实现中国海外投资企业的利润最大化。

这里所说的成本，是指中国海外投资企业在风险防范过程中各项经济资源的投入，其中包括人力、物力、财力，乃至放弃一定收益的机会成本。至于安全保障，则是指风险防范的效果，包括两个方面：一是风险损失的减少，即对风险的有效控制；二是实际损失能及时充分并有效地得到补偿。

2. 中国企业海外投资风险防范的具体目标

中国企业海外投资风险防范的具体目标常常按照损前目标和损后目标来分析。

（1）损前目标

损前目标是风险事件发生之前风险防范应达到的目标。

它可以分为以下几个方面。

①经济目标。中国企业风险防范必须经济合理，只有这样，才可以保证其总目标的实现。所谓经济合理，就是尽量减少不必要的费用支出和损失，尽可能使风险管理计划成本降低。

②安全系数目标，即将风险防范在可承受的范围内。中国企业风险防范者必须使人们意识到风险的存在，而不是隐瞒风险。这样有利于人们提高安全意识，主动配合风险防范计划的实施。

③合法性目标。中国企业并不是独立于社会之外的个体，它受到各种各样法律规章的制约。因此，中国企业必须对自己的每一项经营行为、每一份合同都加以合法性的审视，以免不慎涉及官司，避免企业蒙受财力、人力、时间、名誉等损失。风险管理者必须密切关注与企业相关的各种法律法规，保证中国企业海外投资活动的合法性。

④社会公众责任目标。一个中国企业遭受损失时，受损的不仅是企业本身，还有它的股东、债权人、客户、消费者、职员，以及一切与之相关的人员和经济组织，甚至会使国家和社会蒙受损害。如果中国企业有一份良好的风险管理计划，通过控制、转移等方式使这种损失降低到企业可承受范围，无疑是对社会的一种贡献。

（2）损后目标

再完美的风险防范计划也不能完全消除一个企业的所有风险。因此，确定损失发生后目标有其必要性。风险防范的损后目标，按其定位不同，可以分为最低目标、中间目标和最高目标，其中最低目标是确保经济单位的生存，中间目标是促进经济单位的发展，最高目标是实现经济单位的社会责任。损后目标从最低的生存目标到最高的持续增长目标，风险防范成本也随之不断上升。

（三）中国企业海外投资风险防范的原则

1. 风险防范的层次性原则

按照风险危害的紧迫性和严重性，将风险分为若干层次和等级，发出不同程度的警报：当风险状态为无风险的经营状态时，风险等级为"绿色"；当风险危害程度低时，风险等级为"蓝色"；当风险危害为中度时，风险等级为"黄色"；当风险危害程度高时，风险等级为"红色"。然后对风险按级别高低进行控制，对高级别的风险投入较多的人力和物力进行跟踪控制。

2. 风险防范的连续性原则

全过程、全时空监视风险演进状况，保持风险防范的连续性。控制人员应及时发现风险异变，及时发出风险警报。逐步取消对危害性已消退、发生概率已减弱的风险因素的控制。而对相继出现的新的风险隐患，应毫不迟疑地进行控制。

3. 风险防范的多维性原则

从多个领域同时观测、控制多项海外投资风险，各岗位的风险防范人员运用多维视角多环节监督风险演变进程，多部门采取多项措施遏止风险事件的发生。

4. 风险防范的合理性原则

控制的风险目标应当准确，对风险的控制时机把握得较好，对不同等级风险的控制力分配得比较合理，对危害程度大、等级高的风险给予重点控制。能根据风险的性质和种类有针对性地搭配使用各项控制措施，控制的效果令人满意，资金投入较为合适，风险防范的成本得到控制，能以较小的代价取得较大的收益。

5. 风险防范的协调性原则

风险防范是项系统工程，在风险防范委员会或风险经理的统筹规划下，各部门分工合作，各环节工作能相互衔接，风险防范工作谨防打乱仗。各环节风险防范的内容与手段要互相协调，各控制节点的工作能有联系，确保风险防范工作有条不紊地展开。

二、中国企业海外投资风险防范的机制

风险防范是伴随着风险的产生而产生的，把形形色色的海外投资风险的各种不同的控制过程和模式归纳起来，可以形成"识别（discern）—分析（analysis）—监测（contorol）—预警（warning）—处理（dispose）"的基本机制，简称 DACWD 海外投资风险防范机制。

风险识别包括对中国企业海外投资风险信息的搜集整理、风险环境的了解和分析、风险特征和类别的区分。

风险分析是估计各种海外投资方案、条件、情况下可能的损失和利益的大小，计算风险度，确定风险级别。

风险预警是指对中国企业海外投资经营实践活动的风险进行分析、评价、推断、预测，根据风险程度事先发出警报信息，提请中国企业经营决策者警惕风险。

风险监控是针对可能发生的风险，建立中国企业海外投资风险监控体系，其中包括采取为避免和减小风险的各种方法，制订风险监控的计划，形成风险监控的基金。

风险处理是在风险不可避免地发生了的情况下，对风险损失从财务上予以补偿，从人员和物资上给予妥善安排，防止损失的扩大，变不利为有利，总结中国企业海外投资风险管理中的经验教训。

风险是始终存在着并且不断变化的，因此，中国企业海外投资风险防范的过程将循着以上模型周而复始地不断进行着，并且在这一过程中得到发展和完善。

（一）中国企业海外投资风险的识别

1. 中国企业海外投资风险信息搜集与管理

中国企业海外投资风险的识别主要是发现中国企业海外投资活动中的风险在哪里。为此，需要进行中国企业海外投资风险信息的搜集和整理的工作。

信息是一切工作的基础，同样也是中国企业海外投资风险管理的基础。只有掌握了关于海外投资风险的更快更多更准的信息，才能根据环境的变化，抢夺经营机会，在激烈的竞争中稳操胜券。因此，信息在捕捉机会、化险为夷的过程中，有着举足轻重的作用。

一般来说，中国企业海外投资风险信息系统包括以下五个方面。

（1）中国企业海外投资风险信息的搜集

①风险信息搜集的内容。中国企业海外投资风险信息按其内容可分为外部环境的和企业内部的；按信息处理特点可分为原始的和二次的；按稳定性可分为定期的和不定期的。具体来说，按信息内容的外部环境的和企业内部的风险信息分别包括的内容，见表4-1。

表4-1　中国企业外部环境的海外投资风险信息

国际的信息	1. 国际政治的稳定和可信赖程度 2. 国际金融的变化情况 3. 投资对象国的经济增长、收入、消费的实际情况 4. 投资对象国的经济政策、经济动向 5. 国际竞争对手的产品、价格、市场、能力、经营者、新产品、新技术的情况
国内的信息	1. 国家的方针政策、国民经济的总态势 2. 国民收入、物价指数、国际收支、进出口变化情况 3. 投资、信贷、物资、价格、股票、债券、银行利率、外汇市场的变化情况 4. 收入分布、家庭生活支出、生活需求的变化情况 5. 新材料、新技术、新设备、新方法、专利的出现情况 6. 国内竞争对手的产品价格、市场、效益、经营者、财产、设备的变化情况

②风险信息搜集的途径。

正式的统计资料：通过查阅国内外的、本企业的统计报表搜集那些定期的信息。

民间散布的信息：通过对消费者的调查、通过合法途径对竞争对手的研究（如同竞争对手人员的交谈、对其产品的拆验、对其公开资料的分析、对其活动的观察等），通过对本企业人员的调查，搜集定性或定量的非正式的、然而可能是很重要的信息。

高等院校、科研机构、专利单位的信息：通过与国内外高校、科研机构的合作，对科研成果的了解研究来了解最新科技信息。

各部门、各单位的信息机构发布的信息：国家行政部门、经济部门、法律部门发布的文件、法令、规章、制度、通知，新闻出版部门发行的报纸、杂志、书籍，广播电视部门播出的新闻、广告及其他节目，各种展销会、博览会、交易会展示的产品价格信息，国内外其他企业单位发出的各种信息。

③风险信息搜集的原则。

首先，信息要快。速度意味着机会，抢先一步的效果往往是巨大的。

其次，信息要多。信息量少就无法分析比较，无从判断决策。

最后，信息要准。应该快中求准、快准结合。

（2）中国企业海外投资风险信息的加工整理

对经济风险信息进行加工整理的目的是把它变换成便于传输、分析、观察、输出的形式。加工整理的方法主要有筛选、分类、编辑、浓缩、计算、分析等。

（3）中国企业海外投资风险信息的传输

中国企业海外投资风险信息的传输要借助于相应的装置和设备。传输要考虑到时间、距离、费用和效果等因素，还应注意传输的方向、顺序与路线。

（4）中国企业海外投资风险信息的储存

经过加工整理后的信息有的马上就用，有的待用，有的供有关部门参考研究，因而需要把有关的信息分门别类地储存起来，形成中国企业海外投资风险信息。目前在有些中国企业集团所建立的海外投资风险信息数据库就是信息储存的最先进形式。

（5）中国企业海外投资风险信息的检索与输出

检索分手工检索和机器检索两种。手检是在信息档案和有关文献中查找信息。机检是在电子计算机中查找信息，当在计算机中找到所需信息后，计算机可根据要求将其编制成不同的形式输出给用户。

为完善投资风险信息的处理，先进的国家和企业投入大量的财力、物力和一定人力建立了高度电子化的网络信息系统。例如，日本著名的野村证券公司的金融系统、富士通电子计算机制造公司的国际会议室都是这样的信息系统。

2. 中国企业海外投资风险的识别方法：德尔菲法

中国企业海外投资风险识别的方法主要是德尔菲法。德尔菲法是美国著名咨询机构兰德公司首先提出的。它主要是借助于有关专家的知识、经验和判断来对海外投资风险加以估计和识别。这种方法也正是产生于对风险问题的分析之中：20世纪50年代初，美国空军委托兰德公司分析，如果苏联对美国发动核袭击，其目标会选在什么地方，后果会怎么样。显然，用定量的方法来解决这个风险问题是极其困难的。因此，兰德公司决定用专家集体的估计和识别的方法，又因为要保密，所以方法以古希腊阿波罗神殿所在地德尔菲命名，以此说明集中众人智慧以求估计和识别准确的含义。

（1）具体做法

①邀请对所研究的中国企业海外投资风险问题能提出意见的经济专家、管理专家、技术专家、金融学家、社会学家等，分别对其说明他们将匿名参加某

项海外投资风险的分析，要对他们进行带反馈的反复征询。

②向专家提供与所研究的中国企业海外投资风险问题有关的内外环境的资料、情况及要分析的问题，请专家提出还需哪些资料及如何使用资料方面的意见。

③组织者拟定关于中国企业海外投资风险分析的调查提纲，把很明确的、用笔和纸可以回答的问题，以通信方式寄给每位专家，请他们提出自己的意见、见解和依据。

④由组织者将第一次分析的情况及补充资料再分别寄给大家，其中带有对每一个问题答复的统计反馈，如全部回答的概率分布或分布的均值及离散度，请专家再一次提出自己的意见，回答离散度较大的回答者可以被要求修正其回答，或说出坚持原问答的理由。这种反复过程可进行多次。

⑤反复到何时停止，由组织者决定，可以要求意见的逐渐集中，但不强求。

⑥组织者在专家最后意见的基础上对调查提纲所提出的中国企业海外投资风险问题进行归纳总结并形成最终的报告。

（2）需要注意的问题

①参加者的匿名是重要的，以免因关系、个人权威、施加压力等多种因素影响意见发表的充分程度和正确程度。

②专家的数量不宜太少，一般认为以 10 至 50 人为宜。过少会造成涉及面太窄，过多会使整个分析变得过于复杂。

③德尔菲法本身不是完美无缺的，其结果如不一致，并不是坏事。正如一位专家所说："一致意见本身只是反映了这个小组的平均观点，而对各个不同成员的答复结构及其动机的分析，却极其有助于决策者。"

④结果受组织者、参加者的主观因素影响，因此有可能发生偏差，而且预测时间越长，准确性越差。

⑤结果通常只能说明某一海外投资风险问题的可能性和趋势，而不说明有关问题之间的相互关系，因此需要用交叉影响法来改进或扩充。

德尔菲法强调集中众人智慧，可以使中国企业海外投资风险识别的可信度增加、风险识别的准确性提高。

（二）中国企业海外投资风险分析方法

中国企业海外投资风险分析的方法主要有以下三种。

1. 风险核对表法

人们考虑问题有联想习惯。在过去经验的启示下，思想常常变得很活跃，浮想联翩。风险防范实际是关于将来风险事件的设想，是一种预测。如果把人们经历过的风险事件及其来源罗列出来，写成一张核对表。那么，中国企业海外投资经营人员看了就容易开阔思路，容易想到自己的海外投资经营活动会有哪些潜在的风险。核对表可以包含多种内容，如以前海外投资经营成功或失败的原因、其他方面规划的结果（成本、价格、质量、进度、合同、人力资源与沟通等计划成果）、投资产品或服务的说明书、海外投资经营班子成员的技能、海外投资经营可用的资源，等等。还可以到保险公司去索取资料，认真研究其中的保险例外，这些东西能够提醒还有哪些风险尚未考虑到。表 4-2 就是一张中国企业海外投资项目管理成功与失败原因的核对表。

表 4-2　中国企业海外投资经营成功与失败原因核对

海外投资经营成功原因	a. 海外投资经营目标清楚，对风险采取了现实可行的措施 b. 从海外投资经营一开始就可以参与以后各阶段的有关方面的决策 c. 海外投资经营各有关方的责任和应当承担的风险划分明确 d. 在海外投资开始之前，对所有可能的经营方案都进行了细致的分析和比较 e. 在海外投资前期筹备阶段，签约和投资中可能出现的问题都事先预计到了 f. 海外投资项目的领导者有奉献精神，拥有所有应该有的权限 g. 海外投资项目班子全体成员工作勤奋，对可能遇到的大风险都集体讨论过 h. 对外部环境的变化都采取了及时的应对行动 i. 进行了海外投资项目班子建设，表彰、奖励及时、有度 j. 对海外投资项目班子成员进行了培训
海外投资经营失败原因	a. 海外投资管理人员不积极，缺少推动力 b. 沟通不够，决策者远离海外投资项目现场，海外投资项目各方责任不明确，合同上未写明 c. 海外投资项目规划工作做得不细或缺少灵活性 d. 把海外投资项目工作交给了能力不行的人，又缺少检查、指导 e. 仓促进行各种变更，更换投资负责人，改变责任或海外投资经营计划 f. 投资成本、费用超支 g. 投资决策时未征求各方面意见 h. 未能对投资经验教训进行分析 i. 其他错误

2. 期望值法

中国企业海外投资风险定量分析的对象是各个海外投资方案中的风险成

本、风险收益和风险梯度。一般来说，每个海外投资方案都有几种可能的前景。定量分析的进行是以前景出现的概率和每种前景下的收益或成本都是确定的为前提的。如果不能满足这个前提条件，就只能进行定性分析了。

在对中国企业海外投资风险进行定量分析时，较常使用期望值分析法。

期望值可以是中国企业海外投资风险成本的期望值，也可以是风险收益，如收入、利润的期望值。

期望值分析法就是计算各个方案的期望值，比较确定其中最小的海外投资风险成本期望值或最大的海外投资风险收益期望值，按期望值公式直接计算。期望值计算公式为

$$MX(a_j) = \sum_{j=1}^{m} V_{ij} \cdot P_j (i = 1, 2, \cdots, n)$$

式中，a_j 是可能的方案；V_{ij} 是第 a_j 方案中第 j 种前景的结果数值；P_j 是第 j 种前景出现的概率。

不同的 $MX(a_j)$ 值在一定程度上反映了不同方案的风险。比较所有的 $MX(a_j)$，可确定 $\max[MX(a_j)]$ 或 $\min[MX(a_j)]$。

3. 投资项目工作分解结构法

（1）分解结构

风险防范要减少中国企业海外投资项目的结构不确定性，就要弄清海外投资经营项目的组成、各个组成部分的性质、它们之间的关系、项目同环境之间的关系等。海外投资项目工作分解结构是完成这项任务的有力工具。海外投资经营项目管理的其他方面，如政治环境、投资进度和成本管理，也要使用项目工作分解结构。因此，在中国企业海外投资风险防范中利用这个已有的现成工具并不会给项目班子增加额外的工作量。

（2）确定风险类别

对风险信息分析中发现的海外投资风险，需要根据不同的特点对其进行种类的区分，以便于分门别类地控制。依据不同的标准，可将风险划分为不同的类别。

①按风险主体范围的大小可将风险分为宏观风险和微观风险。

宏观风险：是指在国家甚至全球范围内，由于政治、经济、社会、自然等因素的作用而产生的风险。

微观风险：是指中国海外投资企业在经营过程中自身所面临的风险。

②按风险的来源可将风险分为自然风险和社会风险。

自然风险：自然现象对人类活动、工作带来的破坏或影响。

社会风险：由于国家、企业、个人的政治、经济、文化的变化所导致的风险。

③按经济风险的确定程度可将风险分为确定型风险、可以测度的非确定型风险和完全非确定型风险。

确定型风险：这类风险由于影响因素比较确定因而比较肯定。例如季节性商品、风尚性商品在其销售旺季过后，积压的风险是肯定的。

可以测度的非确定型风险：这类风险的影响因素是不确定的，因此它比前一种风险威胁大，但是可以采用适当的方法对其进行测度。

完全非确定型风险：这类风险不确定因素多，可测性不大，风险性大，但是其中蕴藏着巨大的收益和诱人的机会，因而魅力很大。它需要风险主体在决定冒险之前做充分考虑和准备。

④按经济风险预期存在的时间长短可将风险分为中长期风险和短期风险。

中长期风险：是指风险存在的时间超过 1 年以上的风险。

短期风险：是指风险存在的时间在 1 年之内的风险。

⑤按经济风险所在的等级可将风险分为绿色风险、蓝色风险、黄色风险和红色风险。

绿色风险：风险等级较低，"绿色"说明几乎不存在风险或风险的危害为 0。

蓝色风险：是指风险发生可能性小或风险危害程度低。

黄色风险：是指危害为中度的风险。

红色风险：风险等级最高，"红色"意味着风险极有可能发生或风险的危害很大。

（三）中国企业海外投资的风险监测

1. 风险监控对象

风险主体选定了带有一定风险的行动方案后，就需要建立中国企业海外投资风险监控体系，以便监控风险的发生，使中国企业整个海外投资活动避险趋利。

中国企业海外投资风险监控的对象是：明确风险主体的责任、风险的避免、风险的减少、风险的分散、风险的转移和风险的监测。

（1）明确风险主体的责任

中国企业海外投资经营风险的主体不应该仅仅是一个或几个经营的主要负

责者，而应该是所有的经营者和生产者，当然每个人的职务、岗位不同，责任和风险程度不同，但是所有的人有共同的责任和愿望，那就是搞好企业，提高效益，因此应该是风险共担。

（2）海外投资风险的避免

中国企业海外投资风险避免是指当风险主体决定或已实施某活动方案时，又发现情况更加不利，因而改变决定，或中止实施，或变更方向。例如：领导者调整经营方针政策；合作者中止合同；银行拒绝付款；投资者放弃某项目的投资计划；断绝与某些政治、社会条件显然与我不利的国家的经济贸易往来；等等。

（3）海外投资风险的减少

中国企业海外投资风险的减少是指风险主体为减少风险损失发生的可能性和程度而采取的各种措施。它包括两方面：一是增强风险主体抑制风险损失的能力，例如增强中国企业的市场竞争能力，包括提高产品质量、采用新技术新设备、改善经营管理系统；二是采取减少损失发生概率和程度的措施，例如为减少生产事故发生的可能性和损失程度，严令生产操作人员遵守有关规程，采用先进的材料和工艺流程，在金融管理中采取的各种货币保值措施等。

（4）海外投资风险的分散

中国企业海外投资风险的分散是指中国企业海外投资经营者采用多项经营的办法来分散海外投资风险发生的可能性和损失，以盈助亏，以优补劣，"堤内损失堤外补"。多项经营如钢铁公司的经营者除经营炼铁、炼钢、轧钢外，还可经营机械、化肥、水泥等业务。

（5）海外投资风险的转移

中国企业海外投资风险的转移是指风险主体通过经济手段将风险损失转移给其他主体承担。保险是最典型的风险转移方式。中国企业海外投资风险主体作为投保者，在保险期间对保险公司缴纳相对很少的保险费，一旦在此期间发生风险损失，保险公司按保险单规定补偿投保者的经济损失。另外，交易货币多样化也是一种重要的风险转移方法，即按国别多样化、按期限多样化、按货币种类多样化等，这些方法可以使国内外货币的收益和损失因互相抵消而达到转移风险的目的。

（6）海外投资风险的监测

中国企业海外投资风险的监测不同于海外投资风险分析。海外投资风险监测是对风险主体决定并实施某活动方案后，对随着时间推移而发生变化的海外投资风险实行监督测定。中国企业海外投资风险监测的形式可采用文字报告，如风险变化报告书，也可采用监测指标的图表显示的形式。

2. 中国企业海外投资风险监控方法与机制风险防范方法：风险监控矩阵法

在对中国企业海外投资的投资风险和投资收益是大是小进行估定的基础上，可用风险矩阵和收益矩阵来监控风险的演进变化情况，见图 4-1。

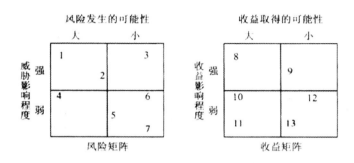

图 4-1　风险监控矩阵法

风险有四种情况：在 1、2 位置情况下，风险发生的可能性大、威胁程度也强，应特别重视；在 3 位置，威胁程度强，但发生可能性小；4 位置的威胁程度弱，但发生可能性大，因此也要注意；5、6、7 位置风险发生可能性和威胁程度都小，可不必考虑。

收益也有四种情况：8 位置收益实现的可能性大，收益也大，最有吸引力；9 位置的收益大，但实现的可能性小，需创造条件加以实现；10、11 位置，收益虽小，但取得的可能性大，要加以注意；12、13 位置利益小，实现的可能性也小，无须考虑。

（四）中国企业海外投资风险预警

海外投资风险预警是指对中国企业海外投资经营实践活动的风险进行评价、推断、预测，根据风险严重程度事先发出警报信息，提请经营决策者警惕风险。

1. 中国企业海外投资风险预警功能

①环境辨识功能。即对中国企业海外投资活动的环境因素进行评价、估测与分析。

②预测功能。即对影响中国企业海外投资的内外部环境、产品和生产要素市场、竞争对手状况等进行综合预测。

③判断和推断功能。即对中国企业海外投资的机会与风险进行推断。

④跟踪控制功能。即对中国企业的各项海外投资活动进行全程跟踪控制。

⑤警报提示功能。即根据不同的风险状态、风险程度和风险特征，向决策者和管理者发出警报；同时在某些问题上能与决策者进行对话，为决策者提供线索和提示。

⑥对策预控功能。即在预警管理中可预备储存不同风险状态下的决策方案或方案框架，以便在风险一旦发生的情况下，决策者能迅速调用其中的对策来及时防范和处理风险。

2. 中国企业海外投资风险预警机制的结构

中国企业海外投资风险预警机制的一般结构包括信息系统、预警推断系统、风险识别系统、风险警报系统和预控对策系统五个部分。

（1）信息系统

中国企业海外投资风险预警的信息系统一般包括信息收集与存储和信息处理两个子系统。

①信息收集与存储子系统。根据系统预设的模块，有针对性地收集和录入反映中国企业海外投资经营活动的信息，作为系统预警所需要的基础数据，并将其存储在系统之中，用于系统的信息处理。

②信息处理子系统。即对收录的中国企业海外投资信息进行分类、统计与辨伪。

（2）预警推断系统

该系统的功能是对中国企业海外投资风险因素和机会因素以及各因素之间的交互关系进行推断与分析，预测其发展趋势。

（3）风险识别系统

中国企业海外投资风险识别系统包括风险评价、风险判别和风险跟踪控制三个子系统，风险评价子系统的功能是对预先设立的风险评价指标进行计算。风险判别子系统的功能是根据指标计算结果对中国企业海外投资经营活动中存在的风险进行判断、识别。风险跟踪监督子系统的功能是依据风险判别子系统的运行结果，对中国企业海外投资经营活动中偏离预设目标的部分进行重点跟踪监督，分析偏离目标的原因，提出改进对策。

（4）风险警报系统

该系统的功能是输出预警信息，进行对策提示，以及在中国企业海外投资风险达到临界状态时发出警报。

（5）预控对策系统

该系统中储存有多种情况下的备选对策、对策方案框架或方案思路，一旦中国企业海外投资风险问题发生，可及时调用或参考相应的对策、方案或思路。

3. 中国企业海外投资风险的预警准则

预警准则是指一套判别标准或原则，用来决定在不同情况下，是否应当发出警报，以及发出何种等级的警报。中国企业海外投资风险预警准则的设置要把握尺度，如果准则设计过松，则会发生漏报，即对现实存在的风险无法发出正确的警报；如果准则设置过严，则会导致误警，即不该发出警报时发出了警报。

对中国企业海外投资风险状况的预警界限可以用四个数值（称为"检查值"）来表述。以这四个检查值为界限，确定"红色""黄色""蓝色""绿色"四种信号，分别表示海外投资经营运行状态处于"高度风险状态""中度风险状态""低度风险状态"和"无风险状态"。每当预警指标的变化超过某检查值时，信号系统就会亮出相应的信号。四个检查值的确定需要分析中国海外投资企业的历史情况、行业水平以及海外投资企业的目的，因此各个中国企业具体的检查值是不同的。在中国海外投资企业风险预警系统中，"检查值"的设置可以根据指标预警来进行。

指标预警，是指根据预警指标的数值大小的变动来发出不同程度的警报。

设要进行警报的指标为 X，设定其安全区域为 $[X_a, X_b]$，其初等危险区域为 $[X_c, X_a]$ 和 $[X_b, X_d]$，其高等危险区域为 $[X_e, X_c]$ 和 $[X_d, X_f]$，则基本警报准则如下。

当 $X_a \leqslant X \leqslant X_b$ 时，不发出警报（绿色）；

当 $X_c \leqslant X \leqslant X_a$ 或 $X_b \leqslant X \leqslant X_d$ 时，发出低度警报（蓝色）；

当 $X_e \leqslant X < X_c$ 或 $X_d \leqslant X \leqslant X_f$ 时，发出中度警报（黄色）；

当 $X \leqslant X_e$ 或 $X \geqslant X_f$ 时，发出高度警报（红色）。

当某一因素突然进入危险区，并在危险区保留一段时间，则可推定有某一因素发生较大变化且对中国企业构成持久的不利影响；如果一因素突然进入危险区并继续向高等危险区迁移，则说明中国企业面临了相当严重的风险因素，应当立即发出警报并采取措施制止事态的进一步恶化；如果一因素在危险区发生上下波动，则这种波动大多是由系统性风险因素所造成的。如果中国企业无力对此风险因素进行控制，则应该采取风险回避策略来尽量减少该风险因素对本企业的不利影响。

（五）中国企业海外投资风险的处理

中国企业海外投资风险处理是当由于各种原因发生了风险损失时，风险主体应采取的措施和应做的善后工作。具体说来，包括下列三个方面。

1. 中国企业海外投资风险损失的财务处理

中国企业海外投资风险损失的财务处理方式有以下三种。

①直接计入投资成本：当损失属于成本费用时，可将损失直接计入投资成本费用。

②以自有的风险基金补偿：当风险损失较大，风险主体已准备风险基金或已办理过保险时，应以自有的风险基金补偿或按规定由保险公司补偿。

③以借贷方式补偿：当风险损失较大，风险主体或者自有风险基金不足，或者根本没有准备，而其产品还是有发展前途时，可向风险银行、其他企业单位、上级风险基金委员会拆借风险基金来补偿。

2. 中国企业海外投资风险处理中的人员安排和物资补充

中国企业海外投资风险处理中对人员可能需要做新的安排，如中止主要负责人员的工作，重新确定主要负责人员；调整一些层次、环节的经营者；对生产工人实行优化劳动组合；一部分不能胜任海外投资工作的人员需自谋职业或待业。

对物资方面的损失，包括资金、设备、原材料、燃料、配件要及时地适当地补充，以便继续生产或经营。

3. 从不利态势向有利态势的转化

中国企业海外投资风险主体遭到海外投资风险损失，因而处于不利态势之中，这时亟须进行转化工作。这种转化工作除了包括上述损失的财务处理、人员安排和物资补充之外，还包括：市场需求的重新分析、找准消费趋向、调整投资方向、积极组织营销、严格控制质量、健全规章制度、完善管理机制，招聘吸收能解决关键问题的管理人员、技术人员和技术工人。

三、建立常态化中国企业海外投资风险防范机制

一般地说，机制是指通过设计和组织内部结构及相互之间的关系，使人们为实现既定目标而有效地协调工作的过程。一个机制最重要的是它的内部组织结构和组织关系。机制结构即部门结构，组织关系则指组织成员的权责关系。一定的组织结构和一定的权责关系相结合，构成了一定的机制。中国海外投资

企业风险防范机制是指通过确定一定的组织结构和组织关系，使中国海外投资企业各部门成员协调工作，保证风险防范目标的实现。它是整个风险防范计划的重要组成部分。风险防范机制是一个特殊的控制机制，也有其组织结构与组织关系。中国海外投资企业风险防范的组织结构是中国企业为实现风险防范目标而设置的内部管理层次和机构。中国海外投资企业风险防范组织关系指的是风险防范部门中的权力与责任关系。

目前在发达国家，风险防范已普及到各种规模的海外投资企业。发达国家海外投资企业的风险防范机制相当完善，企业中设有专门的风险防范机构，并配备了风险经理、风险防范顾问，负责企业的风险识别、风险预警、风险防范等工作。中国海外投资企业目前对风险防范认识还不够充分，中国海外投资企没有专门的风险防范的机构，也未配备专业人员，采用科学方法处理风险的则更少。风险防范没有系统化、制度化，大多数中国海外投资企业只是通过单一的保险方式来处理风险。随着改革的深入，各种性质的企业将平等地在市场中展开竞争，而市场的争夺也会越来越激烈。这意味着风险防范这一企业管理新内容将日益受到人们的重视，风险防范将进入制度化、系统化阶段。

（一）中国企业海外投资风险防范机制的内部结构

在一些小的中国海外投资企业中，风险防范可能是由个人承担的，即该企业的厂长或经理。随着企业规模的扩大，风险防范人员相应增加。

一般企业会设置一个专职的部门控制风险。

1. 小型规模的中国海外投资企业风险防范机制

小型规模的中国海外投资企业风险防范机制适用于处理较简单的风险。它一般包括1名预警专业人员和1名内控专业人员，见图4-2。

图4-2　小型规模的中国海外投资企业风险防范机制

2. 中型规模风险防范机制

随着中国海外投资企业规模扩大或者高层领导对风险防范日益重视，风险防范部门可进一步扩展，见图4-3。

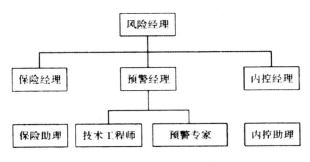

图 4-3　中型规模风险防范机制

3. 大型规模风险防范机制

在大型中国海外投资企业的风险防范部门中，风险经理无须过多注意具体的处理细节。他们主要处理人员的组织协调、海外投资风险计划的策划和执行，以及与其他各部门经理之间的协作，专业经理等风险防范分析专家就是专门帮助风险经理完成这一系列控制工作的。大型中国海外投资企业风险防范部门所面临的风险往往较大而且较为复杂，风险经理下面应设更多的专业经理来帮助他完成各种具体类型的任务，见图 4-4。

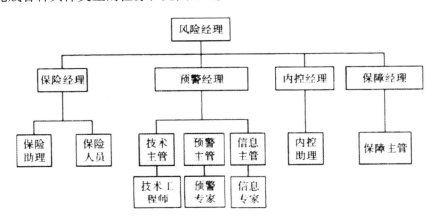

图 4-4　大型规模风险防范机制

（二）中国企业海外投资风险防范机制的作用

风险经理作为中国海外投资企业风险防范的领导者，常被冠以各种头衔："损失控制经理""风险经理""副总裁"等。同时，他们也被赋予了许多责任：识别、预警海外投资风险；拟订、选择、实施海外投资风险防范方案并评价其效果。除了这些与海外投资风险相关的责任，风险经理还有个很重要的任务，即取得各部门的协助。中国企业海外投资风险防范需要众人的参与和关心，就像过去所提的关于安全的一个口号："安全生产，人人有责。"因此，指导其他部门经理与之一起做出海外投资风险决策并共同承担决策的结果，是风险经理的基本任务。

在中国企业海外投资风险防范的整体计划方面，风险经理应帮助高层领导制定正确的风险政策，组织风险防范部门的各项资源，使其发挥最大的效能；帮助高层领导建立一个责权分明、信息畅通、遍布整个企业的风险防范网络，使之具有一定的灵活性，以适应环境的微小变动。在中国企业海外投资风险防范的实施方面，风险经理必须帮助高层领导在整个企业中形成一种"防范风险"的思想观念，奖优罚劣，使每位雇员都能自觉地参与风险防范。风险经理还应衡量比较成本效果，找出合适的风险处理方法予以实施。在海外投资风险的财务处理方面，他应与财务经理及其他高层领导合作，共同决定中国海外投资企业自保和投保的程度，比较成本和效果，选出合适的比例。

风险经理担负着诸多的责任，他的工作对中国海外投资企业来说意义重大。随着社会主义市场经济的发展和中国企业海外投资交易活动的日益频繁，不断加剧的竞争、日益增多的风险必然会促使中国企业重视海外投资的风险防范。

（三）中国企业海外投资风险防范计划书

风险防范计划书能将风险防范的目标和要求传达给中国海外投资企业的每一位员工。

对于整个海外投资的主体来说，风险防范计划书可以建立整个风险防范的目标，定义风险防范部门的责权地位，协调中国企业各分支机构，对风险暴露单位的风险等级进行评定，建立或提高现有的观测监视网络和风险预警系统。如风险防范部门人员变动时，可保证风险防范计划的持续性，可保证物资设备的连续提供。风险防范部门的人员可以对损失暴露单位的控制、处理进行评估，可以为之提供控制框架，保证中国企业风险防范部门在企业中的权利地位。

海外投资风险防范计划书首先应陈述风险防范的意义和重要性，同时说明中国企业风险防范部门在整个海外投资经营组织中的位置、风险防范部门的直接领导者和风险经理的责任和权利，该陈述一般应包括中国海外投资企业风险防范部门的内部结构。

在任何情况下，中国海外投资企业风险防范计划应清楚表明高层领导对于运用风险防范、财务处理措施的态度，风险防范计划应将海外投资经营公司的决策准则表述出来并陈述在这种决策准则下风险防范方法的选择。

（四）中国企业海外投资风险防范的机制绩效评定

在衡量任何一种机制的绩效时，可以运用两种标准：一种是结果定向标准；另一种是行为定向标准。结果定向标准关注的是工作绩效，并不关心工作中所付出的努力。行为定向标准则关注工作中所付出的与目标相关的努力，这种努力最终能导致目标的实现。中国海外投资企业的风险经理可充分利用这两个标准来衡量本企业的海外投资风险的控制业绩。

不论是结果定向标准还是行为定向标准，在具体运用时都需要使它具有可操作性，也就是可以被测定。这样才可以将它与实际业绩做比较，评定其绩效。绩效评定结果无外乎三种情况：超过标准，符合标准，没有达到标准。中国海外投资企业高层领导、风险经理根据绩效评定结果来确定海外投资风险防范部门的业绩，并对海外投资风险防范计划做出修正和改进。

如果中国企业海外投资风险防范部门业绩恰好符合标准，一般来说，这种情况表明所设的业绩标准也是令人满意的。但是有些精明能干的风险经理却有另一番见解，他们认为这种标准已不能激发出更好的业绩了，因此，需要进一步提高标准。

如果中国企业海外投资风险防范部门业绩不能达标，这种情况需要仔细分析。

如果经过多方面考察，发现不达标的原因是标准过高，那就应该降低标准使之更具现实性。事实上，一项过高要求以至于脱离现实的标准往往只会使人们产生消极的情绪，只有稍高于人们实际能力的标准才会激发出人们的积极性，如果标准是合理的，则应对风险防范部门采取相应的措施，督促其达标。

如果中国企业海外投资风险防范部门业绩超过标准，一般说来应给予适当的奖励，这样可以鼓励人们创造更好的业绩。但是若海外投资风险防范部门业绩大大超过标准，则需要仔细地考察研究，看看标准设定是否太低或不全面。

通过这样的绩效评定，中国海外投资企业可以适时适当地调整海外投资风险防范计划，使之不断完善，与中国海外投资企业实际情况更为贴合，并为中国海外投资企业提出更好、更有效的风险防范保障。

（五）中国企业海外投资风险防范机制的案例分析

1. 案例介绍：联想海外投资 IBM 全球 PC 业务

2004 年 12 月 8 日，联想宣布以 6.5 亿美元现金、6 亿美元的公司股票海外投资收购 IBM 在全球的个人计算机业务，此外还将 IBM 个人计算机的 5 亿美元的债务转到自己名下。联想成为世界第三大个人计算机厂商，拥有至少 130亿美元的年销售收入和 7.6% 的全球个人计算机市场占有率。2005 年 5 月 1 日，联想正式宣布完成海外投资收购 IBM 全球 PC 业务。

2. 案例分析

（1）海外投资收购前公司基本状况分析

①资本结构。资本结构反映公司总资产中各种资金来源的构成情况，通常指公司负债总额与公司总资产的比例，或资产总负债与股东权益的比例。最佳资本结构由多方面因素决定，主要包括企业筹资的灵活性、企业的风险情况、行业的平均负债率、企业的控制权分布和企业的盈利情况。

通过查阅资料，2006 年以前的财务报表已经很难获得，但从两个企业总体来看，联想是中国市场计算机行业的一个巨头，IBM 在全球计算机行业的地位不容小觑。从其他年度数据综合分析，联想主要是通过负债尤其是流动负债来融资，而股本率非常低，储存类权益也不高。这说明联想公司负债比例很高，那么它的固定费用和债务支付数额也会很大。但是，联想的流动资产比率值很高，这就弥补了其高负债比例的融资结构。高流动性资产比例反映了公司短期还债能力有保障。短期流动性也保证了公司的长期偿付能力。IBM PC 从 2001年起一直亏损，拖累了 IBM 整体的发展。

②财务状况。多元化策略（互联网、IT 业务、手机）运营三年后，联想的总体业务规模只维持在 230 亿元人民币左右，而运营利润率持续下滑：2001 年、2002 年、2003 年分别为 5.3%，5.2% 和 4.4%。2001 年到 2004 年，从销售净利润率来看，联想从 5.07% 下降到 4.38%，但 IBM 一路为负。从资产周转率来看，联想的资产周转率大不如 IBM。从权益乘数来看，联想在 1.50 到 1.85 之间，但 IBM 一直为负。从权益报酬率来看，两个企业的权益报酬率相当。

IBM 的 PC 业务 2001 年到 2004 年亏损状况如下：2001 年 3.97 亿美元，2002 年 1.71 亿美元，2003 年 2.58 亿美元，2004 年上半年 1.39 亿美元（较同期亏损扩大了 43%）。

③发展战略。中国 PC 市场强大，但中国 IT 行业有以下几个问题：第一，缺少资本。第二，缺少核心技术。第三，经营规模停滞不前、新增长点乏力，而在精神上是表现为疲乏的状态。第四，差异化发展，大部分企业还处在起步阶段，有些企业甚至还没有明确的方向。第五，中国内地的 IT 制造业大都还停留在组装的阶段，并没有形成一条完整的产业链，靠的只是廉价的劳动力和较低的运营成本。虽然存在这一系列问题，但中国 IT 市场前景是非常广阔的。

联想集团也具有中国计算机行业缺乏技术的通病，但联想也有许多的优势，如：运营费用低，能将各种运营成本降到10%；在中国市场上有政府的支持且占较大市场份额，有一定的品牌知名度；拥有针对消费者和小企业市场的非常齐全的产品线。

IBM的商业原则是以客户为中心，靠核心技术立足。IBM有着无可挑剔的产品品质，始终盘踞着全球高端市场。其笔记本电脑一直牢牢吸引着大量极具含金量的高端商业用户。IBM还拥有很高的全球品牌认知度、一流化国际管理团队、多元化的客户基础和分销网络。但是从财务数据来看，IBM从2001年到2004年上半年PC业务一路亏损，成为企业发展的一个累赘。如果能甩掉这个累赘，将有助于企业的进一步发展，而从收购方获得更多的资产发展企业。

联想的获利能力稳定，波动性不大，IBM的PC业务连年亏损，二者的合并可以深度互补，产生协同效应。IBM资产周转率较高，与之相比联想较低，资产的收益质量不高，因此并购能够提高整个营运资金占用的使用效率，增加资产获利能力，达到优势互补。

于是，联想在PC领域有技术板块不足的缺陷，有收购PC需求，IBM有甩掉PC业务的需求，两个企业天时地利人和地擦出了火花，收购和被收购互利互惠，为双方的发展都带来了利益。这当然是一件不可多得的好事。

④经营分析。

联想方面：财务效益高，但自2001年到2004年运营利润率持续下降。资产营运状况良好，前文已经提到，联想的负债率高，但高的流动资产比率值弥补了这个不足。高流动性资产比例反映了公司短期还债能力有保障。短期流动性也保证了公司的长期偿付能力。从发展的方面来看，发展能力关系到企业的持续生存问题，也关系到投资者未来收益和债权人长期债券的风险程度。2004年，联想在中国市场PC排名第一，占25.10%。2004年较2003年，中国PC的出货量增幅相当高，这就表明了市场的需求量非常大，前景广阔。

IBM：与之相比，IBM PC就大不如联想。2001年到2004年一直面临着亏损的状况。

⑤公司控制。所有权和经营权的分离是现代股份制企业的一个基本特点。股东和管理层之间、股东与股东之间，企业中的任何一个角色都以自己的利益为中心，存在着利益冲突。不管是联想还是IBM都公开发行股票，存在大股东和小股东。在现代股份制企业中，控制权的实质是董事会多数席位的选择权。收购兼并是实现公司控制权转移的主要手段。联想收购IBM PC实质上就是一个收购兼并的过程，收购后，IBM PC控制权归联想所有，同时，IBM的PC

部分的控制权就转移给了联想集团。

收购前联想集团的股权结构为联想控股持有 57%, 公众流通股占 43%。收购后, IBM 一跃成为联想集团第二大股东, 持有联想约 19% 的股票, 联想控股继续保持第一大股东地位, 持有约 46% 的股份, 公众流通股约为 35%。代理权的争夺是大股东与大股东之间的争夺, 小股东既无力, 也无能力控制公司。虽然 IBM 成为联想第二大股东, 但是 IBM 占的控股比例还是远远落后于联想控股, 所以联想不会失去其代理权, 公司的控制权还是稳稳地捏在自己的手上。

⑥市场估值。2004 年 11 月 28 日, 联想的股价为 3.35 港元, 市价总值＞240 亿港元, 市盈率为 24.72 倍。由此可以看出, 联想的市盈率很高, 具有相当的市场价值。

但是 IBM PC 的销售净利润从 2001 年到 2004 年分别为 –3.91%、–1.84%、–2.70%、–2.63%, 一路为负, 对 IBM 已经造成了发展路途的负担。

（2）海外投资收购风险分析

①国内个人计算机市场遭遇瓶颈。中国具有广阔的市场, 发展空前, 潜力巨大, 但始终面临缺少资本和缺少核心技术的劣势。何时才能改 "中国制造" 为 "中国创造" 一直是一个热点问题。在发展的过程中, 国内的个人计算机市场不可避免地遇到了这个尴尬的问题。当时, 就有人预测在未来几年中国的 IT 市场将有 270 亿美元的前景, 而 2004 年才 8.4 亿。要解决不断增加的技术需求和技术跟不上需求的问题成了发展道路上的根本矛盾。

②国际化发展的抱负, 海外投资并购成为联想国际化路径的首选。21 世纪, 已经有 "地球村" 的概念, 全球化的发展日益加快, 市场经济全球化也是其中一个重要的部分。一个大的企业想要发展壮大, 走国际化发展道路是非常好的一条道路, 融入国际经济市场、与国际接轨是企业必须面对的一大挑战和机遇。联想集团收购 IBM 表现出的勇气已经彰显了企业的抱负, 并购 IBM 可以让联想接触不同国际公司之间的业务, 融合另一个国际企业的文化。不仅仅是对联想, 这一举措将中国的 PC 业务也推上了国际舞台。

③发展品牌、技术、营销渠道的需要。从推动联想收购的原因我们可以分析出以下几点。

第一, 规模效应会使联想获益。收购 IBM PC 扩大了联想规模, 在世界 PC 领域都占有举足轻重的地位。

第二, 联想商誉的增加大于收购成本。以收购时联想的财务状况来看, 当时的联想有能力收购 IBM PC, 而能获得的利益是巨大的, 品牌效应和品牌地位的提高和市场份额的增加各种因素会促进联想利益的增加。

第三，联想打入国际市场的需要。打入国际市场，一是迎合了当今企业发展与国际接轨，二是提高了在国际上的知名度，这些带来的经济效益也是不可估量的。

第四，管理层驱动力。管理层想要获得更多的利益，对利益的追求驱动着他们衡量各方面因素去追求更高的利益。

收购 IBMPC 将能解决联想集团在发展道路上遇到的技术问题、提高国际知名度问题以及发展品牌、技术、营销渠道的问题。因此，联想用智慧和勇气收购了 IBMPC。

（3）联想海外投资收购 IBM 的融资与支付方式

联想集团于 2004 年 12 月，以总价 17.50 亿美元收购 IBM 的全球 PC 业务，其中包括台式机业务和笔记本业务，获得 Think 系列品牌。从联想的角度看，尽管 PC 已是 IBM 的迟暮业务，但对联想仍有较大的价值。在本次收购中，联想最直接的收益就是可以获得 IBM 的研发力量和全球销售渠道，这些将极大地帮助联想在全球构建一个完整的 PC 产业链来参与国际竞争。此外，新的联想集团在 5 年内有权根据有关协议使用 IBM 的品牌，并完全获得商标及相关技术，这就使得联想的产品在全球 PC 市场上具有最广泛的品牌认知。因此，联想对 IBM 的 PC 业务的收购，将为联想开辟出一个以前难以涉足的巨大国际市场空间，联想将成为全球第三大 PC 厂商，年收入规模约 120 亿美元，进入世界 500 强企业。联想并购获得的成功不仅得益于其目标选择的正确性，在一定程度上也得益于并购融资方式的正确选择。

联想海外投资收购 IBM 的 PC 业务的实际交易价格是 17.50 亿美元，具体支付方式则包括 6.50 亿美元现金，6 亿美元的联想股票和 5 亿美元的债务。股份收购上，联想以每股 2.68 港元向 IBM 发行包括 8.21 亿股新股和 9.22 亿股无投票权的股份。

在整个财务安排上，当时自由现金只有 4 亿美元的联想，为减轻支付 6.50 亿美元现金的压力，与 IBM 签订了一份有效期长达 5 年的策略性融资的附属协议，而后在 IBM 财务顾问高盛的协助下，从巴黎银行、荷兰银行、渣打银行和工商银行获得 6 亿美元国际银团贷款。随后，联想还获得全球三大股权投资公司的青睐，以私募的方式向德克萨斯太平洋集团、泛大西洋集团及美国新桥投资集团发行股份，获得总计 3.50 亿美元的战略投资，其中德克萨斯太平洋集团 2 亿美元，泛大西洋集团资 1 亿美元，美国新桥投资集团 5 000 万美元。联想集团则以每股 1 000 港元的价格，向这三家公司发行总共 273 万股非上市 A 类累积可换股优先股和可认购 2.40 亿股联想股份的非上市认股权证，三大战略投资者因而获得新联想 12.4% 股份。这三家私人股权投资机构在联想与 IBM 达成协议之前就开始与联想密切接触，并在促成联想与 IBM 的收购中发挥了重要作用，同时这三家投资方还为联想吸纳了 20 家银行的 5 年期 6 亿美元的银行贷款。

2002—2005 年，联想的资产负债率一直保持着 40% 左右的水平，即使在 2004 年联想并购 IBM 这一年，其资产负债率也没有大幅度提高。联想的并购能够顺利完成，并且没有出现时间的小消化不良问题，主要原因在于其并购融资方式的合理选择。联想并购 IBM 的 PC 使用的是 "股票加现金" 的支付方式。联想在香港上市，通过换股减少交易现金支出，通过国际银行贷款和私募筹集交易现金和运营资金。多种并购融资方式组合，降低了其财务风险，同时也避免了营运资金的困难。

海外投资并购后联想的总资产周转率并没有大幅度的下降，一定程度上反映出其资金营运并没有受到并购的影响，并购没有给企业带来很大的营运风险。

2006 年，联想综合营业额达 146 亿美元，同比增长 10%，联想的个人电脑同比增长了 12%，集团的全年毛利率创纪录达到 14%。

2004 年 12 月 8 日，联想集团在北京正式宣布，以总价 12.50 亿美元收购 IBM 的全球 PC 业务，其中包括台式机业务和笔记本业务。具体支付方式则包括 6.5 亿美元现金和 6 亿美元的联想股票。

同时联想集团宣布了高层的变更调整。IBM 高级副总裁史蒂芬·沃德将出任联想集团新 CEO，杨元庆则改任公司董事长，同时，老帅柳传志将彻底退居幕后。

具体而言，联想集团付出的 12.50 亿美元包括 6 亿美元的联想股票构成，中方股东联想控股拥有联想集团 45% 左右的股份，IBM 公司拥有 18.50% 左右的股份，因此，这次收购实际上是中美两家 IT 厂商的战略合作行为。

新的联想集团在 5 年内有权根据有关协议使用 IBM 的品牌，并完全获得商标及相关技术，这就使得联想的产品在全球 PC 市场上具有了最广泛的品牌认知。

这次联想的收购行为，是中国 IT 行业在海外投资最大的一场，至此，联想集团将成为收入超过百亿美元的世界第三大 PC 厂商。

联想表示，成立 20 年来，联想经过无数坎坷，但是要成为一个具有国际规模的长久企业，这次和 IBM 的合作是一个突破性契机，联想管理集团的管理层在两间国际顾问公司的大力支持下，完成了长时间的谈判和工作量极大的业务梳理工作，最终走到了一起。

海外投资并购后，IBM 将成为联想的首选服务和客户融资提供商。在 3 年的锁定期结束时，IBM 将获得至少 6.50 亿美元的现金和价值至多 6 亿美元的联想集团普通股。IBM 将持有联想集团 18.90% 的股份，成为联想第二大股东。交易额中联想应支付的现金部分，将分别来自公司已有的现金和借款。此外，此次交易还包括由 IBM 和长城共同拥有的位于深圳的国际信息产品公司的 PC 制造业务。

被问及海外投资并购后联想公司有何打算，"我们将实行'三步走'，"杨元庆表示，"第一步，联想将在采购制造方面进行和 IBM 的合作；第二步，进行市场和销售的整合；第三步，进入对方都没有的领域去。""我们现在有很强的互补性，IBM 服务的很多客户都是高端的，而我们拥有广大的中端和低端客户。这样的合作，将产生非常好的效用。"杨元庆说。联想表示，收购后将把 IBM 在全球知名的"Think"品牌笔记本业务，联想品牌和客户的高品质服务与支持整合在一起，从而形成遍及全球 160 个国家的庞大分销网络和全球认知度。

价格谈判时可利用吹毛求疵战略还价，虽然 IBM 是个人电脑的奠基者之一，但很早以前 IBM 就进行了产业改组，个人电脑不是 IBM 的主要经营业务。从 20 世纪 90 年代开始，IBM 就转为以公司集团为主要对象提供电脑服务业务的企业，个人电脑逐渐退出 IBM 的生产领域，有时候不但不赚钱，还要赔钱。目前 IBM 的个人电脑业务占有其总销售额的 10%，但利润非常低，对公司每股盈利贡献率不到 1%。因此 IBM 早有把个人电脑业务分离出来的考虑。现在能有联想这样一个在迅猛发展的中国和亚洲市场占有老大位置的伙伴及时接手自己的烫手山芋，对 IBM 来说不失为在一个合适的时间合适的机会下做出的合适的选择。

忠诚度已经建立起来的 IBM 用户，是否会改换门庭，也是需要考虑的。在知道一个品牌将不再是由自己熟悉的生产者开发、设计和制造的时候，改选戴尔等品牌对很多西方消费者来说似乎是顺理成章的事。对于这点，联想公司还需要花上大量资金去继续宣传等。

（4）反收购措施和结果

2005 年 3 月 24 日，联想在香港突然停牌，联想发布公告称，公司正等待发布涉及股票交易的敏感公告。业界推测，这可能与"美国三大券商可能投资 3.50 亿美元入股联想集团"的消息有关，业界甚至推测这有可能是 IBM 采取的反收购行动。

2004 年 12 月 8 日，联想集团宣布以 12.50 亿美元海外投资收购 IBM 全球

PC 业务，支付了 6.50 亿美元现金及 6 亿美元股票。有消息称，联想集团已聘请巴黎银行等银行安排规模达 6 亿美元的融资贷款，以帮助解决收购所需资金，目前资金已到位。

美国三家私人资本运营公司，即德克萨斯太平洋集团、泛大西洋投资集团（General Atlantic）以及德克萨斯太平洋和布蓝投资集团的子公司新桥资本将收购联想集团的股份。三家公司将合计斥资 3.50 亿美元入股联想集团，其中德克萨斯太平洋集团占 2 亿美元，General Atlantic 占 1 亿美元，新桥资本占 5 000 万美元。

业界对此事件众说纷纭，不少人对联想前景表示担忧，甚至有人士惊呼：刚通过美国政府审查，现在又遭遇三家美国公司半路"截杀"，联想收购 IBMPC 部门变数迭生，上演了一出"螳螂捕蝉、黄雀在后"的好戏。

事件很难下定论。三家美国公司入股联想，究竟是看好联想与 IBM 的合并前景还是一般的投资行为？拟或 IBM 的反收购行为？尚不得而知。

据了解，三家私人资本之一的德克萨斯太平洋曾经是 IBM 出售其 PC 业务的竞购者之一，熟谙 IBM 的业务。外界有分析认为德克萨斯太平洋参股联想集团是其直接介入亚洲的第一步，同时还表明该集团有可能在亚洲进行更大规模的投资。而 General Atlantic 在北京设有办公室并长期专注于投资亚洲科技，在中国有一定影响。

有行业人士分析，如果是 IBM 采取的反收购计划，一旦入股成功，联想集团股份将只有 30% 左右，而 IBM 有可能升至 31%，那么联想的控股地位就很危险。这位人士并以当年的长城国际为例，起初也是长城控股的，到最后 IBM 控制了 80% 股份。

不过，联想集团现任高级副总裁、候任首席运营官刘军称，联想已绝对控制新联想的董事会，IBM 只保留了观察员席位。"让联想收购 PC 业务后获得成功，对 IBM 提高高端业务的竞争力也是有利的，所以 IBM 没有必要采取反收购行动。"

（5）联想海外投资风险防范分析

①联想海外投资收购 IBM 的 PC 业务的战略整合。

第一，人力资源整合：留用外方人才。美国管理大师德鲁克在并购成功的五要素中指出，公司高层管理人员任免是否得当是并购成功的关键。主管人员选派不当会造成目标公司人才流失、客户减少、经营混乱，影响整合和并购目标的实现。如果并购方对目标公司经营业务不熟悉，又找不到合适的主管，则应继续留用目标公司主管。麦肯锡咨询公司的一个调查发现，约有 85% 的并购方留用了目标公司经理人员。联想缺少国际化经营人才，留用 IBMPC 的高层，有利于平稳过渡，减少动荡。事实上，新联想也是这样做的。在新联想中，杨元庆担任董事局主席，CEO 则由原 IBM 高级副总裁兼 IBMPC 事业部总经理斯蒂芬·沃德担任。目前，在联想 14 位副总裁和高级副总裁中，5 位来自 IBM，另有 5 位的背景是跨国公司或国际咨询公司。新联想拥有一支高水平的国际化管理团队。一年的实践证明，留用斯蒂芬·沃德，稳定了军心，实现了平稳过渡，新联想的国际业务已顺利地扭亏为盈。现在，新联想已进入新的整合阶段，就是使新联想实现营利性的增长。为此，新联想聘任戴尔前高级副总裁阿梅里奥担任公司新的 CEO，沃德担任公司顾问。

国外研究表明，海外投资并购后很快离开的绝大部分是技术、管理专门人才。因此在过渡与整合阶段，应采取切实措施稳定和留住这些对企业未来发展至关重要的人才资源。IBM 个人电脑业务部门有近万名员工，分别来自 160 个国家和地区，如何管理这些海外员工并留住关键人才，提防戴尔、惠普等厂商乘机挖墙脚，对联想来说是个巨大的挑战。为了稳定队伍，联想承诺将暂时不会解雇任何员工，并且原来 IBM 员工可以保持现有的工资水平不变。把他们在 IBM 的股权、期权改成联想的期权。另外，在并购协议中规定，IBM PC 部门的员工并入新联想 2 年之内，不得重投旧东家 IBM 的怀抱。联想原想设立双总部，但是原来 IBM 方的部分员工坚持认为要用国际化的形象，还是把总部设在纽约。这些措施使 IBM PC 人员流失降到最低程度。到目前为止，IBM PC 部门 9 700 多名员工几乎全部留了下来，其中 20 名高级员工和新联想签署了 1 ～ 3 年的工作协议。

第二，市场渠道资源整合：留住客户。新联想的最大挑战是保留 IBM 的核心客户，并且打败戴尔和惠普。新联想对客户流失风险是有预计的，并采取了相应措施：全球销售、市场、研发等部门悉数由原 IBM 相关人士负责，将总部搬到纽约，目的是把联想并购带来的负面影响降到最低；IBM 在全球发行的《纽约时报》和《华尔街日报》上刊登巨幅广告，向消费者承诺：IBM PC 业务并入联想后，IBM 大部分的经理级主管人员仍会是新公司里的主角，IBM PC 的系统架构也不会改变；2004 年 12 月 13 日联想集团披露与 IBM 之间的附属协议，特别强调，对一些特殊客户（如已签订合同并未交割的政府客户），联想集团将被允许向 IBM 提供这些客户的个人计算机和某些服务。新联想将使用 IBM 品牌 5 年，这对客户的保留有很大的帮助，联想还会继续用 IBM 的销售模式，继续使用 IBM 的服务，继续使用 IBM 的融资手段，这些对客户来说感觉没有变化。联想和 IBM 一起，一共派了 2 500 个销售人员到各个大客户去做安抚工作、说明情况，现在市场基本上稳定了。

第三，文化资源整合：融合双方优秀的企业文化因素。并购的七七定律是：70% 的并购没有实现期望的商业价值，其中 70% 的并购失败于并购后的文化整合。文化冲突在跨国并购的情况下要较国内并购更为明显。因为跨国并购不仅存在并购双方自身的文化差异，而且还存在并购双方所在国之间的文化差异，即所谓的双重文化冲突。学者们认为，文化差异造成的文化冲突是跨国并购活动失败的主要原因。联想与 IBM 的文化冲突，既有美国文化与中国文化的冲突，又有联想文化与 IBM 文化的冲突。如何跨越东西方文化的鸿沟，融合双方优秀的企业文化因素，形成新的企业文化是联想未来面临的极大挑战，为了减少文化差异，增加交流，新联想把总部迁到美国的纽约，杨元庆常驻美国总部。为了双方更好地沟通，新联想采用国际通用语言——英语，作为公司的官方语言。文化磨合最重要的是董事长、CEO 的磨合，现在联想的两位高层磨合得很好。

第四，品牌资源整合：保留 IBM 的高端品牌形象。根据双方约定，新联想在今后 5 年内无偿使用 IBM 的品牌，并完全获得"Think"系列商标及相关技术。其中前 18 个月，IBM 的 PC 部分可以单独使用，18 个月到 5 年之间可以采用 IBM 和联想的双品牌，5 年后打联想的品牌。鉴于 IBM 是全球品牌、高价值品牌、高形象品牌，新联想在并购后大力宣传 ThinkPad（笔记本）品牌和 ThinkCentre 桌面品牌，以此作为进军国际市场的敲门砖。与此同时，新联想确定了国内主打家用消费和主打商用的策略，两条产品线将继续保持不同的品牌、市场定位，并在性能和价格方面做出相应配合。

联想为进军国际市场做了充分的准备。早在 2003 年，联想成功地由 Legend 变成了 Lenovo。2004 年 3 月 26 口，联想集团成为国际奥运会全球合作伙伴，通过赞助 2006 年都灵冬奥会和 2008 年北京奥运会，提高 Lenovo 品牌在全球市场的知名度。另外，聘请国际广告机构——奥美公司，创作了全新的广告宣传语——只要你想！这些举措，能加快联想从一个区域性品牌向世界性品牌的过渡。2005 年 11 月底，联想宣布提前放弃 IBM 的品牌，并打算在全球实施以 Lenovo 为主的品牌战略。我们认为，联想在 5 年内应继续使用 IBM 的高端品牌"Think"，而不放弃 IBM 品牌。因为在顾客心中，IBM 就是高品质的象征，有很高的顾客忠诚度；联想可以在国际市场上推出 Lenovo 的中低端品牌。

第五，财务资源整合。IBM PC 业务是亏损的，联想凭什么敢接过这个"烫手的山芋"呢？ IBM 的 PC 业务毛利率高达 24% 却没钱赚，联想的毛利率仅有 14% 却有 5% 的净利润。IBM 在如此高的毛利率条件下仍然亏损，是其高昂成本所致：一是体系性成本高。整个 IBM 的管理费用要分摊到旗下的各个事业部，PC 部分毛利率相比其他事业部要低得多，利润就被摊薄了，但联想没有这部分费用。二是管理费用高。IBM 历来是高投入、高产出，花钱大手大脚，因此管理费用高昂。譬如生产一台 PC 机，IBM 要 24 美元，联想只要 4 美元；IBM PC 每年交给总部信息管理费 2 亿美元，这里有很大的压缩空间。IBMPC 本身的业务是良好的，联想控制成本能力很强，二者结合可以使成本大大减少并很快实现盈利。

②联想海外投资收购 IBM 的 PC 业务的股东价值分析。

海外投资并购前联想市值估算为 199.80 亿港币，按汇率均价 USD ：HKD=1 ： 7.77 计算，起市价为 25.71 亿美元。并购前 IBM 的 PC 业务市价估值为 16.77 亿美元，联想宣布以 17.50 亿美元（6.50 亿美元现金、6 亿美元的公司股票收购 IBM 在全球的个人计算机业务，此外还将 IBM 个人计算机的 5 亿美元的债务转到自己名下）整体并购 IBM PC 业务，并购后联想与 IBM PC 业务合并后的总市值为 120 亿美元。

短期内：协同效应 =120–（25.71+16.77）=77.52（亿美元）

当协同效应为正时，收购产生的协同效应，创造财富，而联想收购 IBM PC 业务，合并后新创造的财富产生的协同效应为 77.52 亿美元，为正，因此合并创造财富，能为股东赢利。

IBM PC 业务 =19%×120–16.77=6.03（亿美元）

联想 =（1–19%）×120–25.71=71.49（亿美元）

由此可知，短期来看，合并后的 IBM PC 业务比合并前的价值提升了 6.03 亿美元，为股东创造价值 6.03 亿美元；短期来看，合并后联想比合并前所创造的价值提升了 71.49 亿美元，为股东创造价值为 71.49 亿美元，合并后能够创造新的价值，所以可知，联想收购 IBM PC 业务从短期来看，是可行的。

3. 案例启示

IBM 向美国证交会提交的文件显示，其卖给联想集团的个人电脑业务持续亏损已达三年半之久，累计亏损近 10 亿美元，而联想海外投资并购 IBM PC 业务 3 个月后就实现赢利，意味着海外投资并购后的资源整合与风险防范初步成功。此次海外投资收购 IBM PC 是联想国际化战略的继续，是联想高层在合适的时间做出的一个合适的决定。中国企业走向世界最缺少的是品牌和技术，通过海外投资收购，联想得到了需要多年积累的资产：高端品牌、核心技术。联想今后可以在 IBM 搭建的平台上从事业务，可以说，联想已站在巨人的肩膀上。到目前为止，联想的整合正按计划进行，整合效果超过预期。联想并购IBM PC的资源整合是成功的，这意味着联想已走出其国际化道路的关键一步。但联想要真正成为有实力的跨国公司，还有很多工作要做。防范海外投资风险，扩大规模，提高核心竞争力，通过走国际化的道路促进公司的发展。

第四节 发达国家企业防范海外投资风险的对策

西方发达国家拥有悠久的海外投资历史和丰富的规避国际投资风险的经验，并且形成了一系列防范投资风险的办法。他们将海外投资风险防范的过程分为三个阶段，即风险损失发生前的防范、风险损失发生后风险损失形成中的防范、风险损失完全形成后的防范。在不同的过程中，采取不同风险应对策略，运用不同的风险防范方法。从他们风险防范的过程来看，在海外投资风险损失发生前可采取风险损失回避类方法和风险损失转移类方法，在海外投资风险损失形成中可采取风险损失控制类方法，在海外投资风险损失完全形成后可采取风险损失救济类方法。本节按照风险防范的过程依次阐述各类方法。

一、风险损失发生前的风险防范方法

在风险损失发生前，海外投资企业可采取回避类和转移类两类方法来防范风险。

（一）风险回避

风险回避类方法指的是使海外投资风险损失无法得以产生的风险防范方法。该方法运用的前提条件是风险损失尚未发生，使用该方法所要达到的目的是阻止海外投资风险损失的发生。

风险回避的方法有风险排除、风险隔离和风险中止三种。

（1）风险排除

所谓风险排除就是消除风险产生的主观和客观条件，断绝风险事故产生的根源，清除风险隐患赖以产生的土壤，这是预防海外投资风险的釜底抽薪法。风险排除法属于积极的海外投资风险回避类方法。该方法既可防范海外投资风险，又能创造海外投资效益，理应是海外投资风险防范管理的最优方案。海外投资企业要加强经营管理中的一些薄弱环节，杜绝经营管理中的不规范行为，严格审核每个涉海外投资项目，绝不从事不确定因素多、风险大的海外投资活动。要做好海外投资前的准备工作，对市场和海外投资对象的资信进行周密的调查，严格审查海外投资方式和条件，对海外投资项目进行严谨周密的论证，选择安全性和收益性俱佳的项目。同时，做好每个流程的细节管理，强化海外投资合同履行中的过程控制。

（2）风险隔离

这是指隔离风险隐患，抵制风险事件的入侵。通过制度和教育强化各成员的警惕风险意识，提高成员识别防御风险的能力，在全企业范围内形成浓厚的风险防范氛围。及时发现识别风险，树立阻碍风险袭击的屏障，将风险隔离在外，使之不能危害海外投资企业利益。如采取外汇操作措施应付外汇变动影响，将汇率风险隔离在外，不至于对海外投资企业的赢利产生消极影响。发现某个国家或市场将发生严重的社会经济动乱时立即从该国家或市场撤出。

（3）风险中止

在有些情况下，可采用中止某项海外投资活动、停止有关投资的方法回避海外投资风险。当发现某项海外投资风险隐患较多，或存在某一种重大风险发生的可能性，或某项海外投资的风险因素扑朔迷离而较难预料和把握时，为避免风险事件，在海外投资合同签订前，果断地中止对某投资伙伴或某一地区市场的投资。比如说，发现海外投资对象有商业诈骗嫌疑时，或该投资对象的可疑点较多时，可立即中止与该对象的业务往来，将诈骗风险拒之于门外。风险中止属于一种积极防御的风险防范策略，运用得当的话，则可能挽救一家海外投资企业。毕竟没有哪家海外投资企业经得起几次国际经济风险的打击。

（二）风险转移

风险转移指的是通过某种安排或支付一定代价让其他主体承担某种海外投资风险损失。这里所转移的是风险损失，风险事件本身是无法转移的。使用该类方法的目的不是回避风险因素和事故，而是在风险事故发生时让他人承担风险事故所引起的损失，使风险责任不及于己而及于他人。这是一种风险分担的方法和做法。采用该方法不能降低风险发生的概率、减轻风险损害，而只能是通过合同或协议，将部分乃至全部损失转移到其他主体身上。至于应由谁来承担，则根据具体风险情况，谁有能力管理此类风险，就让谁来分担。这种转让风险的条件是海外投资主体要付出一定的代价，以让风险承担者得到相应回报。

实施海外投资风险损失转移的具体方式主要有以下几种。

（1）风险出售

指海外投资主体通过买卖契约将风险转移给其他经济主体，如将未到期的远期票据进行贴现，通过背书转让等。运用此种方法，海外投资企业在出售货物或货款的所有权时也把与之有关的风险转移给了其他主体。

（2）风险责任开脱

这是指运用某些条款，开脱某些风险事故责任，免去相关的责任和义务。比如，在海外投资合同中列入不可抗力条款，规定在合同所规定的不可抗力事故发生时，当事人不承担责任。

（3）保险

保险是转移纯粹风险非常重要的方法，是风险转移的最常用的方法。海外投资主体只要向保险人按照保险条款投保某种或某些险别，交纳一定的保险费用，海外投资主体即取得了被保险人的地位。保险人将依照保险契约向被保险人承担某些风险损失。当风险事故发生时，海外投资主体就能获得保险公司的补偿，从而将海外投资风险转移至保险公司。

（4）风险担保

担保是指银行、保险公司或其他金融机构为某项债务、违约承担责任的一种承诺。在海外投资中，交易双方都可要求对方就合同问题请担保机构开具担保函或保证书。若一方未能履行合同规定的义务，另一方可要求担保机构承担相应的责任。在海外投资中，投资主体可使用担保的方法将某些不确定性风险转移到出具担保函或保证书的担保机构身上。

二、风险损失形成中的风险防范方法

海外投资潜藏着众多风险，海外投资风险千变万化，防不胜防。对于那些无法避免的风险就只能通过一定的控制手段来设法降低其损害程度。在海外投资风险损失已经发生、风险损失已经及于海外投资主体的情况下，海外投资主体只可设法运用一些方法手段和策略来减少风险事故的危害性，缓解危机事件所带来的社会经济压力。这些应用于风险损失形成中的风险防范方法属于风险损害控制类方法的范畴。这里列举一些主要的风险损害控制类方法手段。

（一）风险减免

风险减免的含义是，在风险事件已发生的情况下，海外投资主体可采取一些紧急补救措施来控制和遏止风险事态，防止风险损害的发生或降低风险事故的危害程度。风险减免强调的是对海外投资风险事故的进程和危害性的控制。当风险事件刚刚发生时，海外投资主体可及时采取风险控制措施，遏止风险事件的发展势头，防止风险事件危及企业的根本利益。在海外投资中，如果海外投资企业能证实投资对象方面严重的商业欺诈行为将给海外投资企业带来严重的经济损失时，海外投资企业可向法院申请止付令，命令开户行停止对外付款，防止投资对象的欺诈阴谋得逞，切实保护海外投资企业的正当利益。

（二）风险对冲

风险对冲是指将有关风险集中起来，通过对冲效应将其化解。在海外投资中，为应付外汇风险，海外投资主体可以运用平衡法、组对法、掉期合同法、套期保值法等外汇操作方法来对冲抵消外汇风险，还可以采用软硬币搭配计价等方法来消除汇率波动的风险。海外投资企业在未来相近的时间里，以同种外币同时成交一笔出口付汇和一笔进口收汇，两笔外汇的金额相近，以此消解企业海外投资中的外汇风险。

（三）风险分散

风险分散体现的是"投资组合"思想，用经济学家托宾的话来说就是不要把所有的鸡蛋都放在一个篮子里。在海外投资中，投资主体要通过在多个时间段、与多个市场的多个伙伴以多种方式展开投资来分解风险的影响力和冲击力，缩小风险的影响范围，降低风险的危害程度。海外投资企业要广泛开拓国际市场，扩展对外经营渠道，增加商品和服务的品种，寻求投资方式的多样化。多元化、多样化的涉外投资活动可使海外投资主体将风险分散到多个市场、多个项目中，减缓风险事件的打击，规避孤注一掷"大买卖"所可能带来的极端危险性。海外投资主体对于不熟悉的市场和投资对象，可与之进行多批次的投资，每次投资的数量要有严格的控制，切忌贪多、求快。

三、风险损失形成后的风险防范方法

在风险事故已经发生、风险损失已经形成的情况下，海外投资主体需采取措施来处理风险事件所产生的后果和影响。风险损失形成后，海外投资主体所要考虑的主要问题是如何做好风险善后工作，弥补风险损失，消除风险事故的不利影响，保障企业海外投资活动的持续发展。此时的风险防范方法属于风险善后处理类方法范畴。

（一）损失处理

风险损失形成后，受损方应及时对风险损失进行有效的处理。海外投资企业可根据各风险的具体情况，采取适当的损失补救措施，防止风险事态的恶化，将风险损失的危害降到最低点。

（二）风险自留

风险自留是指海外投资主体自己将风险损失的后果承担下来，并设法予以消化，风险自留涉及两种情形：一种情形是某些风险损失难以预料、难以避免，海外投资主体只得将这些损失后果承受下来，逐步从财务和管理上处理和消化风险损失后果。另一种情形是当采取其他风险防范办法的成本和费用超过风险事件所造成的损失金额时，亦可采用风险自留的办法。此时，海外投资企业风险自留是最省事、最省钱的风险规避办法。自留、接受风险可能是主动的，也可能是被动的。在风险防范的规划阶段就已对这一风险损失做了计划和准备，风险事件来临时，立即执行应急计划，接受风险事故之事实，并设法进行消化，这是一种主动接受风险的方式。风险事件造成的损失数额不大，无碍企业经营大局时，海外投资企业将损失列为投资项目的一种费用开支，这是一种被动接受风险的方式。

（三）风险救助

在遭遇风险事件损害时，海外投资主体首先要积极自救，采取有效措施管理危机，控制风险事件的危害性。同时，海外投资主体可争取风险救助和风险保护。面对风险事故，受害当事人可向有关机构和主体寻求政治、经济和法律援助，帮助遭受风险损害的当事人渡过危难。当海外投资企业在投资国遭到抢劫、毁坏时，海外投资企业可积极寻求本国驻外使领馆和当地商贸团体的援助，各国有关的驻外机构有责任提供风险救助。在海外投资中，海外投资主体应充分运用法律救济手段维护企业利益。当投资一方当事人的合法权利遭到其他当事人的侵害时，国际公约和众多国家的国内法都赋予了受害人向侵权者要求损害补偿的权利。根据"联合国公约"的规定，如果投资合同一方当事人违反投资合同规定，另一方当事人有权依据投资合同或有关法律规定向违约方提出违约救济。受害者可通过仲裁或司法诉讼的途径寻求法律援助，受害者可要求实际履行投资合同、请求损害赔偿或解除投资合同。

第五章 中国企业海外投资风险防范机制的应用

第一节 中国企业海外投资风险识别

中国企业海外投资总额居全球前列，在发展中国家排名第一。中国企业逐渐成为全球直接投资领域的一支新生力量。积极实施"走出去"战略，充分利用国际国内两个市场、两种资源，是进一步扩大对外开放、加快现代化建设步伐的必然选择，但与海外投资相伴的就是风险，中国企业在"走出去"的过程中，由于缺乏管理海外投资法律风险的能力，导致很多企业的海外投资都是低效率的。因此，如何识别海外投资中所遇到的风险，无疑成了企业海外投资成功与否的关键因素。

中国企业海外投资风险类别繁多，本节将这些风险归类并形成合适的子母集，将中国企业海外投资按性质分为五大类，五大类别下分别包含该类别的子因子。风险类别有政治性风险、经营性风险、法律法规风险、文化差异风险、特殊行业风险，各个类别下的风险描述如前文所述。

一、中国企业海外投资风险的识别

（一）选择海外投资主体和目标国

海外投资风险的层次分析法模型是综合衡量所有风险因素对企业投资目标实现的影响程度，综合考虑各种风险对企业的影响的投资风险分析模型。由于海外投资的风险因素具有随机性和不确定性，因此，采用层次分析法模型对其分析评价，可以更加准确地把握风险的权重，即可以了解不同风险因素对整个投资项目的影响程度，而且对于不同地区的情况以及同一地区不同时间的情况来说更具有针对性和灵活性。

运用层次分析法识别海外投资法律风险，必须选定投资主体和目标投资市场。本书选取商务服务业的企业作为投资主体，选取的目标市场为四个有代表性的国家：世界第一经济体美国，转型中的传统超级大国俄罗斯、中国对亚洲海外投资第一的国家巴基斯坦和对非洲海外投资第一的国家尼日利亚。2007年和2013年中国对以上四国的投资存量如表5-1所示。

表5-1 2007年和2013年中国对四国投资存量（单位：亿美元）

国家	2007年	2013年
美国	18.805 3	33.384 2
俄罗斯	14.215 1	22.203 7
巴基斯坦	10.681 9	14.580 9
尼日利亚	6.303 2	10.259 6

下面根据层次分析法模塑的具体步骤，对商务服务业的企业在美国、俄罗斯、巴基斯坦、尼日利亚的目标投资方案进行对比式的风险识别。

（二）建立风险因素层次集合

层次分析法第一步是建立因素层次集合，海外投资法律风险识别的因素层次集合是以海外投资法律风险为元素组成的集合，包括各级风险和最终的风险因素。通常用大写字母 R 来表示海外投资的总风险集。将众多的海外投资法律风险因素分为 n 类，也就是将总风险因素 R 分为 n 个子风险因素，即 $R=\{R_1, R_2, \cdots, R_n\}$，统一假设每个子风险因素集 $R_x=\{R_{x1}, R_{x2}, \cdots, R_{xm}\}$，那么 R_{xy}（$x=1, 2, \cdots, n$；$y=1, 2, \cdots, m$）就为第 x 类子风险因素的第 y 个风险因素。每个子风险因素集的风险因素数目不一定相等，即对不同的 R_x 可能有不等的 m。下面为海外投资的风险因素层次集合：

总风险：$R=\{R_1, R_2, \cdots, R_n\}$

子风险：$R_1=\{R_{11}, R_{12}, \cdots, R_{1m}\}$，$\cdots\cdots R_n\{R_{n1}, R_{n2}, \cdots, R_{nm}\}$

需要说明的是，不同的投资国家和地区，选取的风险因素可能是不相同的。

建立如下海外投资的风险因素层次集合。

①政治风险：政治风险包括内部风险和外部风险。内部风险中选取政体结构、民族宗教问题以及社会治安三个指标。外部风险则主要选取外交关系与周边安全两个指标。

②经营风险：经营风险包括宏观经营风险、税收风险和外汇风险。宏观经

营风险主要选取 GDP 人均值和总量及其增速、失业率、通胀率作为指标。税收风险选取税率作为风险指标。外汇风险选取汇率波动与外汇管制两个指标。

③投资法律风险：市场准入风险，选取投资国市场准入限制条件作为指标。劳务与劳工政策风险，选取投资国的政策限制作为指标。

④文化风险：包括企业文化风险、风俗习惯风险。

⑤其他风险：由于具体国家面临具体问题，因此四国的其他风险不同。

（三）建立三级风险评价因素的评价集

层次分析法的第二步是建立风险因素评价集。风险因素评价集是评价者对评价对象的各种评价结果所组成的集合。根据风险因素评价的目标要求或者实际情况的需要，采用不同的数字、等级或评语来表示。在海外投资法律风险的识别领域，一般都将风险程度划分为 5 个等级，即"低""较低""中等""较高""高"。本书根据风险程度等级将风险因素赋值，规定识别赋值的范围为 1～5，"1"表示风险"低"，"5"表示风险"高"。然后建立了风险因素评价等级：$U=\{U_1，U_2，U_3，U_4，U_5\}$，$U_1$ 到 U_5 对应的风险赋值分别为 1、2、3、4、5。

三级风险因素是风险识别模型最基层的风险指标，如政治风险的三级风险因素为内部风险和外部风险；经营风险的三级风险因素为宏观经营风险、外汇风险、税收风险。层次分析法风险识别模型的基础就是对基层风险指标进行评价。企业通过内部的调查分析部门进行投资环境的调查，同时借鉴各国商务部、联合国、世界贸易组织、世界银行等权威组织发布的相关资料和数据，对投资目标国的具体风险因素进行综合评价、赋值。当然如果基层风险指标包括的风险因素内容较为集中，就可以直接对风险因素进行评价；如果风险指标包含的风险因素内容较为丰富，则选取风险因素的典型指标，针对典型指标进行评价、赋值。

1. 政治风险

（1）内部风险

第一，选取政体结构、民族宗教问题以及社会治安管理问题三个指标作为内部风险的典型指标，利用层次分析法确定一个不同指标的相对权重。政体结构、民族宗教问题以及社会治安管理问题三个指标分别用 R_1、R_2、R_3 来表示，其相对权重比较见表 5-2。

表 5-2　内部风险的指标权重比较

	R_1	R_2	R_3	W	CI
R_1	1	1/3	1/6	0.1	
R_2	3	1	1/2	0.3	$0 \leqslant 0.1$
R_3	6	2	1	0.6	

其判断矩阵为：$A=\begin{pmatrix} 1 & 1/3 & 1/6 \\ 3 & 1 & 1/2 \\ 6 & 2 & 1 \end{pmatrix}$，矩阵的最大特征值用和积法求解为

$\lambda_{\max}=3$，进行一致性检验，一致性指标 $CI=\dfrac{\lambda_{\max}-n}{n-1}$，因此 $CI=0 \leqslant 0.1$，一致性较好，识别有效。然后求出对应的特征向量即指标权重：$W=$（0.1，0.3，0.6）。因此，政体结构、民族宗教问题和社会治安三个指标的权重分别为 0.1、0.3、0.6。

第二，对四国的三个指标进行对比分析，并根据风险评价集对其进行赋值，见表 5-3 至表 5-6。

表 5-3　四个国家政体及领导人更迭比较

国家	政体	领导人更迭	赋值
美国	总统共和制	2001 年至 2009 年：小布什 2009 年至 2014 年：奥巴马	1
俄罗斯	联邦总统制	2000 年至 2008 年：普京 2008 年至 2012 年：梅德韦杰夫 2012 年至 2014 年：普京	2
巴基斯坦	议会制共和制	2001 年 6 月至 2008 年 8 月： 佩尔韦兹·穆沙拉夫 2008 年 9 月至 2013 年 7 月： 阿西夫·阿里·扎尔达里 2013 年 9 月至 2014 年： 马姆努恩·侯赛因	4
尼日利亚	联邦制	1999 年 5 月至 2007 年 5 月： 奥卢塞贡·奥巴桑乔 2007 年 5 月至 2010 年 5 月： 奥马鲁·穆萨·亚拉杜瓦 2010 年 5 月至 2014 年： 古德勒克·乔纳森	4

表 5-4　四个国家民族宗教问题比较

国家	民族	宗教	赋值
美国	白人占 75%，拉美裔占 12.5%，黑人占 12.3%，亚裔占 3.6%	51.3% 的居民信奉基督教新教，23.9% 信奉天主教，1.7% 信奉犹太教，4% 信奉其他宗教，不属于任何教派占 12%	1
俄罗斯	有 180 多个民族，其中俄罗斯族占人口总数的 79.8%	50%~53% 的俄罗斯民众信奉东正教，10% 信奉伊斯兰教，1% 信天主教和犹太教，0.8% 信奉佛教	2
巴基斯坦	巴基斯坦是多民族国家，旁遮普族占 63%，信德族占 18%，帕坦族占 11%，俾路支族占 4%	95% 以上居民信奉国教伊斯兰教。少数信奉基督教、印度教和锡克教等	2
尼日利亚	有 250 多个部族，最大部族为北部的豪萨－富拉尼族，占全国人口 29%；西部的约鲁巴族，占全国人口 21%；东部的伊博族，占全国人口 18%	50% 的居民信奉伊斯兰教，40% 信奉基督教，10% 信奉其他宗教	4

表 5-5　四个国家社会治安比较

国家	治安事件	赋值
美国	2001 年"9·11"事件 2012 年"电影院枪击"事件和"校园枪击"事件	1
俄罗斯	2000 年莫斯科普希金地下广场爆炸事件 2002 年车臣恐怖分子袭击事件 2003 年车臣恐怖分子袭击莫兹多克军医院事件 2004 年车臣恐怖分子偷袭格罗兹尼事件 2006 年"切尔基佐沃市场"关闭事件	2
巴基斯坦	2004 年中国水利水电建设集团巴基斯坦经理部两名工程师被绑架事件 2008 年巴基斯坦接连遭遇自杀炸弹恐怖袭击事件	5
尼日利亚	尼日利亚治安事件频繁，2006 年 1 月壳牌公司 4 名员工遭受武装绑架；2 月南部产油区 9 名外国工人被绑架；7 月意大利石油公司 40 名工人被劫持；10 月南部石油平台 60 人被绑架；11 月南部产油设施遇袭 48 人被绑架	5

表5-6 四国内部风险赋值

	政体结构	民族宗教问题	社会治安问题	加权总风险
指标权重	0.1	0.3	0.6	—
美国	1	1	1	1
俄罗斯	2	2	2	2
巴基斯坦	4	2	5	4
尼日利亚	4	4	5	4.6

（2）外部风险

第一，选取外交和周边两个指标作为外部风险的典型指标，同样利用层次分析法确定两个指标的相对权重。分别用 R_1、R_2 来代表外交和周边两个指标，其相对权重比较见表5-7。

表5-7 外部风险的指标权重比较

	R_1	R_2	W	CI
R_1	1	0.67	0.4	$0.024 \leqslant 0.1$
R_2	1.5	1	0.6	

第二，对四国外部风险进行两两比较，见表5-8。

表5-8 四国外部风险比较

国家	外交	赋值	周边	赋值
美国	奥巴马政府实行"巧实力"外交政策，国家外部环境得以改善	1	本土稳固安全，与加拿大、墨西哥关系良好，三国组建北美自由贸易区	1
俄罗斯	普京实行全方位、多极化和实用主义外交政策，并逐步恢复俄罗斯的大国地位	1	俄罗斯传统势力范围东欧正在不断被侵蚀，与波兰等国家冲突不断。但本土较为稳固	3
巴基斯坦	穆沙拉夫采取"弃塔亲美"和缓和印巴关系的新外交战略	2	"9·11"事件后，巴基斯坦帮助美国打击恐怖组织，因此遭受恐怖组织袭击；但近年来与印度关系逐步缓和	4
尼日利亚	与中美保持良好的外交关系，与欧盟关系也越来越好	2	尼日利亚虽然与周边国家关系平稳，但也存在潜在风险	4

综上所述，四个国家的外部风险值见表 5-9。

表 5-9　四国外部风险值

	外交政策	周边安全	加权总风险
指标权重	0.4	0.6	/
美国	1	1	1
俄罗斯	1	3	2.2
巴基斯坦	2	4	3.2
尼日利亚	2	4	3.2

2. 经营风险

（1）宏观经营风险

第一，选取 GDP 总量、人均值以及增速，失业率，通胀率三个指标作为宏观经营风险的典型指标，同样利用层次分析法确定三个指标的相对权重。

分别用 R_1、R_2、R_3 来代表 GDP 总量、人均值以及增速，失业率，通胀率三个指标，其相对权重比较见表 5-10。

表 5-10　宏观经营风险的指标权重比较

	R_1	R_2	R_3	W	CI
R_1	1	1.7	0.4	0.5	
R_2	0.6	1	1.5	0.3	$0.038 \leqslant 0.1$
R_3	0.6	0.7	1	0.2	

第二，对四国宏观经济状况进行两两比较，见表 5-11。

表 5-11　四国 2013 年宏观经济状况比较

	GDP 总值（亿美元）、增长率（%）	赋值	通货膨胀率	赋值	失业率	赋值	总风险值
指标权重	0.5	—	0.3	—	0.2	—	—
美国	142 646、1.1	1	0.1	1	5.8	1	1
俄罗斯	14 139、5.6	1	13.3	4	6.3	1	1.9
巴基斯坦	1 544、5.8	2	7.8	3	5.3	1	2.1
尼日利亚	1 802、6.3	4	11.6	4	11.9	3	3.8

（2）税收风险

因为税收风险因素比较单一，所以直接对四国的税收风险进行赋值和两两比较，见表5-12。

表5-12　四国税收状况比较

	美国	俄罗斯	巴基斯坦	尼日利亚
公司税	39.3%	24%	36.6%	30.6%
增值税或消费税	10%	18%	17%	5%
赋值	4	3	2	1

（3）外汇风险

第一，选取外汇风险中汇率变动和外汇管制两个指标作为外汇风险的典型指标，同样利用层次分析法确定两个指标的相对权重。分别用R_1、R_2来代表汇率变动和外汇管制两个指标，其相对权重比较见表5-13。

表5-13　外汇风险的指标权重比较

	R_1	R_2	W	CI
R_1	1	1	0.5	$0 \leqslant 0.1$
R_2	1	1	0.5	

第二，对四国汇率风险进行两两比较见表5-14。

表5-14　四国外汇风险比较

	汇率变动	赋值	外汇管制	赋值	总加权值
指标权重	0.5	—	0.5	—	—
美国	稳定	1	外汇交易管制很少	1	1
俄罗斯	较为稳定	2	设置外汇管制	5	3.5
巴基斯坦	卢比对美元逐年稳步升值	1	外资公司，投资银行，在巴基斯坦居住的外国人均可开立外汇账户，这些账户可以接受外国汇款。且投资本金、资本红利、股息和利润等均可自由汇出	2	1.5
尼日利亚	奈拉的汇率相对稳定	3	尼日利亚对大部分贸易支付不实行限制。经批准的对外支付，可以通过在尼日利亚开立的对外账户自由兑换货币结算	2	2.5

3. 投资法律风险

（1）市场准入风险

因为市场准入风险因素比较单一，所以直接对四国的市场准入风险进行赋值和两两比较，见表 5-15。

表 5-15 四国市场准入比较

国家	市场准入条件	赋值
美国	非常苛刻	5
俄罗斯	较为苛刻	4
巴基斯坦	租赁和商务服务业市场管理相对较为宽松，外国企业进入巴基斯坦市场只需要在巴基斯坦相关部门注册即可，但是每次投资巴基斯坦前，必须与当地企业组成联营体企业，且巴基斯坦的企业在联营体企业中的股份不得少于30%，这样的联营体企业才可以向巴基斯坦相关部门申请投资许可	2
尼日利亚	在尼日利亚从事商业经营活动的实体和个人均须设立和注册公司，投资者需向 CAC 注册登记成立有限责任公司或公司代表处，向 NIPC 申请营业许可证和居留配额，向内务部申领居留许可	2

（2）劳务与劳工政策风险

因为劳务与劳工政策风险因素比较单一，所以直接对四国的劳务与劳工政策风险进行赋值和两两比较，见表 5-16。

表 5-16 四国劳务和劳工政策风险比较

国家	劳工与劳务政策	赋值
美国	劳工与劳务政策非常严格	5
俄罗斯	采用配额管理制度，较为严格	4
巴基斯坦	巴基斯坦对承包企业引进外籍劳工无特殊规定，但巴基斯坦是人口大国，巴基斯坦政府鼓励外资企业雇用当地劳工，而且巴基斯坦劳动力价格便宜，除技术和管理人员外，一般都聘用当地劳工。外国技术和管理人员可以申请巴基斯坦内政部授权签发的工作签证，工作签证最长有效期为 5 年，持工作签证的外国人，无须向巴基斯坦警方登记	1
尼日利亚	尼日利亚对外籍劳工一直实行配额管制。尼日利亚劳务签证分为临时工作签证和长期居留两类	4

4. 文化风险

四国企业文化风险比较见表 5-17。

表 5-17　四国企业文化风险比较

国家	企业文化	赋值
美国	美国是世界第一大投资流向国，在美国进行海外投资的企业数量巨大，因此竞争相当激烈	4
俄罗斯	网络使市场处于转轨时期，市场又不规范，因此在俄罗斯投资的西方发达国家企业数量较少，目前主要是土耳其和韩国的部分企业，总体竞争水平不是太高	3
巴基斯坦	本地企业技术水平落后，大中型项目基本被外国企业垄断，同时外企之间的相互竞争比较激烈	4
尼日利亚	因为市场比较开放，外企在市场准入范围方面无特殊限制，对其资质也无特殊要求，因此竞争相对轻松	3

5. 其他风险

四国其他风险比较见表 5-18。

表 5-18　其他风险比较

国家	风险内容	赋值
美国	美国法律体系完备，重合同，守信用。主要问题是签证控制严格，但对于海外直接投资者来说门槛不高	1
俄罗斯	俄罗斯人力成本相对中国较高，政府有腐败问题、效率低下，法律执行力度不严，社会治安较差，民族主义情节严重	4
巴基斯坦	巴基斯坦为伊斯兰教国家，存在宗教和社会风俗差异等问题	3
尼日利亚	尼日利亚政府信用差，合同执行不严，拖欠贷款严重	5

（四）用层次分析法模型确定各层风险因素的权重

1. 用层次分析法模型对各单层风险因素进行风险排序

利用层次分析法模型对单层风险因素排序，即确定单层风险因素的权重。通过分析海外投资总风险所包含的二级风险以及二级风险之间的相互联系，将风险分解为不同的要素，并将这些要素归并为不同的层次，从而形成多层次结构。在每一层次，可按照一定的准则，对该层的要素进行逐项的相互对比，建立相关的判断矩阵。然后通过计算判断矩阵对应的正交化特征向量和最大特征值，从而求出该层要素对于该准则的权重。

可以看出，层次分析法模型分析问题的原理是不用知道各风险因素的具体权重，只需要通过两两比较各个风险因素的相对重要性，得出每一对风险因素权重的相对比值，从而构成判断矩阵；然后通过求判断矩阵对应的特征向量和最大特征值，就可以得出这一组风险因素的相对权重。

具体的计算和检验过程可以直接参照上文的内部风险指标权重计算和检验过程。各单层风险因素的排序结果列明如下（表 5-19 ～表 5-22）。

表 5-19　政治风险排序

	R_1	R_2	W	CI
内部风险 R_1	1	9	0.9	0.012 ≤ 0.1
外部风险 R_2	0.1	1	0.1	

表 5-20　经营风险排序

	R_1	R_2	R_3	W	CI
宏观风险 R_1	1	1.33	1.33	0.4	0.023 ≤ 0.1
税收风险 R_2	0.75	1	1	0.3	
外汇风险 R_3	0.75	1	1	0.3	

表 5-21　投资法律风险排序

	R_1	R_2	W	CI
市场准入风险 R_1	1	2.33	0.7	0.032 ≤ 0.1
劳务劳工风险 R_2	0.43	1	0.3	

表 5-22　企业文化风险排序

	R_1	R_2	W	CI
企业 R_1	1	1.5	0.6	0.021 ≤ 0.1
中企前景 R_2	0.37	1	0.4	

2. 用层次分析法模型对总风险因素进行风险排序

由于海外投资法律风险体系是完全独立型结构，其总风险综合排序与单层风险排序相同。因此，本书就省略了具体的计算和检验过程，直接将四国的总风险排序结果列表如下（表 5-23）。

表 5-23　总风险排序

	R_1	R_2	R_3	R_4	R_5	W	CI
政治风险 R_1	1	2.25	4.5	9	9	0.54	
经营风险 R_2	0.44	1	2	4	4	0.24	
投资法律风险 R_3	0.22	0.5	1	2	2	0.12	$0.026 \leqslant 0.1$
企业文化风险 R_4	0.11	0.25	0.5	1	1	0.05	
其他风险 R_5	0.11	0.25	0.5	1	1	0.05	

（五）对总风险体系进行风险评价赋值

完成上述步骤后，就可以对总风险和子风险进行风险赋值了。这是层次分析法的最后一步，完成后就可以得到投资项目的风险情况。

对总风险体系进行赋值采取的是自下而上的方式，根据上文中得到的三级风险因素的风险评价值以及三级风险因素的相对权重，两者数据相乘加总便可以得到二级风险因素的风险评价集。得到二级风险因素的风险评价集后，根据二级风险的相对权重，运用同样的方法将两者数据相乘加总就可以得到一级风险即总风险的风险评价值。如果目标市场有多个国家，则即可以横向总体比较不同国家的总风险评价值，又可以具体比较二级子风险情况，从而最终确定投资目的地。

四个国家的风险层级结构图列图如下（图 5-1 ～图 5-4）。

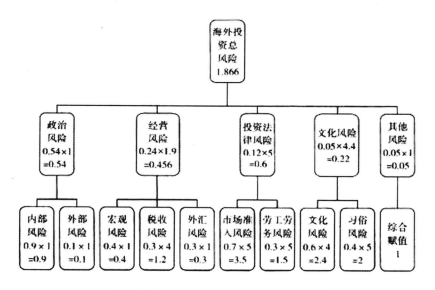

图 5-1　对美国直接投资的风险层级结构

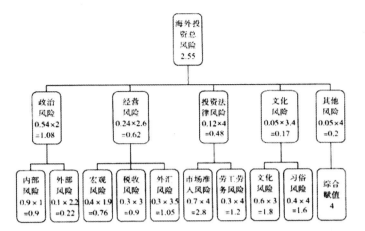

图5-2　对俄罗斯直接投资的风险层级结构

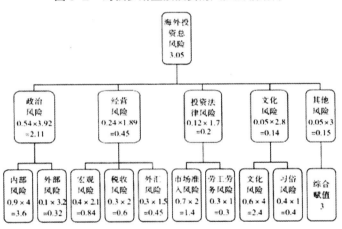

图5-3　对巴基斯坦直接投资的风险层级结构

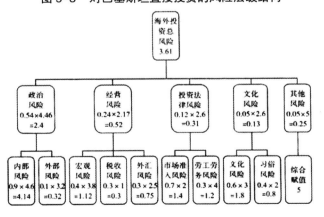

图5-4　对尼日利亚直接投资的风险层级结构

（六）中国企业海外投资法律风险识别结果

另外，上述四个国家投资的层次总排序的一致性指标 $CR=CI/RI \leqslant 0.1$，其中 RI 为平均随机一致性指标。所以说明上述识别都是有效的。因此可以从四国直接投资的风险层级结构图得出各国的风险结构，如表5-24所示。因为各国风险结构中的风险数值代表了相应风险的大小，所以根据四国风险结构就可以得出风险识别的结果。

表5-24　美国、俄罗斯、巴基斯坦以及尼日利亚风险结构

国家	总风险	政治风险	经营风险	投资法律风险	企业文化风险	其他风险
美国	1.866	1	1.9	5	4.4	1
俄罗斯	2.55	2	2.6	4	3.4	4
巴基斯坦	3.05	3.92	1.89	1.7	2.8	3
尼日利亚	3.61	4.46	2.17	2.6	2.6	5

二、基于识别分析的中国企业海外投资的投资决策

（一）基于识别分析的中国企业海外投资决策

从本书上述风险识别的结果我们可以很清楚地看到，中国租赁和商务服务业企业对美国直接投资总风险最低，其估值为1.866；对俄罗斯直接投资总风险第二低，其估值为2.55；对巴基斯坦直接投资总风险第三低，其估值为3.05；对尼日利亚直接投资总风险最高，其估值为3.61。所以从总体上看，对美国直接投资总风险最低，投资可行性最高。

同时我们从风险层次结构图得知总风险是由政治风险、经营风险、投资法律风险、企业文化风险以及其他风险等二级风险构成，因为不同企业处理风险的能力不同，所以企业在进行海外投资决策的时候除了比较总风险之外，还应该比较一下总风险下面的二级风险。我们从风险结构表中可以很直接地看到，美国虽然总风险最低，但是投资法律风险和企业文化风险都是最高的；俄罗斯虽然总风险第二低，但是经营风险最高，还有投资法律风险、企业文化风险以及其他风险也都还比较高；巴基斯坦虽然总风险第二高，是经营风险和投资法律风险最低；尼日利亚虽然总风险最高，但是企业文风险最低，还有就是投资法律风险也比较低。

所以中国企业在进行海外投资时可以参考总风险以及二级风险的识别结

果，并结合本企业的具体情况以及处理各种风险的能力，综合考虑进行海外投资的决策。

（二）中国企业海外投资风险识别的案例分析

1. 案例介绍：外方企图利用和解协议使合同法律条款落空

中国某公司在海外投资成立了分公司甲公司。2010 年 8 月至 2012 年 4 月 30 日，甲公司通过美国的中间商签订了 18 份销售纺织品的合同。其中 12 份合同是以销售确认书形式与美国纽约某国际企业（乙企业）签订的，由乙企业的负责人签字。另外 6 份名义上是同 A 先生签订的（下称 A 先生合同）。所有 18 份合同都含有一条仲裁条款。该条款写道："仲裁：所有因执行本销售确认书的争议或与本销售确认书有关的争议，双方应通过友好谈判友善解决。如果无法通过谈判解决，则应提交中国国际贸易促进会对外贸易仲裁委员会北京分会，根据其临时程序规则来仲裁。仲裁裁决是终局的，对双方当事人具有约束力。仲裁费用应由败诉方承担，除非仲裁另做规定。"

后来甲公司与乙企业就合同履行发生争议。乙企业声称货物有质量问题，拒付货款。2013 年 9 月 2 日，双方就 18 份合同达成了一项和解协议，甲公司对应付款总金额做了减让；乙企业按新付款安排付款。该和解协议规定："双方明确上述所提到的新价格是根据乙方（即乙企业）上述付款计划做出的特别减让。如果乙方不能完全履行本协议或是部分履行，甲方（即甲公司）有权按照法律要求补偿所有损失，如利润及根据原合同销售货物的差价。"但是乙企业没有按和解协议要求付款。2014 年 5 月 5 日，甲公司向中国北京国际贸易仲裁委员会申请就乙企业违约事项进行仲裁。

2014 年 7 月 20 日，仲裁委员会同意仲裁，并向乙企业送交了仲裁通知书，要求乙企业指定一位仲裁员并提交他对本案的陈述。乙企业没做反应。于是，仲裁委员会代表乙企业指定一位仲裁员，并成立仲裁庭。

2014 年 11 月，乙企业在美国纽约州法院起诉甲公司。该案移交给美国纽约南区联邦地方法院。与此同时，中国仲裁委员会安排于 2005 年 1 月 5 日在北京进行仲裁，并通知了乙企业。乙企业没做反应也未应诉，仲裁暂停。

乙企业向美国纽约南区联邦地方法院起诉，声称中方所供应的商品有质量问题，中方违约并废除了双方的和解协议书。甲公司则向法院提出动议，在中华人民共和国按销售确认书仲裁条款进行仲裁期间，停止本诉讼。

2015 年 1 月 10 日，美国纽约南区联邦地方法院对本案做出最终判决指示：

当事方根据《承认和执行外国仲裁裁决的公约》和合同在北京进行仲裁。该判决在 5 天内做出通知。

2. 案情分析

（1）本案例的焦点问题

本案例的焦点问题是识别仲裁是否可以进行。

美方乙企业想在美国诉讼解决问题。

中方甲公司则要求按合同规定在中国进行仲裁。

（2）本案例的特点

第一，中美合同双方跨国界争议，很难解决。

第二，中美两国法律体系不同，增加了解决争议的难度。

第三，在争议的解决方式上有分歧，难以防范海外投资风险。

（3）相关知识提示

当今世界并存的两大法系是大陆法系和英美法系。

大陆法系又称条文法系，是以法律条文作为审判案件的依据，施行的国家包括中国和欧洲大陆的一些国家。

英美法系，又称判例法系，是以最古老的案例的判决结果作为审判今后所有同类案件的依据，施行的国家包括英国、美国、加拿大、澳大利亚等一些国家。

从事海外投资活动的买卖双方因身处异国（或异地），所以在双方合同的履行过程中会因政治、经济、自然条件等因素的变化和影响，引起这样或那样的争议，而仲裁则是解决国际贸易争议的主要方式之一。仲裁是依照法律所允许的程序裁定争端的，仲裁不符合法律所允许的程序的，其裁决无效。

但是如果仲裁在程序上无误，其裁决都具有法律约束力，当事人双方必须遵照执行。

重大误解，是指行为人做出意思表示时，对涉及合同法律效果的重要事项存在着认识上的显著缺陷，其后果是使行为人受到较大的损失，以至于根本达不到缔约目的。一般认为，重大误解有以下几种：对合同性质的误解、对具有人身性质的合同的对方当事人的误解、对标的物品种的误解、对标的物质量的误解等；对标的物的规格、数量、包装、履行方式、履行地点、履行期限等内容发生误解，给误解人造成较大损失的，也应构成重大误解。

显失公平，是指双方当事人的权利义务明显不对等。其构成要件为：双方当事人违反了公平合理原则，超过了法律允许。显失公平的类型有因乘人之危形成的显失公平、因重大误解形成的显失公平等。显失公平的构成要件为：双方当事人的权利义务明显不对等；这种不对等违反公平原则，超过了法律允许的限度；受害人在缺乏经验或紧迫的情况下订立的合同。

本案中，虽然美国纽约的乙公司错误地理解了合同的争议解决条款（即仲裁条款），但这种理解的错误并不能构成双方当事人的权利义务明显不对等，因此对合同的争议解决条款（即仲裁条款）的错误理解不构成显失公平。

（4）本案例分析的方法步骤

第一步，分析仲裁的条件是否满足，能否识别防范海外投资风险。

第二步，分析和解协议和原合同的关系。

第三步，分析乙企业在本案中的法律地位。

第四步，确定仲裁地。

（5）案例分析详解

①关于仲裁的条件是否满足，能否识别防范海外投资风险的问题。乙企业认为，进行仲裁的一项先决条件没有得到满足，因为仲裁条款写明，仲裁只是在"当通过谈判不能得到解决时"才进行，而该争议已由2012年9月2日的和解协议所解决。法院认为这种争辩不成立。原因有：①对仲裁条款理性的理解是，在动用仲裁前双方有义务按善意来解决争议。由于双方用谈判解决争议没有成功，当事方现在就有权请求仲裁补偿，以免仲裁条款落空。②2013年9月2日协议的第二段的规定非常清楚，和解是以乙企业做出支付安排为条件的。乙企业未去做，甲公司就有权根据原合同追索补偿，这当然包括仲裁。③即使乙企业所说貌似有理，根据1960年"美国联合钢铁工人"案确定的原则，仲裁仍应强迫进行，除非可以肯定无误地说仲裁条款不允许解释为包括所声称的争议。

②2013年9月2日的和解协议和原合同的关系问题。乙企业声称，该和解协议是一份独立的合同，区别于原合同，因此它无义务去仲裁，因为有关争议是涉及和解协议的违约。法院认为这种说法是错误的。有关和解协议的请求并没有提到和解协议书本身，而是无法分割地与含有仲裁条款的销售合同有关。另外，乙企业起诉状中主要的请求是关于销售合同本身违约的情况，因此，乙企业的请求都是可仲裁的。

③乙企业在本案中的法律地位问题。乙企业声称，A先生签字的6份合同是转让给它的。由于本案是基于不同公民国籍移送的，因而纽约法应适用。当接受这种转让合同时，乙企业没有当然承担出让人的仲裁义务。而法院认为，更确切地说，乙企业不是一种受让人，而是A先生合同的购买者。

A先生的6份合同，每份合同都是由A先生代表买方签署的，而A先生实际上是乙企业的代理人，乙企业的负责人有一次写信告诉甲公司："如果我有时不能直接进行联络，这是因为我在同 A 先生讲话。当 A 先生同你说话时，他是代表我说的。"因此，乙企业受这 6 份合同中仲裁条款的约束，因为它们是由乙企业的代理人签订的，而不是出让人。总之，乙企业不仅因接受 A 先生合同的货物而接受了权利，而且还应对货物支付并至少按转让合同做出一些支付而承担义务。结论是，即使乙企业认为这些合同是转让的说法是正确的，即使该问题由纽约法而不是联邦法管辖，就这 6 份合同而言，乙企业也要受仲裁约束。

④法院对乙企业最后争辩的答复。乙企业最后争辩，让它到北京仲裁，将使它面临不应该有的困难。法院的简单回答是，乙企业在签订含有规定在北京仲裁的合同时，应该想到这一点。

从上述分析我们可以看出，乙企业以"仲裁之前进行协商"为由，认为双方签订了和解协议书因而就不能再要求仲裁，但是这一观点遭到了法院的驳斥。法院认为这种和解协议书并没有放弃按原合同追索补偿的权利，况且还要看和解协议书是否出于善意，否则都可以以一种名义上的和解去规避仲裁。乙企业又试图将和解协议书当作一份独立的合同，从而规避原合同的仲裁义务，这又涉及原合同与和解协议书之间的关系。法院认为，这两份文件是不可分割的整体，并没有存在相互取代的关系。所以最后的判决是在中国进行仲裁。

3. 案例启示

中华人民共和国和美国是《承认及执行外国仲裁裁决公约》的当事国。《承认及执行外国仲裁裁决公约》仅适用按其国内法被认为是商业性质的法律关系引起的争执。

《承认及执行外国仲裁裁决公约》第 2 条第 3 款规定："当事人就诉讼事项订有本条所称之协定者，缔约国法院受理诉讼时应依当事人一方之请求，命当事人提交仲裁，但前述协定经法院认定无效、失效或不能实行者不在此限。"

《最高人民法院关于贯彻执行〈中华人民共和国民法通则〉若干问题的意见（试行）》第 72 条规定："一方当事人利用优势或者对方没有经验，致使双方的权利与义务明显违反公平、等价有偿原则的，可以认定为显失公平。"

本案向我们提出了海外投资风险识别防范方面的一个具体问题，即怎样识别判断仲裁前协商已完成的问题。以中国既有的有关法律来看，还没有明确的规定，这只能由具体的案例来说明了。

第二节　中国企业海外投资风险监测

一、中国企业海外投资风险监测体系构建思路

企业进行海外投资是一个十分复杂的过程，遇到的风险因素多并且具有不确定性，使投资风险评价难以用一个或几个定量的指标来衡量。本节用层次分析法并结合模糊综合评价，通过建立一组相对客观的指标体系对中国企业海外投资风险进行综合评价。中国企业海外投资风险评价的基本思路概括如下。

①评价围绕中国企业海外投资风险构成的基本因素以及因素之间的相互关系；

②评价指标的选取遵循全面、客观，且围绕综合评价这一特点；

③评价结果不单满足于给评价对象排序，还要对评价结果进行分析，通过分析找出影响海外投资风险大小的原因，为改进和提高中国企业海外投资风险管理能力提供思路。

二、中国企业海外投资风险监测体系构建原则

构建一个科学、客观、实用的风险评价监测体系，可以有效地控制及规避投资项目可能面临的风险，达到投资项目顺利实施并同时实现收益的最大化。建立中国企业海外投资风险监测体系需遵循的原则有以下几点。

1. 全面性、科学性原则

中国企业海外投资风险评价监测体系的建立要大体涵盖投资项目的风险因素。监测体系的设计要合理科学，以保证风险评价概念具有一致性，确保评价方法和数学模型的逻辑严密性，以及准确参数因素分析。

2. 逻辑性、层次性原则

层次分明、条理清楚、具备较强的逻辑性的指标体系才具有实际可操作性，才能在实践领域中推广应用，并能表示出中国企业海外投资风险大小。

3. 可操作性原则

评价指标设立应当明了、简洁、具有明确性。有利于评估，有利于在实际评价领域中使用。指标的设立应避免歧义，解决不一致的问题，使监测体系具备实操性。

4．指标体系差别性原则

因各个投资项目的类型、状况不同，在对海外投资风险做出评价时，需要设置不同的指标体系。建立有差异、不重叠、各监测指标符合实际的监测体系是一个相当复杂的过程，在建立过程中必须考虑各因素的差别性。

三、中国海外投资经营风险监测体系构建

根据上述评价指标选取的思路与原则，结合中国企业海外投资风险的分类，从目标层、准则层和指标层三个层次来建立中国企业海外投资风险监测体系。

1．目标层

中国企业海外投资，由于投入资金后有很大的不确定性，在分析和评价中国企业海外投资风险时，要围绕为实现项目经营的协调、健康、持续的发展提供理论依据的这一点展开。因此，目标层元素定为中国企业海外投资风险，记为 H。

2．准则层

准则层的各因素，对中国企业海外投资风险某一方面的反应。基于分析的准则和标准，本文将从政治性风险、经营性风险、法律法规风险、文化差异风险、特定行业风险五个方面进行综合分析。由此，选择五个因素构成准则层，分别记为政治性风险 H_1、经营性风险 H_2、法律法规风险 H_3、文化差异风险 H_4、特定行业风险 H_5。

3．指标层

反映政治性风险的指标包括市场准入风险、利润收益的转移风险、政治暴力风险、战争和内乱风险、第三国干涉风险等五项风险；反映经营性风险的指标包括国际市场变化风险、国际企业管理风险、政府监管及服务风险、投资决策风险、汇率变化风险、企业技术创新风险、企业境外融资风险、人事风险等八项指标；反映法律法规风险的指标包括东道国法律变动风险、法律差异风险两项指标；反映文化差异风险指标包括文化风险、风俗习惯风险两项指标；反映特定行业风险指标包括不可抗力风险、社会责任风险、环境保护风险三项指标。

综上，中国企业海外投资风险监测指标体系见图 5-5。

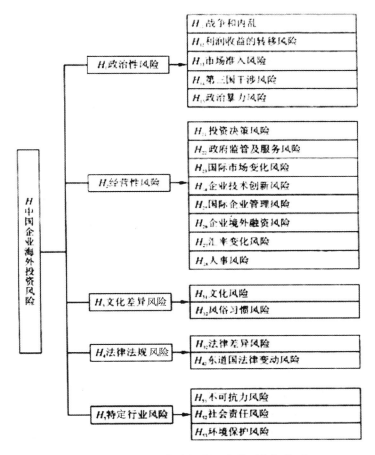

图 5-5　中国企业海外投资风险监测指标体系

四、中国企业海外投资风险评价指标体系的确定

根据监测体系的特点，确立指标体系的权重采用的是层次分析法。层次分析法即把复杂系统分为多组因素，将这些因素按照支配隶属关系分组后，形成递阶的层次结构，之后将各因素两两比较确立起相对重要性，最后确定目标方案的相对重要性，进行方案选择。整个过程既体现人的分析、判断，又做到定性与定量相结合。层次分析法确定权重的方法步骤如下。

1. 明确所要分析的问题

在分析问题之前必须对问题有明确的认识，了解问题所要涉及的范围以及问题所包含的因素，确定因素之间的关联关系和隶属关系，所要解决的最终问题在一开始就要极其明确。

2. 建立研究问题的递阶层次

建立好递阶层次结构是计算题，我们必须首先分析系统中的形成不同的层次关系的元层次结构。该层次的顶部为目标层结构，只有一个元素，即整体的决策目标。作为一个标准的中间层，是需要考虑的条件因素。层次的最底层是决策层，即决策者可以通过之前的分析来选取哪一个方案最合适。该方案自上而下的准则、子准则与目标层建立起关系。以下为递阶层次（图5-6）。

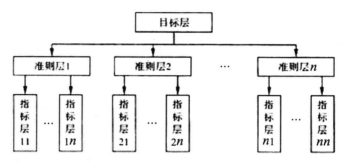

图 5-6 风险监测体系递阶层次结构图

3. 思维判断定量化标度

专家在对若干个指标评价做出权重评价时，会因为指标过多而难以判别，因而同一层次的两个因素在做比较时，根据人区分信息等级时的极限能力为7+2，所以在评价指标的重要性时，我们采取9分位的相对重要比例标度值，所得出的评价形成一个判断矩阵 H。矩阵 H 中各元素 B_{ij} 相对重要程度指标为各行的指标 B_i 对各列的指标 B_j 的相对重要程度所形成的比较值，在此设 B 为第一层指标 H 的下一级指标。9分位标度见表5-25。

表 5-25　层次分析法比例标度表

B_i 指标与 B_j 指标比	极端重要	明显重要	重要	略重要	相等	略不相等	不重要	很不重要	极不重要
B_i 指标评价值	9	7	5	3	1	1/3	1/5	1/7	1/9
备注	取 8，6，4，2，1/2，1/4，1/6，1/8 为上述评价值的中间值								

4. 建立判断矩阵

构建好各个因素的递阶层次结构之后，需要根据层次之间元素的隶属关系，下一层的元素以上一层元素为准，两两比较之后，建立起判断矩阵。本书中该矩阵记为 H，则 $H=(B_{ij})$（其中 $i=1, 2, \cdots, m$; $j=1, 2, \cdots, n$）。B_{ij} 的值

由 B_i、B_j 比较确定。

$$A = \begin{pmatrix} B_{11} & \cdots & B_{1n} \\ \vdots & \ddots & \vdots \\ B_{m1} & \cdots & B_{mn} \end{pmatrix} \quad (n: 指标个数) \qquad (10-1)$$

若专家给出的判断矩阵中对某几个指标相对判断差距不怎么接近时，即不具备满意的一致性，那么专家又需要对其重新判断。在多次循环、两因素的相对比较重要性可以形成符合实际的结果后，综合各个专家的意见。计算方法如下所示：

第一，当 $i < j$ 时，取 Z 个专家判断值的算术平均值，即：

$$B_{ij} = \frac{1}{Z} \sum_{i=1}^{Z} B_{ij}^{i} \qquad (10-2)$$

第二，当 $i > j$ 时，取各专家判断值的调和平均值，即：

$$B_{ij} = \frac{Z}{\sum_{i=1}^{Z} B_{ij}^{i}} = \frac{Z}{\sum_{i=1}^{Z} \frac{1}{B_{ij}^{i}}} \qquad (10-3)$$

第三，当 $i=j$ 时，取 $B_{ij}=1$。

5.用矩阵中数据求出指标权重的准确值

步骤如下：

第一步，判断矩阵中每一行元素乘积计算。

$$M_i = \prod_{j=1}^{n} a_{ij}(i, j = 1, 2, \cdots, n) \qquad (10-4)$$

第二步，计算 M_i 的 n 次方根。

$$\overline{W_i} = \sqrt[n]{M_i} \qquad (10-5)$$

第三步，向量 $\overline{W} = (\overline{W_1}, \overline{W_2}, \cdots, \overline{W_n})^T$ 归一化计算，即：

$$w_i = \overline{w_i} / \sum_{i=1}^{n} \overline{w_i}(i = 1, 2, \cdots, n) \qquad (10-6)$$

归一化计算之后，$W=(W_1, W_2, \cdots, W_n)$ 为所求的权重向量。

第四步，判断矩阵的最大特征根计算公式，即：

$$\lambda_{max} = \sum_{i=1}^{n} \frac{(AW)_j}{n W_j} \tag{10-7}$$

式中，$(AW)_j$ 表示向量 AW 的第 j 个元素。

第五步，判断矩阵的一致性检验和随机性检验。

构造好的判断矩阵不会是完全的一致性矩阵，但是它的一致性指标需在一定的范围内才能够证实该矩阵对实际问题的解决力度，只有一致性符合要求，才能避免一些问题的产生。在求得 λ_{max} 之后，还需要进行一致性和随机性的检验。此处引入 CI（度量偏离一致性指标）、RI（平均一致性指标）、CR（随机一致性比率）。

$$CI = \frac{\lambda_{max} - n}{n - 1} \tag{10-8}$$

RI（平均一致性指标），见表 5–26。

表 5–26　平均一致性指标

阶数	1	2	3	4	5	6	7	8	9	10
RI	0.00	0.00	0.58	0.90	1.12	1.24	1.32	1.41	1.45	1.49

随机一致性比率 $CR=CI/RI \leqslant 0.1$ 时，判断矩阵有满意的一致性，那么获得的值才合理，否则要继续对判断矩阵进行调整，直到得到满意的一致性结果。

第六步，计算组合权重以及一致性检验。

若该指标体系为 n 层的层次结构，那么第 n 层（指标层的各元素）对目标层的组合权重为：

$$\omega_n = W_{(n)} \cdot W_{(n-1)} \cdots W_{(3)} \cdot \omega_2$$

其中，n 为第 n 层每个元素的列向量构成的矩阵。

以上计算完成后，为确定整个层次是否满足一致性要求，层次分析法要求进行组合一致性检验。检验方法为：设第 n 层的一致性标为 $CI_1^{(n)}$，$\cdots$，$CI_i^{(n)}$，随机一次性指标为 $RI_1^{(n)}$，$\cdots$，$RI_i^{(n)}$（i 是第 $n-1$ 层元素的个数），则

$$CI^{(n)} = [CI_1^{(n)}, \cdots, CI_i^{(n)}]\omega^{(n-1)}$$
$$RI^{(n)} = [RI_1^{(n)}, \cdots, RI_i^{(n)}]\omega^{(n-1)} \tag{10-9}$$
$$CR^{(n)} = CR^{(n-1)} + \frac{CI^{(n)}}{RI^{(n)}}, n = 3, 4, \cdots$$

当组合一致性比率 $CR^{(n)} < 0.1$ 则可以说明整个层次都满足一致性，通过了

一致性的减压。那么，可以按照组合权重的排序选择相应的合适方案并依此为决策依据。

层次分析法的实施流程如图 5-7 所示。

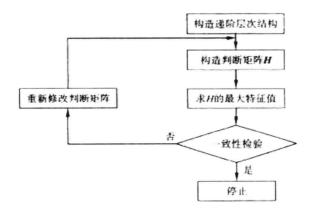

图 5-7　层次分析法的实施过程流程图

五、模糊综合评价模型

1. 模糊综合评价模型基本原理

建立中国企业海外投资风险评价模型，不单从某一个方面进行评价，而是需要从多层次、多目标的角度考虑，这就是模型选择的主要原则。因各个指标的影响因素不尽相同，海外投资风险涉及多方面，除少数指标能够通过数理统计方式取得，大多数来自专家打分。基于此，运用模糊数学（多层次模糊综合评价法）可以得到较好的解决。

在一特定的评价中，有的评价没有明确的界定，既不能判定为"合格"也不能判定为"不合格"，即在合格与不合格之间有种亦此亦彼的状态，这就是所说的模糊性。模糊数学里用"隶属度"描述这种模糊性，以达到定量准确的目的。因此可见，模糊综合评价解决了某类评价难以量化的问题。因此，本书采用的是定性和定量相结合的模糊综合评价方法，以定量的方式来描述定性的程度，更准确地描述了中国企业对外投资的风险程度。

在海外投资风险评价过程中，监测指标数量多，在用层次分析法进行分层之后，再对子因素分别做出模糊综合评价，系统地去综合评价海外投资风险发生的大小，这一过程就是多级模糊综合评价过程，建立的模型被称为模糊综合评价模型。

2. 模糊综合评价模型构建步骤

①评价对象各因素论域的建立，设置为 U，即解决将从哪些角度、何种因素来评价风险对象。此步骤确立了评价因素的体系

$$U=（U_1，U_2，\cdots，U_n）\qquad（10-10）$$

②设置评语等级论域 V。

$$V=（V_1，V_2，\cdots，V_n）\qquad（10-11）$$

确定论域的一个过程即在模糊综合评价后得到一个模糊评价向量，各个被评价的因素隶属程度的值，通过此模糊向量表示出来，此步骤体现了评价的模糊特性。评语等级的论域设定为：很低、较低、中等、较高、很高这五个等级。

③对第二层单因素进行评价，建立模糊关系矩阵 R。

$$\boldsymbol{R}=\begin{pmatrix} R_{11} & \cdots & R_{1m} \\ \vdots & \ddots & \vdots \\ R_{n1} & \cdots & R_{nm} \end{pmatrix}\qquad（10-12）$$

其中，R_{ij} 为 U 中因素 U_i 对应 V 中等级 V_j 的隶属关系，即 U_i 被评为 V_j 的隶属关系，R_{ij} 是第 i 个因素对该评价对象的单因素评价，模糊综合评价由这些单因素评价作为基础。

④设立评价因素权向量 A。

用模糊方法对每一个因素赋予不同的权重，得出的权重评价组合为因素论域 U 上的一个模糊子集 $A=\{a_1，a_2，a_3，\cdots，a_n\}$，且 $\sum_{i=1}^{n} a_i = 1$。

⑤选取合成算子，综合评价计算。

模糊综合评价基本模型用公式表示：

$$B=A \cdot R\qquad（10-13）$$

其中"·"表示合成算子。记作 $B=\{b_1，b_2，b_3，\cdots，b_n\}$，它为评语集 V 的一个模糊子集。若模糊综合评价结果 $\sum_{i=1}^{n} b_i \neq 1$，应选择合适方法将其归一化。

3. 多级模糊综合评价模型建立的具体步骤

第一步，将因素集 U 划分为几个子集，记作 $U=（U_1，U_2，\cdots，U_p）$，第 i 个子集 $U_i=（U_{i1}，U_{i2}，\cdots，U_{ik}）$，$（i=l，2，\cdots，p）$，那么，

$$\sum_{i=1}^{p} k_i = n \qquad (10\text{-}14)$$

第二步，对于每个 U_i，分别进行综合评价。且因素权重分配设置为 A_i，U_i 模糊评价矩阵为 R_i，则得到

$$\boldsymbol{B}_i = \boldsymbol{A}_i \cdot \boldsymbol{R}_i = (b_{i1}, \ b_{i2}, \ \cdots b_{im}), \quad (i=1, \ 2, \ \cdots, \ p) \qquad (10\text{-}15)$$

第三步，把 $U = (U_1, \ U_2, \ \cdots, \ U_p)$ 中 U_i 的综合评价 B_i 作为 U 中的 p 个单因素评价，得到总的模糊综合评价矩阵

$$\boldsymbol{R} = \begin{bmatrix} B_1 \\ B_2 \\ \vdots \\ B_n \end{bmatrix} = (b_{ij})_{p \times m} \qquad (10\text{-}16)$$

经过多次模糊合成运算后，二级模糊综合评价结果公式为：

$$B = A \cdot R$$

若要得到相当满意的综合评价结果，那么从第一到第三步需根据具体的评价多次循环，才能得到所有因素的综合评价结果。在评价过程中得到了因素体系中单因素评价的模糊矩阵，再求得层次的权重值矩阵，那么就能够求得任意层次中的综合评价结果和最终评价结果。多层次的综合评价模型不直接依赖某一项独立的指标，而是反映出来评价对象的层次性，它比单因素的模型更加具备整体评价的效果，又更加确定地反映了模型之间的关系。

第三节　中国企业海外投资风险预警

一、中国企业海外投资风险预警机制的建立

随着经济全球化的深入，企业在进行海外投资时所处的环境也越来越复杂多变。任何企业都不得不面对宏观环境、行业环境和企业自身环境带来的风险，而且每种风险并不是单独存在的，它们相互影响、相互作用，进一步加大海外投资风险的复杂程度，所以在分析海外投资风险的过程中，要同时评价三方面风险，做到由具体到整体的评价程序。

风险预警模型的建立，首先是要对各类风险进行评价，过程主要是预警指标和预警标准的设定。设置预警指标的目的是衡量风险，把所有风险都尽可能

地纳入预警机制当中；设置预警标准的目的则是更科学地衡量出发生各种国际化风险的频率及其影响的程度，以此制定出观测及衡量关键性风险的控制标准。风险评价环节结束之后，就需要重点监测风险，即依据对风险的评价做出相应的风险预警行为。

风险预警模型的建立应遵循以下原则：首先，一个模型建立必须符合实用的准则，模型需实际有用，且具备可操作性，企业可以通过运用风险模型更好地投资，从而带来利润，实现资源的最优配置。其次，须符合全面性原则，从总体全局出发，分析各种潜在危机，降低危害的可能性。再次，须符合前瞻性原则，好的预警模型，不是为了分析危机，而是为了防治危机造成的损害。最后，需要符合经济性原则，中国企业进行风险预警所花费的成本必须少于所获取的利润。

（一）设置中国企业海外投资风险预警指标体系

评估指标的选取要有代表性，能够全面反映目前中国企业海外投资所面临的风险。

表5-27　海外投资风险评价指标

指标层次	权重	指标类别	权重
宏观环境风险	H_1	政治风险	H_{11}
		文化风险	H_{12}
		…	…
中观（行业）环境风险	H_2	市场风险	H_{21}
		技术风险	H_{22}
		…	…
微观（企业内部）环境风险	H_3	经营风险	H_{31}
		财务风险	H_{32}
		…	…

根据对风险测度维度的总结，在指标类别中进一步加入维度指标，分别为风险的影响程度、风险的不确定程度和风险的可控程度。表5-28至表5-33依次为政治风险、文化风险、市场风险、技术风险、经营风险、财务风险所设置的指标维度。

表 5-28 政治风险类别的指标维度

指标类别	权重	指标维度	权重
政治风险	H_{11}	风险的影响程度	M_{111}
		风险的不确定性程度	M_{112}
		风险的可控程度	M_{113}

表 5-29 文化风险类别的指标维度

指标类别	权重	指标维度	权重
文化风险	H_{12}	风险的影响程度	M_{121}
		风险的不确定性程度	M_{122}
		风险的可控程度	M_{123}

表 5-30 市场风险类别的指标维度

指标类别	权重	指标维度	权重
市场风险	H_{21}	风险的影响程度	M_{211}
		风险的不确定性程度	M_{212}
		风险的可控程度	M_{213}

表 5-31 技术风险类别的指标维度

指标类别	权重	指标维度	权重
技术风险	H_{22}	风险的影响程度	M_{221}
		风险的不确定性程度	M_{222}
		风险的可控程度	M_{223}

表 5-32 经营风险类别的指标维度

指标类别	权重	指标维度	权重
经营风险	H_{31}	风险的影响程度	M_{311}
		风险的不确定性程度	M_{312}
		风险的可控程度	M_{313}

表 5–33 财务风险类别的指标维度

指标类别	权重	指标维度	权重
财务风险	H_{32}	风险的影响程度	M_{321}
		风险的不确定性程度	M_{322}
		风险的可控程度	M_{323}

从单个企业的角度分析，风险影响程度可以由偿债能力、成本费用、盈利能力、流动资产运营能力、风险影响范围的扩展性、品牌价值、市场占有率变化程度和组织结构变化程度等因素分析确定；风险的不确定程度可以由历史发生频率、风险作用时间的持久性、引起其他风险的可能性、风险影响的滞后性和风险影响范围的覆盖性等几个因素分析确定；风险的可控程度可以由可预测性、可转移性、管理层重视程度、可规避性和风险态度倾向等几个维度分析确定。

（二）风险权重的确定和等级划分

确定风险权重可以使用层次分析法，层次分析法可以用来确定风险权重，通过一定的形式来决策思维过程的规范化，可在决策问题过程中把定量与定性联合起来：这个方法可以把一些复杂的问题分解成各个构成因素，并将这些构成因素按支配关系分组，从而构成有序的递阶层次结构，然后通过两两相互比较来确定每一层次中各个因素的相对重要性，并在此递阶层次结构中进行合成，以此排列出相对于指标各个决策因素重要性的总次序。可以采用专家评判法来确定权重，并用定量原则对这一评判的正确性进行检验，最后，再把全部项目的风险综合起来。整个过程既包含了定性的分析，又有定量的结果。

风险等级采用五级区分，即很低、较低、中等、较高和很高。如果对风险等级分别赋予分值，如 1= 很低，2= 较低，3= 中等，4= 较高，5= 很高，在评出指标维度的分值 Pij 后，对于指标风险 $R_j = \sum_{j=1}^{m} P_{ij} \cdot \omega_{ij} (j = 1, 2, 3, \cdots, m)$，其中：$p_{ij}$ 表示风险指标 i 中的指标维度 j 的风险评分，W_{ij} 表示风险指标 i 中的指标维度 j 的权重。

在风险识别和评价过程中，需要收集大量的数据，并对海外投资企业做相关调查，在具体评定时，则需要相关专家的评判。由于作者个人水平、时间和精力有限，无法得到相关支持，所以在本部分（包括下文中的风险评价模型）中，都只做方法介绍，不做定量分析。

二、中国企业海外投资风险预警模型分析

（一）中国企业海外投资风险预警模型介绍

模糊综合评价法借助了一些模糊数学相关的概念，为综合评价问题提供了一些要领。其最大的优点是，克服了传统数学理论应用于经济中的诸多局限性。此方法的评价结果并不是一个确定的值，而是一个向量，包括了一些比较丰富的信息，不仅可以相对准确地刻画出评价的对象，还可以通过进一步的加工得到参考信息。不得不提的是，该模型同时也存在计算过程复杂及权向量主观性较强等缺点。模糊理论向管理者清楚地提供了一种重要思想：首先，管理者应当认识到，实际世界的随机性和界限的不确定性决定了目标的模糊性；其次，管理者对于目标的模糊性有不同的处理方法。因此，当考虑到这种模糊性，管理者必须利用模糊集理论，先确定策略集齐的策略关于模糊目标的隶属度，运用管理者的主观能动性，按照其知识和经验，确定隶属度后，管理者就可以利用模糊理论和方法选取最优化的决策。

（二）中国企业海外投资风险预警模型设立

第一，设立中国海外投资风险因素集为 U，根据上文中风险指标的分类，U 包含六个因素。

$$U_1 = 政治风险$$
$$U_2 = 文化风险$$
$$U_3 = 市场风险$$
$$U_4 = 技术风险$$
$$U_5 = 经营风险$$
$$U_6 = 财务风险$$

根据分风险评价指标体系和分层分析的办法，将上述风险因素划分为三个子因素集 U_1、U_2、U_3，分别代表宏观环境风险、行业环境风险和微观行业风险。

$$U_1 = \{U_1,\ U_2\}$$
$$U_2 = \{U_3,\ U_4\}$$
$$U_3 = \{U_5,\ U_6\}$$

于是有：$U = \{U_1,\ U_2,\ U_3\}$

第二，确定评语集。

$$V = \{V_1,\ V_2,\ V_3,\ V_4,\ V_5\}$$

分别对应海外投资风险等级划分的五个等级，即很低、较低、中等、较高和很高。

第三，进行一级评判。

分别对子因素集 U_1、U_2、U_3 进行一级评判。

根据风险评价指标 U_i 对评语指标的隶属程度进行量化，也就是从单因素来看，对评语集隶属程度，构建单因素评价矩阵。

对于 U_i（$i=1$，2，3）对应的单因素评价矩阵 R_i，有：

$$R_1 = \begin{pmatrix} r_{11} & r_{12} & r_{13} & r_{14} & r_{15} \\ r_{21} & r_{22} & r_{23} & r_{24} & r_{25} \end{pmatrix} \qquad R_2 = \begin{pmatrix} r_{31} & r_{32} & r_{33} & r_{34} & r_{35} \\ r_{41} & r_{42} & r_{41} & r_{42} & r_{45} \end{pmatrix}$$

$$R_3 = \begin{pmatrix} r_{51} & r_{52} & r_{53} & r_{54} & r_{55} \\ r_{61} & r_{62} & r_{63} & r_{64} & r_{65} \end{pmatrix}$$

其中 r_{ij} 表示风险从因素 U_i 来看对 V_j 等级模糊子集的从属程度。通过专家评分法分配权重，确定各风险因素的权向量。

$$A_1 = (\ a_{11} \quad a_{12}\ )$$
$$A_2 = (\ a_{21} \quad a_{22}\ )$$
$$A_3 = (\ a_{31} \quad a_{32}\ )$$

模糊综合评价模型为：

$$B_i = A_i R_i\ （i=1，2，3）$$

$$B_1 = (\ a_{11} \quad a_{12}\ ) \begin{pmatrix} r_{11} & r_{12} & r_{13} & r_{14} & r_{15} \\ r_{21} & r_{22} & r_{23} & r_{24} & r_{25} \end{pmatrix} = (\ b_{11} \quad b_{12} \quad b_{13} \quad b_{14} \quad b_{15}\ )$$

这里一般采用算子 M（$\vee \wedge$）。依此类推，可以得到：

$$B_2 = (\ a_{21} \quad a_{22}\ ) \begin{pmatrix} r_{31} & r_{32} & r_{33} & r_{34} & r_{35} \\ r_{41} & r_{42} & r_{41} & r_{42} & r_{45} \end{pmatrix} = (\ b_{21} \quad b_{22} \quad b_{23} \quad b_{24} \quad b_{25}\ )$$

$$B_3 = (\ a_{31} \quad a_{32}\ ) \begin{pmatrix} r_{51} & r_{52} & r_{53} & r_{54} & r_{55} \\ r_{61} & r_{62} & r_{63} & r_{64} & r_{65} \end{pmatrix} = (\ b_{31} \quad b_{32} \quad b_{33} \quad b_{34} \quad b_{35}\ )$$

第四，用类似的方法对 U_1、U_2、U_3 进行二次评判，用 B_1、B_2、B_3 构建单因素矩阵。

$$R = \begin{pmatrix} b_{11} & b_{12} & b_{13} & b_{14} & b_{15} \\ b_{21} & b_{22} & b_{23} & b_{24} & b_{25} \\ b_{31} & b_{32} & b_{33} & b_{34} & b_{35} \end{pmatrix}$$

仍然通过专家评分法，确定三个层次指标的权重，得到权向量如下：

$A = (\; a_1 \quad a_2 \quad a_3 \;)$

二级评判的结果为：

$$B = AR = (\; a_1 \quad a_2 \quad a_3 \;) \begin{pmatrix} b_{11} & b_{12} & b_{13} & b_{14} & b_{15} \\ b_{21} & b_{22} & b_{23} & b_{24} & b_{25} \\ b_{31} & b_{32} & b_{33} & b_{34} & b_{35} \end{pmatrix} = (\; b_1 \quad b_2 \quad b_3 \quad b_4 \quad b_5 \;)$$

最后，对结果进行归一化处理。

计算结果根据最大隶属原则或者通过加权平均的方法来确定中国海外投资总体风险等级。

（三）中国企业海外投资风险预警结果处理

1. 对风险指标维度的评价处理

按照分析的步骤，在评价风险时，首先进行的就是维度指标的评分和确定权重。通过评分可以直观地看出各个指标风险的影响程度、不确定程度和可控程度，通常人们认为，影响程度和不确定程度较高的企业风险较大，而防范风险的办法就是提高风险的可控程度。

2. 对风险等级的处理结果

在上文中，风险被分为五个等级，风险等级为1级的，说明风险低，对海外投资整体风险影响较小；风险等级为2级和3级的，说明风险较低，应该进一步关注，防范风险继续增加；风险等级3级以上的，说明风险较高，就必须要重点关注并且积极采取降低风险的措施。

3. 整体风险和单一风险关系处理

在风险评价的过程中，经常出现整体风险等级较低，而其中某项风险较高，这时不能因为整体风险低而麻痹大意，忽略了单一风险，出现"千里之堤毁于蚁穴"的局面。所以在进行风险预警和防范的过程中，要注意处理整体风险和单一风险的关系，虽然整体风险水平是风险考察的主要内容，但是不能忽略了单一风险较高的指标。

（四）中国企业海外投资风险预警模型结论分析

本书把风险预警分为了风险识别和风险评价，风险识别是建立在上文的基础之上的，即分为了宏观、中观和微观三大类。根据层次分析法将风险分为三个层次，即每个类别下面都有具体的评价指标，每个评价指标细分了三个指标维度。在风险的评价上，设立了五级的风险等级，引入了模糊综合评价模型，并将该模型与层次分析法结合，从最底层的指标维度开始评估，然后计算得到评价指标的风险评估值，进而逐步得到各大类的风险和总体的风险评估值。该方法实用性强，既能得到总体的风险，又能清晰地看出具体风险。

第四节 中国企业海外投资风险处理

一、中国企业海外投资风险处理体系

（一）中国企业海外投资风险处理体系概述

随着中国企业海外投资规模的扩大，海外资产存量也相应地日益庞大，但是全球经济形势却不容乐观，出现了经济放缓与金融动荡的局势。在企业生产经营中，来自外部与内部的双重压力，即国际竞争和投资环境的压力以及海外企业自身的风险，对海外投资风险控制与防范的必要性和迫切性逐渐凸显，中国企业深刻认识到跨国投资风险是由于企业内外部环境的不确定性导致经营主体损失的可能性。现阶段，中国企业的海外投资比国内投资更具风险性，对风险进行防范目前是中国企业经营的一个重要功能，最关键的是如何识别与防范境外投资风险，其防范的手段是要构建一个完善的海外投资风险处理体系。

本节将通过建立中国企业海外投资风险识别—风险评估—风险定位—风险规避的海外投资风险处理体系，对海外投资风险进行跟踪、监控，以便及时采取应对风险的措施，大幅度降低中国企业海外投资风险。

1. 风险识别

风险识别是整个处理体系的基础。对于风险识别，将从两个方面来探究：一是从理论上对风险识别的几个不同阶段进行分析；二是从实证角度出发，以实证方式来表达风险识别，力求能提高风险识别的有效性，为风险评估奠定良好基础。

2. 风险评估

风险评估是整个风险处理体系最为关键的一个步骤。由于海外投资主要涉及跨国因素，各国的政治背景、法律制度、文化等许多因素都不一样，中国企业海外投资项目可能存在众多风险因素，所以比一般投资更为复杂。海外投资企业所处的外部环境在政治、经济、社会、法律、文化等方面与国内有较大差异，因此我们在对海外投资风险进行评估的过程中有必要紧紧抓住风险的时空性特点。

　　风险评估将以多级综合评判法为基础，构建风险评价体系，将海外投资项目的因素主要划分为五个一级指标：政治风险、经营风险、法律法规风险、文化差异风险、特定行业风险。对于每一个一级指标，又相应地建立起二级指标。通过多层次的风险指标体系的建立，希望能为海外投资企业风险防范提供清晰的逻辑结构。表 5-34 为海外投资项目风险评价指标体系。

表 5-34　海外投资项目风险评价指标体系

目标层	一级指标	二级指标
海外投资项目风险影响因素	政治风险	东道国的政局风险
		政府区别性政策
		政府违约风险
		战争及内乱风险
		延迟支付风险
	经营风险	投资决策风险
		金融风险
		通胀风险
		经济周期波动风险
		权益风险
		技术研发风险
		战略决策风险
	法律法规风险	法律风险
		法规风险
		知识产权风险
	文化差异风险	跨文化风险
		道德风险
		信息不对称风险
	特定行业风险	技术壁垒风险
		环境风险
		人身安全保障风险

3. 风险定位

通过风险评估得到风险的总值后，将运用风险雷达图对各风险进行定位，指出不同的企业海外投资的风险类型。

4. 风险规避

在以上三个步骤都结束后，企业已经能够针对不同程度不同类别的风险采取一定的措施，力求能做到风险规避最大化，实现中国企业海外投资的正常及快速的发展。

（二）中国企业海外投资风险防范体系的使用

1. 投资前进行风险评估

中国企业不仅在投资项目的选择上应充分考虑自己的经济实力和经济环境，更重要的是应全面评估东道国投资的政治和经济环境。中国企业选择海外投资国，首先应着眼于政治和风险评估，对那些可能导致投资的营商环境有显著改变的应重点评估。对于政治稳定，有良好的信誉和较强的支付能力的国家，应利用自身的优势和良好的计划，全面开拓。其次，对政治局势相对稳定，但由于受到国外影响，外交政策有很大的变化的国家，就应该冷静分析，密切观察，随时准备应变；对政治不稳定，且有较大的投资风险的国家，则应谨慎行为，果断决策，并努力减少损失。

2. 投资时建立风险预警系统

这是中国企业海外投资最为关键的一步，海外投资项目实施过程中应该尽可能运用人才，设计本地化和多元化战略以分散风险，此外，中国海外投资企业还应建立风险识别—风险评估—风险定位—风险排除早期预警系统，实时跟踪，对投资风险进行监测、预警和规避，有效地解决在各种商业和非商业性跨境投资的风险。对于已经采取的措施，应对其进行风险信息跟踪监测，并将结果反馈给风险信息采集子系统，这样就又进入新一轮循环。

3. 投资风险发生后使用缓解策略

在采取了相应措施，但海外投资风险最终还是发生时，中国海外投资企业应积极采取减灾战略，以尽可能减少和弥补损失。中国海外投资企业在与其投资国的法律和法规的斗争中，要充分认识和利用双边投资保护协定和多边投资保护协定等及其他措施来保护自己的利益，并应如实向海外投资保险机构反映非商业性的投资损失和政治风险以及与东道国或国际法庭的纠纷诉讼，以获得补偿，从而达到转移风险、减少损失的目的。

综上所述，在进行投资决策前，中国海外投资企业应做到科学地分析投资风险和回报，从而为做出正确的决定打下基础。在进行投资决策时，必须仔细考虑风险价值因素，正确评估投资决策的风险程度，避免由于企业评估投资风险的误差造成企业投资决策失误，从而导致企业投资失败，给企业带来不必要的损失。企业应该将最合理的有限的投资，投入风险最小、回报率最高的投资项目，以达到投资小、风险低、回报高的经济效果。

二、中国企业海外投资风险处理对策

（一）政治性风险处理对策

当前的政治性风险已经由之前的战争、征收、国有化等传统型风险向更加复杂的非传统型风险演化，比如利润收益的转移风险、第三国干涉风险、市场准入风险、东道国政策变化、区域保护、民族主义和宗教矛盾、各国内部的利益集团和非政府组织的政治参与造成的风险。中国进入经济全球化的市场比较晚，所以需要采取积极的措施去面对。

首先，对政治风险进行评估，分析判定有关投资国的总体政治形势，据此筛选出相对适宜投资的东道国。评估重点有：导致商务环境突然出现变化的政治力量和政治因素，即政府政策变动给中国企业投资带来影响的大小；有可能取代在位执政者的政治势力大小；东道国与中国政府的亲疏关系如何；对于中国的资源型企业一定要考虑东道国对于此类企业是否会因危及该国国家安全而遭到控诉。

其次，依据此筛选出的投资东道国，风险评估主要从宏观对东道国政府的能力和政府若管理不善带来的经济环境的变动来进行调查分析，从而确定风险程度。评估重点是：导致商务环境出现突然变化的政治力量和政治因素，即政府对外国公司的政策给企业投资造成的经营方向变动、投资资本缩水等；以往的东道国政府类型、党派结构和各个政派的政治势力及其政治观念、时下政策的历史走向和政策形成的公共选择程序、可能取代现行执政者的政治势力、东道国政府与中国政府关系的亲疏程度等这些大角度，尤其在投资那些政党多的国家、政府结构混乱管理不力的国家时，中国企业应寻找多途径来分解这种外在风险，从而规避风险。

中国企业可以通过多途径来将政治风险最小化。

（1）为增强抵抗风险的能力对外投资应恰当安排股权结构

①独资经营企业虽然取得了完全的控股权，但是一旦东道国发生民族主义的排外运动，将不利于风险分担。因此，企业在政治动荡、民族主义斗争尖锐的国家，不应该采用设立全资子公司的方式，有当地人参与公司股权反而会降低风险。②与东道国企业合资方式易于被东道国接受，此种方式能提高政府的信赖，能加快熟悉当地的政治环境、经济状况和文化习俗，更重要的是，不会轻易因东道国内部政策变动或民族主义而带来显著的政治风险；若能与国际大公司合资，在合资过程中可以学习其规避风险的方法和经验，提高企业的国际影响力。③采取无股权但有长期服务合同的方式，这种方式由东道国雇用我方承包某一项目，项目完成后获得服务费用或份额资源，这有利于中国企业利用现有的比较优势提高投资热情，进而获得东道国政府和企业的信任，有利于中国企业未来市场的开拓。

（2）购买海外投资保险，转移政治风险

若企业分析此种投资具有政治风险，可以通过对各种资产进行投保，将风险转嫁给保险机构，从而企业可以集中精力管理公司业务。企业可以依照本国国内法的规定，对海外投资实行一种弥补政治风险损失的保险方式，如中国进出口银行、中国出口信用保险公司开设了海外投资政治风险保险业务。

（3）建立沟通协调机制，及时采用应对措施

当政治风险发生时，企业若反应迟钝，将无法与东道国及时沟通，或因信息不对称而错过处理风险的最佳时机。建立信息的沟通和协调机制，当风险发生时，及时与东道国进行沟通，阐明风险可能给企业及东道国造成的危害，从而使东道国或许为了自身利益而谅解和支持企业。企业也应该学习当地成功的企业规避政治风险的办法，获得如何规避政府变动带来的风险的经验。

（二）经营性风险处理对策

对于如何降低经营性风险，企业可以以产品出口为先导，取得经验，了解市场，有了品牌知名度、熟悉经营环境后，再循序渐进，逐步开展合资、合作乃至独资、战略联盟、跨国并购等方式。

1. 利用多种渠道，实行品牌战略

企业应有强烈的品牌意识，积极开展品牌国际促销活动，实施品牌先行。企业可以利用国际上的一些比赛，在这个过程中让观众潜移默化接受自己的产品，从而树立自己的品牌；还可以利用政府外援的途径，先向中国政府援助的

国家无偿提供设备，然后逐渐打开该国市场。

2. 根据情况，选择合适的经营主体

首先是合资经营。与东道国创办合资经营企业，比较容易获得当地的人力、财力、物力的支持。东道国企业熟悉当地资源、市场条件、政府政策法律，有利于降低我方经营的风险。其次是非股权安排。企业通过特许权协议、经营合同、销售合同、提供管理性劳务等参与东道国企业的生产经营活动。这种方式，往往受到东道国的欢迎，有利于企业进入该国市场，提高市场占有率。最后是建立独资企业。独资的好处是拥有自主经营权，可与母公司保持密切联系，有利于控制自己的技术和工艺，有利于自己企业的技术保密，减少或避免因合作经营而产生的矛盾和冲突。但它对管理层的要求较高，风险较大，应慎重选择。

3. 培养国际人才，应对复杂形势

企业海外投资不仅需要水平过硬的技术人才，更要有复合型具备国际经营资质的管理人员。对于企业经营风险的管控，人才越来越受到企业的重视，而且人才越来越成为决定企业"走出去"的盈利与亏损多少的关键因素。中国企业今后海外投资的重点是中东、中亚、北非、俄罗斯以及南美等地区，这些地区文化组成纷呈，民族、种族矛盾复杂，历史风俗差别显著，政治环境多变，对企业投资形成了挑战。因此应该加强对企业管理人员知识结构和人才队伍的培训和完善，形成一支精通外语、外贸，熟悉国际投资规则，能够识别和评估风险并通过合适的方式化解或减少风险的国际化队伍。人才的培养是企业的成本，如何将人才留在企业也是经营风险的一部分，人才的流失不只是资源的消耗，有时候也伴随着商业机密的泄露。若企业管理层可以使用人才本土化战略，大胆聘用熟悉当地政治、经济、文化、法律、风土人情的人才，一方面能使企业的各项生产经营活动更好地符合东道国企业行为规范，更快地拓展东道国目标市场；另一方面也能减少东道国政府和民众对企业的防范抵触情绪，极大地增强当地消费者对企业的认同度。

4. 实施战略联盟，降低经营成本

战略联盟一般以契约协议的方式实现，常见的类型有研究开发战略联盟、生产制造联盟、联合销售战略联盟、合资企业战略联盟等。战略联盟的好处在于降低成本、减少竞争、分散风险、适应性强等。

进入该国市场后如何在市场迅速成熟和壮大，企业可以通过在当地设立研发中心，及时了解最新的科研信息和技术发展动态，增加公司产品的技术含量，提高产品研发的本土化程度，制造出适合当地消费者消费习惯的适路产品。

5. 生产销售本土化，大大增加企业利润

在东道国投资建厂乃至设立生产制造中心，就地采购原材料、就地生产、就地销售，益处甚多：一是能够大幅度降低运输、人力等生产经营成本；二是可以有效地避开东道国的关税和非关税壁垒；三是可以充分利用东道国自然资源丰富或生产要素成本低等区位优势；四是可以获得东道国税收、融资、土地使用等相关优惠政策的支持；五是可以极大地减少国际市场波动的影响。在东道国寻求熟悉当地市场的销售代理，或利用当地的销售机构，利用它们成熟的营销网络将产品方便、快捷、及时送到消费者手中，对于国外销售渠道不太健全的企业而言不失为一条低成本、高效率的进军东道国的捷径。

6. 公共关系本土化，创造融洽氛围

企业的生产经营活动与东道国政府、银行、工商、税务、消费者、原料供应商等息息相关，在当地树立良好的企业形象，搭建本土化的公共关系，对立足长远的企业而言不可或缺。因此，中国企业跨国经营时，一是要加强与东道国各级政府和工会等民间组织的对话和沟通；二是要入乡随俗，在遵守东道国法律法规的同时，注意尊重当地关于营业时间、人员雇佣、薪酬福利等规定，尽量使自己的生产经营活动符合当地的风俗习惯；三是要力所能及地参与东道国的公益事业，努力争取东道国公众的好感和信任。

（三）法律法规风险处理对策

法律是东道国和国际社会的游戏规则，企业须熟练掌握国际贸易、投资法律规则，完善企业的内部微观法律制度，加强企业法律风险管理，参与国际法律机制，共享利益，共担风险。

1. 遵守制度，严格控制合同流程

所有合同及其他法律文件，首先要进行资信审查。承办单位应审查对方当事人的主体资格、资信情况、相应资质证明、资金状况、生产经营实力、技术条件、债权债务情况和商业信誉等，必要时可提请相关部门予以协助。合同履行结算时，合同承办单位应按规定办理内部会签手续。未经会签的合同，不能办理结算与支付。在合同履行期间，需要变更、转让或解除合同时，应当按照原合同订立程序重新和对方达成一致协议，并在履行相应审查和报批程序后，以书面形式确定。合同流程完毕后，应办理关闭手续，表明权利义务已履行完毕，

无任何遗留问题。合同争议发生后，合同履行部门或单位应及时向公司申报。

2. 聘请知名律师事务所，处理涉外法律事务

知名律师事务所拥有专攻于某些行业的高级律师，拥有服务重大复杂项目的丰富的业界经验。它知道客户需要什么样的法律服务、如何为客户提供优质高效的法律服务，还可以运用其强大的客户或信息资源，为客户提供"传递项目信息""协调斡旋""提供商机"等附加增值服务。知名律师事务所一般重视法律理论研究，对于行业项目模式创新、东道国法律和政策等都具有一定的理论影响力。它们注重收集、整理和研究各国法律法规，拥有强大的法律数据库系统，若企业面临法律法规风险，这些机构可以迅速处理，以降低此种负面事件给企业声誉带来的影响，同时为企业的经营创造良好的环境。

3. 合理选择仲裁机构，争取协商争议解决

对于争议解决条款，合作各方都会认真选择争议解决机构。国内公司和其合作伙伴通常都在其争议解决条款中选择国际知名仲裁机构作为争议解决机构。主要因为国内的司法机构或仲裁机构人员，一般对涉外商务问题、行业法律问题不太熟悉，无法合理、妥善、有效解决海外贸易投资法律纠纷。而国际知名仲裁机构具有丰富的处理重大复杂项目法律纠纷和争议的经验。相对于国际诉讼而言，国际仲裁在时间效率、成本、公平性等方面具有一定的优势。在国际经济贸易投资领域，合作各方一方面不愿意因为争议而损害各自的商业形象和利益，另一方面也不大信任争议解决机构的能力和效率，加上争议解决成本等的原因，所以都乐于通过协商解决其争议和纠纷。

（四）文化差异风险处理对策

不同文化的管理者和员工共同合作经营，会带来多元文化冲突，这些文化差异会给企业正常经营带来影响。要恰当地解决好文化冲突问题，它是企业跨国经营必须解决的问题之一。

1. 用人谨慎，从源头上缩小文化差异

首先，当企业对外投资进行人员录用与筛选时，可以聘用文化顾问来考察应聘人员对本国文化及管理方式的认同度，并在其入职后进行跨文化人才培训，指导员工；有些企业运用"文化翻译"，帮助解释各方行为的含义；也可以选择采用全职培训专家解决不同国籍员工之间的文化阐释问题。其次，通过商务实践对员工进行培养。企业可以利用与外籍同事、供应商、客户的日常接

触，培养员工跨文化能力。电话、电子邮件、传真、电视会议或面谈都是进行沟通的途径；在项目合作中，学习外籍人士解决分歧和克服误解的方法。

2. 允许不同文化的存在，建立跨文化沟通机制

不同的文化具有不同的价值观，人们总是更加认同自己国家的文化，在潜意识中有种排外的情绪。因此，企业需要在不同文化背景的人或群体之间建立多层次、制度化、正式及非正式沟通形式，让他们能畅通地表达思想、传递信息、交流感情，增进彼此的尊重和理解，产生信任，并最终形成文化整合和创新。跨国企业应在沟通交流的基础上，找到不同文化的优势，在企业内部建立起统一的价值观，增强员工的凝聚力、向心力。

3. 整合创新，创建企业新型文化

通常，解决跨文化冲突有三种方案：一是凌驾式。这种文化是选择多元文化中的一种强势文化，凌驾于其他弱势文化之上，在某种文化成为主导地位之后公司就有统一的组织文化，但是其缺点就是因其他文化受到压抑，最终产生反感，加剧冲突。二是共存式。企业母国文化与东道国文化并存，追求和谐与稳定，但此种和谐难免会有摩擦，长期摩擦之后才会缩小文化差异。三是融合创新式。这种方法是三种中跨国公司使用的较多的一种，双方文化进行有效的整合之后，各种文化互相了解、融合、包容，原有的文化各自既失去了自身的一些特质，又从对方那汲取精华，从而在投资国形成一种新型的企业文化。

4. 借助第三方文化，进行跨文化管理

企业在进行全球化经营时，如果无法在短时间内适应由"文化差异"而形成的经营环境，可借助比较中性的、与母国的文化已达成一定程度共识的第三方文化，对设在东道国的子公司进行控制管理。用这种策略可以避免文化的直接冲突，避免资金和时间的无谓浪费，使子公司在东道国的经营活动可以迅速、有效地开展。

（五）特定行业风险处理对策

企业对外投资实现了盈利之后，企业除了对股东负责，还应对社会负责，包括遵守商业道德、保护劳工权利、保护环境、保护弱势群体等。企业的社会责任及其标准日益得到全球范围的支持，经营者应当高度重视。

1. 树立社会责任观，把握责任新趋势

企业社会责任体现了以人为本的发展理念，是社会良知对资本权力的制约，

其宗旨是保护弱势的劳动者的权益不受侵犯，保护人类生存环境。世界经济发展的历史说明，关注企业的社会责任是人类文明进步的标志。跨国经营企业应积极推行社会责任标准，勇于承担社会责任，适应企业社会责任全球化需要。应承担社会责任的标准不仅取决于一国经济发展水平，还包括社会制度、法律环境、价值观念和技术水平等诸多因素。因此，不同发展水平的国家对社会责任的观念有所不同。企业应利用各种机会加强与东道国政府、民间组织、合作伙伴的交流与沟通，宣传自己在本国经济条件下为承担社会责任做出的努力和取得的成绩，宣传企业责任立场和观念，争取他们的理解和支持。与此同时，企业要密切关注国际上环境标准、劳工标准等社会责任问题的最新动态，收集主要目标市场国家关于社会责任的新法规、新标准，为企业提供信息服务，以便企业及时采取应对措施。

2 转变发展模式，注重社会效益

改革开放以来，中国企业基本上摆脱了沉重的社会负担，把资本的保值和增值作为自己的主要目标。但过犹不及的是，企业片面追求经济效益、强调企业利润的积累而忽视员工权益维护和环境的保护，产生了社会责任的缺失。事实上，当今企业的竞争已经从商品竞争、环境竞争向道德竞争过渡，加之发达国家民众消费意识的成熟，在国际贸易中，非伦理化的产品在国际市场越来越受到排斥。实际也证明把利润最大化作为企业发展的唯一目标，是造成企业过早夭折的重要根源。因此，企业应当实行经济效益和社会效益并重的经营理念，为经济、社会和环境协调发展做出贡献。

3. 不歧视，保障劳工权益

员工是企业经营的核心，也是管理理论研究的重点。在欧美国家，越来越多的企业从"人本管理"的理念出发，给予员工人格尊重、扩大员工权利范围，提高员工的生活质量。一个企业如果想在经营活动中取得成功，就离不开具有创造性的、训练有素的、富有激情的员工积极合作。因此，企业在跨国聘用员工时，应坚持机会均等的原则，只要达到所规定的工作要求，不会因为人种、信仰、肤色、国籍、民族、年龄、宗教、性别、残疾等因素受到不合法待遇。同时还要根据员工人的个人能力、业绩及公司的盈利情况制定奖励方案，创造一个积极向上、努力进取、充满快乐的工作环境，为员工充分发挥自身潜能提供条件。

4.减少能耗，保护环境

随着企业的巨型化和国际化，资源短缺、环境污染等全球性问题日益凸显。这不仅给人类生活带来了诸多负面影响，而且阻碍了企业的可持续发展。从长远利益出发，欧美发达国家的绝大部分企业开始转变经营观念，主动采取措施，以最大限度地控制乃至消除生产活动中对生态环境的破坏。因此，企业应坚持"为环境而设计"的理念，从产品设计开发、原材料采购、生产运营，到货后服务、废品回收的每一个环节都充分考虑环保因素，从而使产品实现最高的环保效率，使材料和能源消耗保持在最低水平。

第六章 "一带一路"沿线国家投资风险

　　"一带一路"倡议提出后,沿线国家间的资本流动成为区域合作最具活力的因素。近年来,我国对"一带一路"沿线国家直接投资规模快速增长的同时,投资风险案例时有发生,给国家和企业造成了重大经济损失。在分析"一带一路"沿线国家风险特性的基础上,从政治社会风险、经济风险、法律风险和主权信用风险四个方面构建国家风险评价指标体系,利用因子分析方法全面系统地衡量各国风险并划分出投资风险低、中、高三个区域,为改善我国对"一带一路"沿线国家投资效益提供理论参考。

　　中国"一带一路"倡议提出以来,我国对沿线地区的直接投资有了较快增长,区域直接投资存量从2007年的97.3亿美元上升至2017年的1 671.9亿美元,直接投资流量从2007年的32.5亿美元上涨至2017年的143.6亿美元。但在总量上升的同时,对"一带一路"国家投资风险事件频发,给我国造成了巨大经济损失。"一带一路"沿线地区投资环境不优,投资主体风险防范经验不足,前期风险评估不充分是造成风险案例多发的主要原因。为促进我国对"一带一路"投资健康快速发展,需要充分认识"一带一路"沿线国家风险特征,评估各国投资风险高低,以更好地指导企业对外投资决策与实践。

第一节 理论基础研究

　　世界经济合作和发展组织(OECD)将风险定义为:违背主体意愿的结果事件发生的概率,对外直接投资风险则可以定义为企业在东道国的投资收益低于预期的可能性。经济活动的发生必然面临风险,与国内投资相比,企业对外直接投资面临更多的不确定因素,东道国投资环境也更加复杂。杨丽梅将企业对外直接投资面临的风险分为商业风险和国家风险。聂名华更加细致地总结了企业对外直接投资面临三个层面的风险：国家层面风险，如政局不稳定、政策不连续、法律法规变化、恐怖主义活动等；市场层面风险，如汇率水平、物价波动等；企业层面风险，如投资决策、项目经营、道德风险等。本节主要从国家角度研究"一带一路"沿线地区对外直接投资风险，参照布歇的观点，国别风险基本涵盖了政治风险、社会风险、经济风险和企业经营风险等潜在因素，能够较全面地反映东道国的投资风险。

学者普遍认为影响企业对外直接投资的因素包括政治风险、经济风险等。托马斯和格罗斯认为东道国的经济发展水平、经济开放程度和政治风险等是影响企业对外直接投资风险的主要因素。雅各布森认为政治风险是最重要的影响因素。崔宗模和全兵南则发现汇率是影响对外直接投资的关键因素之一。邱立成、赵成真则认为法律和环境风险对我国企业对外直接投资产生了较大影响，尤其是国民收入越高的东道国，法律和环境风险越严重。在识别了风险来源的基础上，国外学者开始量化评估对外直接投资风险。罗博克、西蒙先后运用独立和非独立变量实证研究企业对外直接投资面临的东道国政治风险。拉梅尔和克拉尔设置了一系列指标来衡量东道国的投资风险。之后，学者开始从政治、经济、社会等多个风险来源角度分析对外直接投资风险。金从东道国的政治制度、经济发展水平和社会环境三个角度去综合评估企业对外直接投资的东道国风险。

关于"一带一路"对外直接投资风险的研究，以我国学者研究为主，多数学者认为"一带一路"区域政治风险占主要地位。马博雅指出政治风险主要包括沿线政局动荡和大国利益竞合，各国战略互信不足、领土争端、恐怖主义等传统和非传统安全因素使"一带一路"对外直接投资基础脆弱[1]。由于我国对"一带一路"沿线涉及东道国关键领域的项目投资风险评估不到位，中国企业对"一带一路"沿线的直接投资存在投资质量低下、投资结构不合理、社会责任意识缺失等问题[2]。在货币金融方面，随着人民币国际化日益加深，人民币汇率波动幅度的加大使得企业面临的汇率风险逐步加大；"一带一路"沿线地域封闭、信息化手段落后及投融资制度不完善导致的严重的信息不对称问题加剧了企业投融资的逆向选择和道德风险问题[3]，主权信用风险方面，如中诚信国际信用评级有限公司在其发布的《"一带一路"沿线国家主权信用风险报告》

---

[1] 马博雅."一带一路"建设中金融风险防范[J].党政干部学刊，2016（6）：50-53.

[2] 樊增强.中国企业对外直接投资：现状、问题与战略选择[J].中国流通经济，2015（8）：106-113.

[3] 宁薛平.丝绸之路经济带企业跨境融资的逆向选择和道德风险[J].区域经济评论，2016（4）：98-103.

中指出，沿线各国政治、经济、金融方面存在的巨大差异导致区域内国家主权信用水平参差不齐，易导致主权债务危机和银行危机之间的恶性循环，这对"一带一路"投融资合作的开展尤其不利①。目前关于"一带一路"区域对外直接投资风险研究以定性研究为主，有少数学者从量化角度衡量了投资风险：苏馨对除中国外的 64 个"一带一路"沿线国家的直接投资风险进行了测算，但目前已有的风险定性研究，对风险的衡量较为粗略，尤其是衡量政治风险的评价指标有限，对不同国家的不同风险特性刻画不足②。

本文的"一带一路"区域包括65个国家，参考已有的投资风险指标体系研究，结合国际知名信息公司领英（The PRS Group）出版的《国家风险国际指南》，从政治社会风险、经济风险、法律风险和主权信用风险四个角度分别衡量"一带一路"沿线国家风险情况，构建风险衡量指标测算各国投资风险，将各国按照风险高低进行排序，并将"一带一路"各国分为投资风险高、中、低三个地区，以期更加全面准确地反应区域国家风险特点，为我国企业"走出去"开展"一带一路"对外直接投资决策提供参考。

第二节　我国对"一带一路"沿线国家投资风险情况

2015 年中国超过日本成为全球第二大对外投资国，特别是对"一带一路"相关国家投资快速增长③。2017 年，我国企业对"一带一路"沿线的 59 个国家有新增投资，合计 143.6 亿美元，占同期总额的 12%，同比增长 35%。从我国对"一带一路"区域投资的地域分布来看，地区分布比较集中，投资目的地以发展中国家为主。东南亚 8 国一直是"一带一路"区域接受中国投资最多的地区，每年接受的中国直接投资额占"一带一路"沿线总投资额的 40% 以上；俄蒙两国、中亚、南亚和西亚北非地区近年吸引中国投资的规模逐步增长，俄罗斯更是成为中国对外投资存量前 10 位的国家。由于中东欧国家的投资市场长期以来被欧洲的德国、法国和俄罗斯等国主导，距中国的空间距离较远，中国对该地区的直接投资份额一直较小，年直接投资流量在中国对"一带一路"沿线直接投资流量总额的占比一直不到 2%，且增长速度缓慢。

① 毛振华，阎衍，郭敏."一带一路"沿线国家主权信用风险报告［M］.北京：经济日报出版社，2015：11.

② 苏馨.中国对"一带一路"沿线国家直接投资的风险研究［D］.长春：吉林大学，2017.

③ 史雪娜，王蒙蒙，熊晓轶."一带一路"倡议下 OFDI 经济增长效应及差异性影响研究：基于省级面板数据的门槛回归分析［J］.河南师范大学学报（哲学社会科学版），2018（2）：51-56.

与其他地区相比，"一带一路"投资项目大多资金需求庞大、投资周期较长、涉及资本跨境合作，叠加我国对"一带一路"区域投资地区分布集中、行业分布敏感、投资主体单一的特性，导致"一带一路"沿线对外直接投资风险案例较多。据统计，2005 年 1 月至 2016 年 6 月，中国企业在"一带一路"沿线国家发生的投资风险案例共 49 起（占对外投资风险案例总数的 28.3%），总金额 777.2 亿美元（占 26.2%），每起案例平均涉案金额 15.9 亿美元（见表 6-1）。从风险项目损失金额与投资总额的比值来看，经计算，2005—2016 年"一带一路"区域的比例为 41.1%，高于全球 38.4% 的平均水平。与其他地区相比，"一带一路"沿线国家在政治社会、经济金融、法律和主权信用等方面具有一些高风险特性，下面分别进行简单梳理。

表 6-1 2005—2016 年中国企业对外直接投资风险案例统计

年份	案例数	涉及金额（亿美元）
2005 年	1（0）	180（0）
2006 年	9（6）	347.6（218.7）
2007 年	11（5）	146.1（73.6）
2008 年	15（1）	366（3）
2009 年	16（2）	354.9（18.3）
2010 年	18（4）	176.9（18.3）
2011 年	22（2）	340.3（40.5）
2012 年	16（6）	163.4（86.4）
2013 年	14（4）	213.3（69.5）
2014 年	19（10）	231.6（149.4）
2015 年	22（7）	309.9（76.9）
2016 年	10（2）	142（22.6）
总计	173（49）	2 972（777.2）

注：括号内为发生在"一带一路"沿线国家的统计数据；数据来源于美国企业研究所（American Enterprise Institute）和传统基金会（The Heritage Foundation）的"China Global Investment Tracker"数据库。表中 2016 年的数据不是全年的数据，而是 1—6 月的数据。

（一）政治社会风险

巴特勒和乔奎因将对外投资的政治风险定义为："东道国政府在跨国企业经营中突然改变政策规则导致投资者权益受损的可能性。"[①] 东道国的政治局

① BUTLER KC, JOAQUIN DC. A note on political risk and the required return on foreign direct investment [J]. Journal of international business studies, 1998, 29（3）: 599-607.

势和社会稳定程度对投资造成的损失往往大于经济风险，是对外直接投资需要首先考虑的风险因素。

"一带一路"包括了地缘政治最为复杂的一些区域。第一，政局动荡。东西方多种文明在"一带一路"地区交汇，导致该区域政治宗教冲突频繁发生，突发性动乱或战争频发。第二，政策频繁变更。"一带一路"区域部分国家民主化程度较低，政权频繁变更会导致政策缺乏连续性，当东道国以公共利益和环境保护等为借口对投资政策进行重大调整，如通过提高税收、下达政府禁令、无故违约以及国有化政策等对外国直接投资设置壁垒时，投资项目会遭遇运营困境或被迫叫停，陷入"投资陷阱"。同时，"一带一路"部分国家浓厚的宗教思想和较大的文化差异会加深民众的误解，进而引发政策变更风险，严重损害国外投资者的正当经济权益。第三，大国角力形势复杂。来自美、日、俄、印等大国的各种竞合博弈和复杂利益交织在一起，使得对外直接投资面临第三国霸权主义的干预风险。第四，恐怖主义蔓延。"一带一路"沿线地区恐怖主义活动频发，"西亚—中东—南亚—中亚"的弧形恐怖主义地带初步形成，恐怖主义袭击和反恐战争此起彼伏[①]。美国全球恐怖主义数据库显示，25%的"一带一路"沿线国家处于危险状态，15%的国家处于高危状态。除了陆上恐怖主义势力，以"政治性海盗"为主的海上恐怖主义事件近年来在红海、亚丁湾、马六甲海峡和孟加拉湾等海域频发。恐怖主义等非传统安全威胁给"一带一路"沿线的投资活动带来巨大的不确定性因素。

（二）经济风险

经济风险主要指东道国经济形势变化或经济政策调整导致对外投资收益降低的可能性。"一带一路"沿线多数国家经济基础较薄弱，市场经济制度不健全，经济结构单一，经济稳定性较差；金融系统较为脆弱，国内金融市场不发达，容易受到世界经济低迷和国际金融市场波动的影响。因此，对外直接投资面临的市场风险和运营风险较为突出。市场风险主要表现在汇率风险和利率风险。"一带一路"沿线很多国家存在通货膨胀问题，俄蒙两国的平均通胀率高达10.42%，中亚、西亚北非和南亚地区的平均通胀率也超过了6%[②]，2017年乌克兰和伊朗的通货膨胀率更是分别高达11.5%和11.2%。汇率风险主要涉及东道国本币汇率的稳定性、货币自由兑换程度和外汇管制情况等。"一带一路"

---

① 周五七."一带一路"沿线直接投资分布与挑战应对［J］.改革，2015（8）：40-43.

② 吴舒钰."一带一路"沿线国家的经济发展［J］.经济研究参考，2017（15）：16-45.

沿线地区欠发达国家较多，币种偏小，国际流通性较差，汇率制度不健全，本币汇率频繁波动情况时有发生。2008年以来，经济增长动力不足和汇率机制僵化导致了"一带一路"沿线国家普遍经历了货币较大幅度贬值情况：南亚国家、印度尼西亚、菲律宾、蒙古和独联体等国家的货币显著贬值。在许多国家实行较为严格的汇率管制的背景下，中国企业很难再利用当地金融市场和外汇市场来对冲汇率风险。这将增加"一带一路"项目的货币风险点，提高分散风险的难度。资金运营风险，一方面指企业做出投资决策过程中对成本收益预估失误，另一方面指融资渠道出现阻碍导致资金不能保证项目正常运营等情况发生的可能性。由于目前中国企业对外直接投资的项目资金需求大、建设周期长，加上"一带一路"大部分国家存在金融市场发展成熟度不高、金融产品不丰富、资金可获得性低、市场监管能力不足等问题，对外投资的资金不可持续性风险大大增强。

（三）法律风险

"一带一路"沿线各国司法环境各异，法律法规、税收政策、办事流程差异较大，许多发展中国家甚至存在法律不完善乃至朝令夕改等问题。沿线地区国家的法律分属大陆法系、海洋法系、宗教法系和具有当地特色混合法系等，对当地法律的不熟悉往往会面临法律费用和经营成本增加的挑战。第一，一些东道国相关法制欠缺，在投融资、产业政策、劳动力和土地等方面法律法规不健全，执法较为随意；部分法律对境外投资者设置法律壁垒，对跨境投资实施反垄断审查，给对外直接投资造成较大阻力。第二，企业不了解当地一些特殊的法律法规而造成投资损失，其中劳资关系纠纷、知识产权纠纷和生态环境破坏纠纷是主要方面。第三，"一带一路"投资仲裁机制不统一。目前我国已经与沿线56个国家签订《解决国家与他国国民之间投资争议公约》，但没有覆盖全部沿线国家，仲裁结果的执行也主要依靠国际社会压力，法律强制性较弱。同时，沿线有15个国家不是WTO成员，其国内法律法规可能与WTO法律制度、RTA争端解决机制存在冲突，多重争端解决机制相互交叉加剧了法律保障难度。

（四）主权信用风险

东道国政府违反合约造成的经济损失不容忽视，国家主权信用评级在一定程度上能代表东道国政府的违约风险，主权信用评级越高，投资面临损失的可能性就越小。根据联合信用评级有限公司发布的《2017年"一带一路"国家主权信用风险展望》，"一带一路"沿线国家主权信用风险主要表现在：信用等级跨度大，包括等级为AAA的新加坡和刚走出违约状态等级的乌克兰；主权信用风险水平各地区分布不平衡，中东欧地区国家主权信用风险整体较低；东南亚地区国家主权信用风险整体不高；南亚和北非地区的国家政府偿债压力较大但信用风险整体可控；中亚和西亚地区主权信用风险较大。国际三大评级机构做出的主权信用评级结果与以上分析也基本一致（见表6-2）。

表6-2　"一带一路"区域国家主权信用评级（2017年12月）

区域	国家	标准普尔评级	穆迪评级	惠誉评级
东南亚	印度尼西亚	BB+	Baa3	BBB–
	泰国	BBB+	Baa1	BBB+
	马来西亚	A–	A3	A–
	越南	BB–	B1	BB–
	新加坡	AAA	Aaa	AAA
	菲律宾	BBB	Baa2	BBB–
	缅甸	—	—	—
	柬埔寨	B	B2	—
	老挝	—	—	—
	文莱	—	—	—
	东帝汶	—	—	—
西亚、北非	沙特阿拉伯	A–	A1	AA–
	阿联酋	—	—	—
	阿曼	BBB–	Baa1	—
	伊朗	—	—	B+
	土耳其	BB–	Ba1	BBB–
	以色列	A+	A1	A+
	埃及	B–	B3	B
	科威特	AA	Aa2	AA
	伊拉克	—	—	—
	卡塔尔	AA	Aa2	—
	约旦	BB–	B1	—
	黎巴嫩	B–	B2	B–
	巴林	BB–	Ba2	BB+
	也门	—	—	—
	叙利亚	—	—	—
	巴勒斯坦	—	—	—
	亚美尼亚	—	B1	B+
	阿塞拜疆	BB+	Ba1	BB+
	格鲁吉亚	BB–	Ba3	BB–

区域	国家	标准普尔评级	穆迪评级	惠誉评级
俄蒙中	俄罗斯	BB+	Ba1	BBB−
	蒙古	B−	Caa1	B−
	中国	A+	A1	A+
中东欧	波兰	BBB+	A2	A−
	罗马尼亚	BBB−	Baa3	BBB−
	捷克	AA−	A1	A+
	斯洛伐克	A+	A2	A+
	保加利亚	BB+	Baa2	BBB−
	匈牙利	BBB−	Baa3	BBB−
	拉脱维亚	A−	A3	A−
	立陶宛	A−	A3	A−
	斯洛文尼亚	A	Baa3	
	爱沙尼亚	AA−	A1	A+
	克罗地亚	BB	Ba1	BB
	阿尔巴尼亚	B	B1	—
	塞尔维亚	BB−	B1	BB−
	马其顿	BB−	—	BB
	波黑	—	—	—
	黑山	B+	B1	
	乌克兰	B−	Caa3	B−
	白俄罗斯	B−	Caa1	—
	摩尔多瓦	—	B3	B−
中亚	哈萨克斯坦	BBB−	Baa3	BBB
	乌兹别克斯坦	—	—	—
	土库曼斯坦	—	B2	CCC−
	吉尔吉斯斯坦	—	—	—
	塔吉克斯坦	—	—	—
南亚	印度	BBB−	Baa3	BBB−
	巴基斯坦	B	B3	B
	孟加拉国	BB−	Ba3	
	斯里兰卡	B+	B1	B+
	阿富汗	—	—	—
	尼泊尔	—	—	—
	马尔代夫	—	—	—
	不丹	—	—	—

第三节 "一带一路"沿线国家风险评估实证分析

一、评价方法与评价指标

（一）评价方法

由于"一带一路"沿线国家投融资风险涉及政治社会风险、经济风险、法律风险和主权信用风险等多个风险类别，风险判定指标较多、计算过程烦琐，尽量运用比较少的综合指标代表原有指标，全面准确地刻画"一带一路"国家投资风险是我们的目标。同时，"一带一路"沿线国家风险具有较强的国别特征，有的国家政治风险突出，有的国家则主要由于经济发展潜力不足造成投资收益的不确定性，有的国家则是在政治、经济、法律等因素共同交织下存在较大风险，需要分类讨论。

针对上述问题，选择因子分析方法来对各国的投融资风险进行实证评价。因子分析以丢失最少信息为前提，将所有变量按照相关性综合成几个综合因子进行分析，各因子间线性关系不显著，既有较好的解释功能，又能减少计算工作量[1]。依据因子分析理论和步骤，首先，考察各风险变量是否具有因子分析的基础，即各变量是否存在较强的相关性；其次，基于主成分分析法选取累计贡献率超过80%的综合因子，确定因子个数，并通过正交旋转确定因子载荷矩阵；最后，根据各综合因子得分评估各国投资风险大小。在评估投资风险时，将变量做逆向化处理后，利用因子综合得分公式，计算各国家的风险因子得分，再按照因子综合得分将"一带一路"沿线国家进行排名，排名越靠前的国家投资风险越小。

因子综合得分公式如下：

因子综合得分 =（因子1× 因子1方差贡献率 + 因子2× 因子2方差贡献率 +…+ 因子n× 因子n方差贡献率）/ 累计方差贡献率

（二）评价指标

参考已有投资风险研究成果在风险衡量指标上的选取方法，结合"一带一路"沿线国家的风险特点和统计数据的可得性，笔者选择了政治社会风险、经济风险、法律风险和主权信用风险4个一级指标、26个二级指标，建立了"一带一路"对外直接投资风险评估指标体系，具体指标含义和数据来源见表6-3。

---

① 薛薇.基于SPSS的数据分析［M］.3版.北京：中国人民大学出版社，2014：314-316.

笔者选取了除去巴勒斯坦的 64 个样本国家在 2012—2016 年的年度平均值作为风险评价数据。一方面，可以避免部分变量在某一年份确实对实证分析造成的影响；另一方面，能够更加准确地反映一段时期内各国的风险特征。

我们选择 SPSS 统计软件进行因子分析，该软件会自动对不同量纲的原始变量数据进行标准化处理，通过线性变换使数据结果处于 ［0，1］区间。由于数据经过标准化处理，最终计算出的各国风险因子得分是以 0 为平均值，正值表示风险水平较低，负值则表示该国风险高于平均水平。需要特别说明的是，由于所选取的 26 个指标变量有的和投资风险呈正相关关系，有的呈负相关关系，为使综合因子得分正确反映各国相对风险的大小，笔者在因子分析前对所有正向变量进行了逆向化处理，即所有变量值越大，代表投资风险越小。

二、投资风险实证评估

选取四大风险类别下的所有 26 个指标对"一带一路"沿线国家的投资风险进行因子分析。由于文莱、东帝汶和叙利亚的经济风险指标和主权信用风险指标数据确实严重，故剔除这 3 个国家对 61 个沿线国家进行分析。KMO 值为 0.75，可以进行因子分析（见表 6-3）。公因子方差基本大于 80%（见表 6-4）。

表 6-3　风险因子分析 KMO 和球形 Bartlett 检验结果

取样足够度的 Kaiser–Meyer–Olkin 度量		0.751
Bartlett 的球形度检验	近似卡方	1 480.614
	df	351
	Sig.	0.000
提取方法：主成分分析		

表 6-4　风险因子分析公因子方差

	初始	提取
政府腐败控制	1.000	0.869
政府监管质量	1.000	0.951
政局稳定性	1.000	0.902
政府效能	1.000	0.880
言论自由和问责度	1.000	0.945
外部冲突指数	1.000	0.887

续表

	初始	提取
内部冲突指数	1.000	0.704
社会传统指数	1.000	0.810
人均 GDP	1.000	0.750
GDP 增速	1.000	0.838
GDP 5 年波动系数	1.000	0.885
贸易开放度	1.000	0.675
资本开放度	1.000	0.807
货币物价稳定指数	1.000	0.809
金融自由度	1.000	0.871
货币自由度	1.000	0.763
法律权利指数	1.000	0.923
营商便利指数	1.000	0.943
投资者保护指数	1.000	0.815
执行合同指数	1.000	0.841
物权登记便利指数	1.000	0.819
投资公平指数	1.000	0.878
公共债务指数	1.000	0.855
外债指数	1.000	0.921
外债外汇指数	1.000	0.798
短期外债占比	1.000	0.909
财政平衡指数	1.000	0.812
提取方法：主成分分析		

　　根据风险因子解释的总方差表格和碎石图（见表 6-5、图 6-1），提取 9 个主因子，9 个主因子的累计方差贡献率接近 85%，能够较好地代表所有风险衡量指标。将因子载荷矩阵进行旋转之后（见表 6-6），9 个因子的含义较为明确：第一个因子可视为政治经济综合因子，代表一国政府执政能力和经济现代化水平，国家民主化进程和执政能力影响经济开放程度和发展速度，经济发展水平制约政治体制改革，政治和经济因素相互交融相辅相成；第二个因子为社会法

律综合因子，代表对外直接投资受社会传统和法律法规的影响程度，一国对社会传统的重视往往体现在法律法规上面，进而共同对投资行为形成约束；第三个因子是营商环境因子，包括物权登记是否便利、合同执行是否严格、投资者合法权利是否得到保障等，衡量一国在打造投资优质环境方面的能力；第四个因子是经济波动指数，衡量一国经济增长的波动情况；第五个因子为政治局势因子，主要衡量一国包括内部矛盾、外部冲突在内的政治局势的稳定状况；第六到第九个因子则主要衡量一国的国家资产负债情况、主权信用情况和政府财政状况。最后，根据因子得分系数矩阵，评估出"一带一路"各国总体投资风险的评分与排名情况（见表6-7与表6-8）。

表6-5　风险因子分析解释的总方差

成分	初始值增值			提取平方和载入			旋转平方和载入		
	合计	方差的%	累积%	合计	方差的%	累积%	合计	方差的%	累积%
1	10.7970	39.9900	39.990	—	—	—	—	—	—
2	2.476	9.169	49.159	—	—	—	—	—	—
3	2.039	7.553	56.712	—	—	—	—	—	—
4	1.832	6.783	63.495	—	—	—	—	—	—
5	1.463	5.419	68.914	—	—	—	—	—	—
6	1.345	4.982	73.896	—	—	—	—	—	—
7	1.157	4.285	78.181	—	—	—	—	—	—
8	0.928	3.438	81.619	—	—	—	—	—	—
9	0.823	3.049	84.668	—	—	—	—	—	—
10	0.706	2.615	87.283	10.7970	39.9900	39.990	5.337	19.766	19.766
11	0.544	2.014	89.297	2.476	9.169	49.159	4.706	17.429	37.196
12	0.475	1.757	91.054	2.039	7.553	56.712	3.644	13.496	50.691
13	0.395	1.461	92.515	1.832	6.783	63.495	1.835	6.795	57.486
14	0.368	1.364	93.880	1.463	5.419	68.914	1.695	6.277	63.763
15	0.270	0.999	94.879	1.345	4.982	73.896	1.653	6.123	69.887
16	0.264	0.976	95.855	1.157	4.285	78.181	1.364	5.053	74.940
17	0.232	0.861	96.715	0.928	3.438	81.619	1.319	4.886	79.826
18	0.189	0.702	97.417	0.823	3.049	84.668	1.308	4.843	84.668

续表

成分	初始值增值			提取平方和载入			旋转平方和载入		
	合计	方差的%	累积%	合计	方差的%	累积%	合计	方差的%	累积%
19	0.176	0.650	98.067	—	—	—	—	—	—
20	0.145	0.536	98.603	—	—	—	—	—	—
21	0.112	0.414	99.016	—	—	—	—	—	—
22	0.084	0.313	99.329	—	—	—	—	—	—
23	0.069	0.256	99.585	—	—	—	—	—	—
24	0.044	0.162	99.747	—	—	—	—	—	—
25	0.039	0.145	99.892	—	—	—	—	—	—
26	0.017	0.064	99.956	—	—	—	—	—	—
27	0.012	0.044	100.000	—	—	—	—	—	—
提取方法：主成分分析									

表6-6 风险因子分析旋转成分矩阵

	成分								
	1	2	3	4	5	6	7	8	9
人均GDP	0.847	−0.027	0.133	0.046	0.010	0.009	0.004	0.090	0.054
资本开放度	0.763	0.306	0.114	−0.220	0.033	−0.180	−0.132	0.082	−0.109
政府腐败控制	0.686	0.371	0.276	0.181	0.204	−0.058	0.288	0.153	−0.039
政府监管质量	0.663	0.534	0.333	0.215	0.100	−0.199	−0.096	0.080	−0.057
政府效能	0.661	0.377	0.403	0.242	0.197	−0.048	0.167	0.108	−0.013
贸易开放度	0.591	0.097	0.379	0.030	0.194	−0.017	−0.085	−0.348	0.074
货币物价稳定指数	0.589	0.582	0.208	0.203	0.087	−0.164	−0.060	0.037	0.019
货币自由度	0.578	0.484	0.018	0.337	0.166	0.026	−0.196	−0.092	−0.076
金融自由度	0.559	0.539	0.253	0.280	0.011	−0.260	−0.150	0.077	−0.175
内部冲突指数	0.520	0.138	0.511	0.022	0.384	0.051	0.036	0.045	−0.008
言论自由和问责度	0.183	0.926	0.033	0.023	0.191	−0.021	0.085	−0.070	0.058
法律权利指数	0.241	0.895	0.169	0.005	0.076	−0.033	0.153	−0.066	0.035
社会传统指数	0.068	0.838	0.121	−0.102	−0.057	−0.132	−0.138	−0.182	−0.077

	成分								
	1	2	3	4	5	6	7	8	9
投资公平指数	0.489	0.592	0.203	0.296	−0.026	−0.268	−0.190	−0.026	−0.226
执行合同指数	0.283	0.036	0.853	−0.051	−0.001	0.009	0.117	−0.056	0.111
物权登记便利指数	0.337	0.053	0.801	−0.167	0.013	−0.175	0.030	−0.012	0.034
营商便利指数	0.328	0.349	0.790	0.219	0.169	−0.104	−0.011	−0.028	0.003
投资者保护指数	−0.142	0.284	0.662	0.268	0.114	−0.076	−0.205	0.313	−0.214
GDP5 年波动系数	0.179	0.050	0.052	0.906	0.144	−0.054	−0.001	0.005	0.055
外部冲突指数	0.101	0.083	0.061	0.172	0.912	−0.029	−0.007	0.057	−0.025
政局稳定性	0.566	0.158	0.265	−0.003	0.640	−0.023	0.210	−0.178	−0.015
外债指数	−0.115	−0.239	−0.045	−0.240	−0.110	0.874	−0.108	−0.004	0.056
GDP 增速	−0.086	−0.073	−0.259	0.479	0.128	0.686	0.199	−0.056	−0.002
短期外债占比	−0.049	−0.018	0.038	0.006	0.048	0.007	0.949	−0.014	−0.050
外债外汇指数	0.128	−0.172	0.061	0.000	0.014	−0.023	−0.006	0.848	0.167
公共债务指数	−0.001	−0.157	−0.052	−0.017	−0.016	−0.049	−0.101	0.325	0.842
财政平衡指数	−0.133	0.297	0.284	0.161	−0.038	0.313	0.083	−0.339	0.616

提取方法：主成分分析。旋转法：具有 Kaiser 标准化的正交旋转法 a. 旋转在 18 次迭代后收敛

表 6-7 风险因子分析因子得分系数矩阵

	成分								
	1	2	3	4	5	6	7	8	9
政府腐败控制	0.136	0.031	−0.031	0.018	−0.030	0.047	0.230	0.139	−0.027
政府监管质量	0.096	0.051	−0.002	0.052	−0.060	−0.021	−0.043	0.055	−0.006
政局稳定性	0.081	−0.064	−0.033	−0.133	−0.397	−0.025	0.068	−0.148	0.023
政府效能	0.105	0.012	0.034	0.064	−0.033	0.054	0.131	0.090	−0.010
言论自由和问责度	−0.097	0.334	−0.097	−0.127	−0.117	0.070	0.065	0.075	0.088
外部冲突指数	−0.146	0.002	−0.056	−0.058	−0.727	−0.050	−0.134	0.057	0.012
内部冲突指数	0.051	−0.045	0.114	−0.089	−0.193	0.109	−0.030	0.039	−0.031
社会传统指数	−0.108	0.282	−0.007	−0.140	−0.025	0.014	−0.075	−0.042	−0.011

	成分								
	1	2	3	4	5	6	7	8	9
人均 GDP	0.334	−0.140	−0.081	−0.007	−0.148	0.070	0.018	0.004	0.047
GDP 增速	0.029	0.025	−0.061	0.268	−0.012	0.450	0.090	0.043	−0.100
GDP 5 年波动系数	−0.005	−0.124	−0.011	0.593	−0.066	−0.115	0.003	−0.087	0.073
贸易开放度	0.164	−0.140	0.053	−0.014	−0.044	−0.021	−0.109	−0.341	0.094
资本开放度	0.238	0.009	−0.100	−0.220	−0.039	0.012	−0.070	0.054	−0.046
货币物价稳定指数	0.088	0.092	−0.053	0.043	−0.053	−0.022	−0.017	0.034	0.062
金融自由度	0.068	0.054	−0.008	0.118	−0.116	−0.056	−0.063	0.051	−0.090
货币自由度	0.128	0.046	−0.112	0.122	−0.010	0.097	−0.152	−0.065	−0.021
法律权利指数	−0.071	0.306	−0.035	−0.113	−0.007	0.076	0.134	0.071	0.055
营商便利指数	−0.087	−0.005	0.268	0.090	−0.003	−0.002	−0.026	−0.029	−0.011
投资者保护指数	−0.280	0.092	0.317	0.122	−0.062	0.089	−0.155	0.297	−0.231
执行合同指数	−0.013	−0.081	0.328	−0.029	−0.115	0.048	0.070	−0.065	0.036
物权登记便利指数	−0.001	−0.085	0.288	−0.108	−0.066	−0.060	0.020	−0.049	0.008
投资公平指数	0.049	0.067	−0.015	0.139	−0.132	−0.069	−0.091	−0.025	−0.119
公共债务指数	0.030	0.006	−0.080	−0.005	−0.045	−0.148	−0.077	0.165	0.686
外债指数	0.081	0.058	0.071	−0.188	−0.057	0.690	−0.154	0.129	−0.122
外债外汇指数	0.010	0.045	−0.002	−0.052	−0.011	0.093	0.033	0.672	0.062
短期外债占比	−0.014	0.024	0.004	0.020	−0.103	−0.071	0.735	0.046	−0.064
财政平衡指数	−0.086	0.104	0.109	0.104	−0.074	0.107	0.017	−0.245	0.470

提取方法：主成分分析。旋转法：具有 Kaiser 标准化的正交旋转法

表 6-8 "一带一路"沿线国家投资风险排名

排名	国家	投融资综合风险得分	排名	国家	投融资综合风险得分
1	新加坡	0.698 4	5	捷克	0.574 8
2	爱沙尼亚	0.657 1	6	波兰	0.532 7
3	立陶宛	0.622 4	7	斯洛文尼亚	0.529 3
4	以色列	0.577 6	8	阿联酋	0.489 0

排名	国家	投融资综合风险得分	排名	国家	投融资综合风险得分
9	拉脱维亚	0.478 6	37	摩尔多瓦	−0.084 1
10	斯洛伐克	0.430 7	38	约旦	−0.086 8
11	不丹	0.400 1	39	中国	−0.088 7
12	克罗地亚	0.368 1	40	哈萨克斯坦	−0.132 4
13	罗马尼亚	0.344 1	41	越南	−0.171 3
14	格鲁吉亚	0.331 8	42	斯里兰卡	−0.193 8
15	保加利亚	0.328 8	43	马尔代夫	−0.246 4
16	沙特阿拉伯	0.322 7	44	俄罗斯	−0.256 5
17	匈牙利	0.319 5	45	吉尔吉斯斯坦	−0.267 1
18	马来西亚	0.236 0	46	阿塞拜疆	−0.275 6
19	卡塔尔	0.225 8	47	伊拉克	−0.277 8
20	黑山	0.209 1	48	黎巴嫩	−0.301 9
21	塞尔维亚	0.145 1	49	柬埔寨	−0.348 6
22	马其顿	0.137 4	50	埃及	−0.376 3
23	土耳其	0.107 2	51	巴基斯坦	−0.393 2
24	阿曼	0.094 6	52	老挝	−0.400 6
25	印度	0.055 9	53	乌克兰	−0.405 5
26	印度尼西亚	0.015 6	54	尼泊尔	−0.412 5
27	阿尔巴尼亚	0.015 4	55	孟加拉国	−0.434 0
28	巴林	0.003 0	56	塔吉克斯坦	−0.440 0
29	菲律宾	0.002 1	57	白俄罗斯	−0.442 7
30	科威特	−0.002 4	58	乌兹别克斯坦	−0.464 2
31	蒙古	−0.004 1	59	缅甸	−0.609 1
32	波黑	−0.025 3	60	阿富汗	−0.891 2
33	伊朗	−0.032 5	61	也门	−1.026 6
34	亚美尼亚	−0.038 1	62	文莱	—
35	泰国	−0.042 0	63	东帝汶	—
36	土库曼斯坦	−0.081 7	64	叙利亚	—

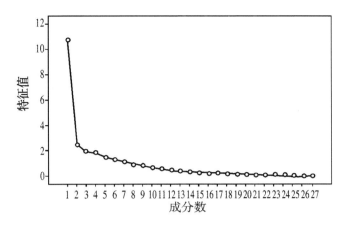

图 6-1 综合风险因子分析碎石图

　　从投资综合风险来看，新加坡、爱沙尼亚、立陶宛、以色列、捷克、波兰、斯洛文尼亚、阿联酋、拉脱维亚和斯洛伐克等 10 个国家风险最低；除去文莱、东帝汶和叙利亚，老挝、乌克兰、尼泊尔、孟加拉国、塔吉克斯坦、白俄罗斯、乌兹别克斯坦、缅甸、阿富汗和也门等 10 国风险最高。按照沿线各国的经济地理分区，制作了投资风险的分区域分布情况（见图 6-2）。除了独联体的白俄罗斯、乌克兰等国之外，中东欧区域国家金融体系相对完备，投资安全程度整体较高。俄蒙两国整体风险高于平均水平，两国经济风险尤其突出，社会安全系数较低。中亚 5 国的投资风险整体较高，主要源于其落后的经济条件、动荡的政治局势和较弱的政府治理能力。西亚和北非、南亚和东南亚地区国家间风险程度呈现较大分化：西亚和北非地区除以色列、阿联酋、卡塔尔、格鲁吉亚等国外，其他国家投资风险较高，如也门、叙利亚等中东国家，由于民族和宗教冲突频繁、恐怖主义势力猖獗，导致经济、社会、法律、主权信用等诸多指标落后，投资风险飙升；南亚地区不丹和印度投资风险较小，其中印度作为南亚地区的大国，经济增速较快且增速平稳，投资的经济风险较小，其他国家经济体量小、政府执政能力不强、经济开放度不高、法律体系不健全等问题导致投资风险较高，阿富汗的突出政治风险问题则需要特别重视；东南亚地区，新加坡是区域内投资最安全的国家，其他国家基本处于经济转型期，虽然有一定的经济基础，但经济制度不完善、营商环境不佳、主权信用评级较低，叠加国内政治社会不稳定因素，投资整体风险较高。

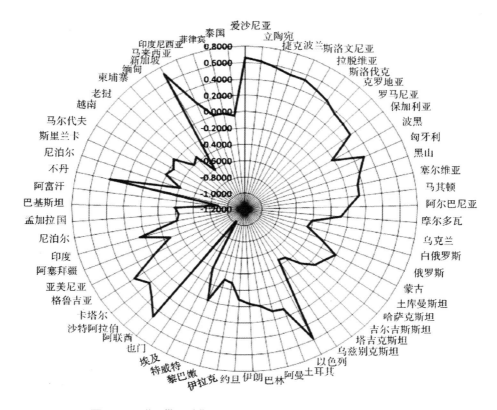

图 6-2　"一带一路"沿线国家投资风险得分区域分布情况

总之，本章分别从政治社会风险、经济风险、法律风险和主权信用风险四个分项维度构建指标体系评估"一带一路"沿线国家投资风险，得出如下结论。

①总体来看"一带一路"沿线国家投资风险偏高，中高风险国家占"一带一路"沿线国家总数的 2/3。中国企业在参与"一带一路"建设和进行投资决策过程中，应充分考虑东道国的风险水平，以保证投资收益。

②政治经济综合因子对一国的整体投资风险影响最大，可见对于"一带一路"区域来说，政府执政能力和经济现代化水平具有较强相关性，二者相互交织成为决定国家投资风险的最重要因素；除此之外，社会法律条件、营商环境、经济波动情况，政局稳定程度和主权信用状况都是对外直接投资决策需要考虑的因素。

③将"一带一路"沿线国家综合投资风险分区与2005—2016年我国对"一带一路"沿线地区直接投资的区域分布情况进行对比，我们发现，我国大量投

资集中在东南亚的缅甸、柬埔寨、马来西亚、老挝,南亚的巴基斯坦,中亚 5 国和俄罗斯、蒙古等国,而这些国家大部分都属于高风险区域,对中东欧等低风险国家的投资则较少。未来我国对"一带一路"区域的投资应着力完善区域分布结构,谨慎选择投资目的地,减少对高风险国家和地区的投资,增加与中东欧国家的投资合作。

参考文献

[1] 程利民. 抢滩海外：中国企业海外投资操作技巧与风险管控 [M]. 北京：中国经济出版社，2014.

[2] 杜丽虹. 中国海外投资企业逆向知识转移作用机制：基于母公司视角 [M]. 上海：世界图书出版公司，2016.

[3] 高鸣飞. 中国企业海外并购与风险防控 [M]. 北京：中国法制出版社，2012.

[4] 何小锋. 中国企业海外投资策略 [M]. 北京：经济科学出版社，1997.

[5] 胡志军. 中国民营企业海外直接投资 [M]. 北京：对外经济贸易大学出版社，2015.

[6] 李一文. 中国企业海外投资经营风险预警与防范综合系统对策研究 [M]. 北京：中国商务出版社，2015.

[7] 卢进勇. 中国企业海外投资政策与实务 [M]. 北京：对外贸易教育出版社，1994.

[8] 罗华兵，何永利. 中国企业公民海外投资指南 [M]. 北京：中国海关出版社，2003.

[9] 商德文. 中国企业海外投资实务 [M]. 北京：经济日报出版社，1994.

[10] 沈华，史为夷. 中国企业海外投资的风险管理和政策研究 [M]. 北京：商务印书馆，2017.

[11] 孙小波，柳莹，关智昕. 投资英国 [M]. 北京：中国政法大学出版社，2016.

[12] 许晖. 国际企业风险管理 [M]. 北京：对外经济贸易大学出版社，2006.

[13] 薛军. 中国民营企业海外直接投资指数 2018 年度报告：基于中国民

企 500 强的数据分析 [M]. 北京：人民出版社，2019.

    [14] 张春梅. 产融结合：中国企业的快速发展之道 [M]. 北京：经济日报出版社，2013.

    [15] 张友棠. 中国企业海外投资的风险辨识模式与预警防控体系研究 [M]. 北京：中国人民大学出版社，2013.